袁灿兴 著

山河变

海南出版社
·海口·

图书在版编目（CIP）数据

山河变 / 袁灿兴著 . -- 海口：海南出版社，2024.6
　ISBN 978-7-5730-1501-3

Ⅰ. ①山… Ⅱ. ①袁… Ⅲ. ①中国历史 - 清后期 - 通俗读物 Ⅳ. ① K252.09

中国国家版本馆 CIP 数据核字 (2024) 第 008818 号

山河变
SHANHE BIAN

作　　者：	袁灿兴
责任编辑：	闫　妮
执行编辑：	姜雪莹
特约策划：	曹　煜
营销编辑：	柯慧萍
封面设计：	张　军
责任印制：	杨　程
印刷装订：	三河市百盛印装有限公司
读者服务：	唐雪飞
出版发行：	海南出版社
总社地址：	海口市金盘开发区建设三横路 2 号
邮　　编：	570216
北京地址：	北京市朝阳区黄厂路 3 号院 7 号楼 101 室
电　　话：	0898-66812392　010-87336670
电子邮箱：	hnbook@263.net
经　　销：	全国新华书店
版　　次：	2024 年 6 月第 1 版
印　　次：	2024 年 6 月第 1 次印刷
开　　本：	875 mm×1 230 mm　1/32
印　　张：	11.75
字　　数：	265 千字
书　　号：	ISBN 978-7-5730-1501-3
定　　价：	68.00 元

【版权所有，请勿翻印、转载，违者必究】
如有缺页、破损、倒装等印装质量问题，请寄回本社更换。

前　言

延续了数千年的中国农业社会，在19世纪遇到了西方工业社会的刺激与挑战。就清廷而言，入关三百年后，虽经历各种挑战，但王朝家业，似乎仍然固若金汤。道光、咸丰年间，内有太平天国崛起，外有英法入侵，亦能化解危机。此后清廷学习西方，操办洋务，遂有同治中兴。然中华帝国内心之坚守，传统之影响，却使洋务运动只能有皮毛，而未能长出血肉。

19世纪中叶的中国，内外交困，使清廷不得不睁眼看世界，开始了对西方工业社会的学习，并开启了从农业社会向工业社会转型的步伐。

中国传统社会发展到了晚清时期，整个国家呈现出巨大的裂痕，无数的小事件汇集之后，形成巨大的合力，带来了晚清巨变，最终导致清廷的崩溃。三千年文化之传统，要破除旧习，维新图强，靠内部力量，常不足为之，而必有新力量勃然而起，斩断旧日势力，摆脱一切羁绊，方能奋发往前。

自西方列强出现于东方，传教士群体涌入，成为大门内的陌生人。传教士在华，既推动了中国文化、医学、教育等事业的发展，也与恪守故旧的势力发生冲突，庚子年义和团之勃兴，实源于内部争斗。此年，保守派借拥戴大阿哥溥儁之名，结成一党，势力雄厚，虽慈禧亦不能制之。保守派仇视西洋，遂借义和团之力量，欲内除光绪，外拒西方各国。奈何时代业已巨变，在历史车轮前，保守势

山河变

力不逮为螳臂当车。

庚子年巨变之后，清廷发现，不变则亡，于是出台了一系列的新政措施，以求实现富强，挽救大清王朝覆灭的命运。可历史没有留出太多的时间给清廷去完成这场过渡，在历经多年的努力而未能达成求强求富的目标后，解决中国问题的焦点转到了改造社会上层建筑之上。当1905年慈禧太后命五大臣出国考察时，激进的汉人民族主义者认识到，该考察团的使命有利于巩固清朝，这令汉人民族主义者沮丧，其中的一些人采取恐怖手段，试图阻止这次变革的新举动。一个年轻的革命党学生想在火车离开北京时炸毁它，但失败了。1906年，慈禧太后下令预备立宪，改革行政机构，重设六部，召开国会，并推动县以下的行政改革。但是这些举动对于革命党人来说，已经远远不够了。清王朝已经彻底无法挽救。

1911年清王朝崩溃。但革命者推翻清廷之后，却未建立起他们所追求的理想社会。辛亥革命之后虽然建立了共和政体，但这个政体与以往王朝的唯一区别，在于它披挂上了现代共和的外衣。没有通过生产力发展所推动的社会底层结构的改变，只是追求单纯的上层建筑的变革，就不可能真正完成中国社会转型的任务。

从洋务运动到戊戌变法，到庚子巨变，到清末新政，到辛亥革命，中国经历了由经济层面到政治层面的变革，但都未能完成社会转型。先进的知识分子随后发起了五四运动，希望通过思想层面的变革来彻底重造国人之精神，但社会底层结构的改变仍被忽视。费正清回忆，他的老师蒋廷黻曾说："现代中国人对西方外在事务了解得明白，而对本国内地的情形反倒瞠目茫然。"

在以后的时代发展中，凡能注重于从中国底层社会着手者，虽是星星之火，却可掀起燎原之势。

目 录

第一章 碰撞：闯入大门内的陌生人

天朝大门被打开　001

谣言：天津的传说　009

仇恨：卜克斯之死　015

慈善：丁戊奇荒的契机　022

利益：山东没那么好混　029

第二章 叛逆者：乡村冲突的复杂动因

赋税与官激民变　042

争地：庞三杰的三变　049

冲突：拆庙建教堂　058

神拳：兴清灭洋　069

干旱导致华北巨变　076

i

第三章 自强：一体化统治的自我修补

赫德与总税务司 085
外交新思维与走出国门 093
同文馆与新式学校 099
军事现代化与政治意图 106
洋务也是一场经济自救 113

第四章 变法：顶层设计的老问题

王朝的顶层设计 120
不如意的光绪帝 125
流产的戊戌变法 133
请为皇帝陛下立嗣 141
立嗣之争与仇洋 147

第五章 开战：内部撕裂的外部表达

保守派的回击 153
向十一国开战 160
五大臣之死 168
臣唯能杀洋人 175
五个暖心鸡蛋 181

第六章 烽火：战争背后的政治运作

炮口抬高了一寸	189
血肉之躯逼停火车	200
炮台对决炮舰	206
天津大炮战	210
京师大门被轰开	218

第七章 互保：一体化统治系统的松动

风暴将来袭东南	231
第一红顶盛宣怀	238
刘坤一的忠与叛	246
张之洞的庚子布局	253
裱糊匠李鸿章	261

第八章 溃败：离散的一体化统治系统

黄衫死国老臣多	272
保皇是门好生意	281
新政为何搞不成	292
江湖间的叛逆者	302
废除科举与书生从戎	309
笑到最后的大佬	319

第九章 革命：危机的总爆发

满汉矛盾与阶层固化	325
财政紊乱与各地民变	335
投资与四川保路运动	343
流言与湖北新军风暴	351
权威失序与收拾残局	359

第一章
碰撞：闯入大门内的陌生人

明代曾明文禁止"胡须大眼"的夷人入境，但抱着传教梦想的传教士摇身一变，"习华言，易华服，读儒书，从儒教"[①]，挤入了中华的大门。清代初期，天主教一度在中国有所发展，但在康熙晚期被禁。1840年之后，列强以利炮轰开了天朝大门，传教士蜂拥而入。这些大门内的陌生人，以各种方式在华传播宗教，但他们却与中国的一切格格不入。他们的出现，撕裂了乡土社会的宁静，于是冲突不断，导致了一系列的"教案"。

天朝大门被打开

明万历十年（1582），30岁的利玛窦来华。他吸取前人传教失败的教训，针对中国社会现实，采取了系列变通方法。利玛窦认识到，要想在中国传教，就必须走上层路线，争取官僚士大夫

---

① 柳诒徵：《中国文化史》，上海古籍出版社2001年版，第691页。

的支持。利玛窦来到中国后竭力结交各级官吏,向他们赠送自鸣钟、万花筒等西方珍奇物品,并按中国的方式与士大夫们交往。利玛窦在广东肇庆拜见知府时,按中国习俗行跪拜礼,声称他们是"侍奉天地真主的修士,仰慕中国政治昌明,由西洋航海而来"。利玛窦还认识到,只有尊重祀天、祭祖、尊孔等中国传统习俗,才能打开传教的局面,因此他允许入教的中国人继续供奉祖先牌位。

为真正融入中国社会,利玛窦等传教士取中国姓名,改穿儒服,"习华言,易华服,读儒书,从儒教,以博中国人之信用";宣教著作也引用儒家典籍,论证天主教的上帝与中国人的"天"同出一源;他们注重古代儒学,鄙薄当代儒学……这些做法不仅使基督教教义"多与孔孟相合",易于引起中国知识分子的共鸣,也使某些企图借复兴古代儒学来推动改革的知识分子对基督教抱有好感。

明清鼎革后,传教士延续利玛窦等人的做法。一方面,在礼俗上继续做出变通;另一方面,则走宫廷路线,以天文、历法、数学、绘画、医学、机械等知识为明清皇帝服务。此举获得了成功,汤若望、南怀仁等传教士获得清廷的信任,被委以官职。

利玛窦、汤若望、南怀仁等传教士的努力,打开了中西交流的大门,使天主教在华得到了发展。1691年,康熙帝先后颁发谕旨,准许传教士来华传教,并解除了中国人不许信教的禁令。经过一代代传教士的不懈努力,到17世纪末,中国境内受洗天主教教徒已有约30万人。

顺治帝、康熙帝一度优待传教士,这点燃了各国传教士的激情,使他们对东方充满期待,前往中国传教。1644年,杨光先上

第一章 碰撞：闯入大门内的陌生人

奏称，天主教教堂已遍布各省。一名传教士则感叹："基督教的发展在这里日新月异，整个帝国最终皈依的时刻似乎也已来临。"

康熙帝在与传教士的交往中，对天主教也有所了解。康熙二十六年（1687），有官员在奏折中将天主教等同于白莲教，康熙帝特意指示，将"天主教等同于白莲教"字样删去。就在此年，5位传教士来华，为康熙帝讲授几何、哲学、人体解剖学等，并参加了中俄《尼布楚条约》谈判及签约工作，还用奎宁治好了康熙帝的疟疾。此外，康熙帝宽待传教士，也是为了服务军国政务。康熙一朝战事颇多，在平定三藩之乱、准噶尔之战、收复台湾等多场战事中，康熙帝都曾用传教士帮助制造火炮、考订历法、观测气象；在康熙帝深入草原亲征噶尔丹时，还有传教士随行测定经纬度，为行军提供准确路线。

实践证明，传教士们根据中国礼俗做出适度变通，结交权贵，为传播西学知识和宗教创造了有利条件。但罗马教会内部，对在华传教士的做法一直存在争议。1704年，罗马教皇接受了反对派的意见，派遣铎罗为特使，到中国传达教皇命令。其要点有3个："禁止以天或上帝称天主，禁止在礼拜堂内悬挂带有'敬天'字样的匾额，禁止基督教徒祭祖祀孔。"

这引起了康熙帝的反感和愤怒，他下旨逮捕了铎罗，把他押送到澳门。1707年4月，康熙帝南巡时，在苏州向西方教士发出告诫："谕众西洋人，自今以后，若不遵利玛窦的规矩，断不准在中国住，必逐回去。"此后，在华传教士凡遵循利玛窦规矩者可以领票传教，不遵循者则被驱逐。

1715年，教皇重申禁令，要求在远东的传教士必须服从"3个禁止"，并于1720年再度派遣特使赴华传达其命令。在华的传教士不得不服从，由此导致罗马教廷与清廷的关系彻底破裂。1721年，康熙帝最终批示："以后不必西洋人在中国行教，禁止可也，免得多事。"

康熙帝的禁令，在雍正元年（1723）正式实施。雍正帝还未登基时，就对天主教持警惕态度，即位后更积极推行禁教政策。1724年1月，雍正帝召见耶稣会士，对他们进行了近一刻钟的训话："你们哄得了朕的父皇，哄不了朕。你们要让所有中国人都皈依基督教，这是你们教会要求的，朕了解这一点，但是在这种情况下，我们的前途又如何呢？作为你们国王的臣民，作为基督教徒，你们只承认你们自己，有一段时间，父皇糊涂了，他只听了你们的话，其他人的话都听不进了。朕当时心里很明白。现在可以无所顾忌了。"①

同年，雍正帝颁布禁教令，除少数在钦天监和内廷供职的西方传教士外，其他传教士一律迁往澳门，并关闭在华教堂。各省官吏积极配合，毁教堂、破圣像、驱逐传教士出境，数年之间，遍布各省的教堂全数被废。

雍正帝颁布禁教令之后，仍然有一些传教士进行地下活动。一份传教士报告记载，崇明岛的传教士"往往在深夜，坐在紧闭着的轿子或者船舱里，不让任何人看见，冒险外出。他们来到教友的房子里，聚集附近的教友，在半夜举行各种教会活动"。

雍正帝颁布的禁教令针对的是各省民众，对于京城内的西方传教士和旗人信教问题并没有明文规定。乾隆元年（1736）4

---

① 朱静编译：《洋教士看中国朝廷》，上海人民出版社1995年版，第105-106页。

第一章　碰撞：闯入大门内的陌生人

月，乾隆帝批准了礼部决议，劝告京城内加入天主教的中国人退教，否则将处以重刑。没承想备受乾隆帝宠幸的意大利画师郎世宁向乾隆帝哭诉，请求放宽教禁。乾隆帝对画艺超群的郎世宁本就恩宠有加，不但没有责备他，反而和颜悦色地加以安慰。乾隆帝解释，此次禁教只针对在京旗人，不针对在京汉人。这样，传教士得以在京师保留了一块传教基地，向汉人传教，而在外省的传教则处于地下状态。

1746 年，清廷镇压蔓延多省的白莲教起义，在地下活动的西方传教士也受到牵连。同年 7 月，在福建省福安市秘密传教的西班牙传教士被人告发，抓送到福州。在随后的搜捕行动中，福安市查出教徒 2600 余户。[①] 当时曾从某教徒家中搜出一箱骨灰，福建巡抚周学健荒诞地认为那是春药，是传教士用来诱奸良家妇女的。按照以往惯例，对这些被查出的西方传教士，清廷一概将之遣送至澳门了事；但这一次周学健上奏，请求严惩传教士白多禄等人。乾隆帝认为这些西方人是"化外人""不通国法"，应当法外开恩，从宽处理。周学健坚持认为，传教士对中国危害甚巨，必须严惩。周学健列举了信徒们被擒后的坚定态度，"坚意信从，矢死不回，死生不顾，甘蹈汤火"[②]，认为如果不严惩传教士，将会有更多视死如归的信徒。乾隆帝被他说动，遂将 5 名传教士处死，这是第一次处死西方传教士的案件。

1747 年，苏州地方上也查出两名西方传教士。江苏官方本准

[①] 中国第一历史档案馆、澳门基金会、暨南大学古籍研究所合编：《明清时期澳门问题档案文献汇编》（第一册），人民出版社 1999 年版，第 221—222 页。

[②] 中山市档案局、中国第一历史档案馆编：《香山明清档案辑录》，上海古籍出版社 2006 年版，第 609 页。

备从轻处理,恰好当时周学健路过苏州,就以自己处理传教士的经验,怂恿江苏官方重办,最后将两名传教士秘密处死。至于周学健本人,1748年被查实受贿,乾隆帝下旨赐其自尽。

　　清廷入关之后,面对各股势力的威胁,出于功利目的,曾一度许可了天主教在华传播。当局势稳定之后,清廷旋即发现,天主教自成一体系,教皇乃所有信徒之中心,其完善的神学体系更有凌驾于中国名教之上的态势。而天主教偏偏又不肯在中国名教最重视的根本问题上让步,这将动摇华夏中心,对此清廷是无法容忍的。在禁教的同时,也将对外开放的大门关闭,仅在广州留下一丝"缝隙"。① 之后传教士进入中国更加困难,但仍有传教士秘密进入内地传教。

　　1784年,在中国教徒的掩护下,耶稣会传教士分批进入内地。其中第四批意大利传教士准备前往陕西,行至湖北襄阳时被查获。对此,乾隆帝大为震惊,因为这些传教士"面貌异样,不难认识,为何行至襄阳始行查获?"遂下令严查。结果让人惊讶,在全国各省查出西方传教士十几人及护送他们的几百名教徒,甚至还查出在内地潜伏了20多年的传教士。

　　乾隆帝极为震怒,将教徒骨干发配到新疆为奴,并追究广东各地官员责任,因为他们的失职,西方人得以潜入中国。在京的西方传教士向乾隆帝说情,但无效果。1785年,法国遣使会派罗尼阁来京。罗尼阁精通天文历算,受到乾隆帝赏识,被授钦天监监副职务。罗尼阁乘机为被囚禁的传教士说情,乾隆帝遂下令将

---

① 康熙二十四年(1685),清政府在上海、浙江宁波、福建厦门、广东广州设立4个海关,进行对外贸易。1757年,清廷限定广州为唯一对外通商口岸,关闭其他3个口岸。

第一章 碰撞：闯入大门内的陌生人

关在狱中的18名西方传教士释放，但已有6人在狱中死去。[①]

嘉庆帝、道光帝继续厉行海禁，严惩传教士，将天朝的大门牢牢关闭。

虽然清王朝关闭了通往外部世界的大门，沉溺于天朝大国的美梦之中，西方人却从未停止过进入中国大门的努力。随着近代西方各国的兴起，这种"努力"背后的精神，也从往日单纯的宗教热忱变为随工业革命而产生的对商品市场的无限渴望。支持这种渴望的力量，已不再是往日传教士手中的经书，而是由国家力量所支持的、经工业革命武装起来的坚船利炮。

18世纪末，英国派遣使团访华，想通过和平方式打开与中国通商的大门，但未获成功。1792年，英国派遣马戛尔尼率团访华，名义上是为乾隆贺寿，实际上是想借此打开中国市场。为了吸引中国人的注意力，马戛尔尼使团携带了大批代表工业革命后世界最高科技水平的礼品，如天体运行仪、地球仪、装备了大炮的战舰模型，以及各种先进的火炮、步枪、手枪和最新发明的蒸汽机、棉纺机、织布机等。

1793年，马戛尔尼使团到达中国，并赴热河拜见乾隆帝。马戛尔尼提出了通商的要求，要求清政府允许英国商人到舟山、宁波、天津等地贸易；允许英国商人派人驻北京照管商务；在舟山附近割让一小岛给英商贮货与居住等。清政府拒绝了这些要求，指出这些要求不合"定例"。马戛尔尼来华的主要目的是通商，并没有向乾隆帝提出传教问题。但乾隆帝在接见使团时特别指出："今尔国使臣之意，欲任夷人传教，尤属不可。"

[①] 《高宗纯皇帝实录》，卷一二四零。

山河变

　　清政府的闭关政策，对西方各国而言是闭塞了通商的大门；对文化而言是闭塞了交流的大门，对传教士而言是阻碍了他们神圣的传教事业。中国广袤的土地、众多的人口，对传教士而言是一个无限的市场，被关在大门外的传教士们不禁叫嚣："只有战争才能开放中国给基督！"①

　　1840年，鸦片战争爆发，英国用利炮轰开了天朝的大门。一系列不平等条约的签订，使得清政府严厉的禁教政策开始消融。传教士兴奋地呐喊："我们沉默到了今天，现在可以到中国城市大街上大喊大叫了。"②战后，根据中英《南京条约》，英国获得在华领事裁判权，虽未涉及传教，但此后传教士进入中国，不能被随意抓捕、处死。

　　1844年，《中法黄埔条约》规定，法国人可以在通商的五个口岸建造教堂，"倘有中国人触犯毁坏佛兰西（法国）礼拜堂、坟地，地方官照例严拘重惩"。之后，传教士开始光明正大地进入中华帝国，当时他们的活动范围尚被限制在长江以南的五个通商口岸，不得深入中国内地。③也有一些胆大的传教士进入中国内地传教，只是仍属于秘密活动，但被抓住后不会被处死。

　　第二次鸦片战争之后，在1860年10月25日签署的《中法北京条约》第六款中，本来只是规定，将以往被没收的天主教教

---

　　① [美]泰勒·丹涅特：《美国人在东亚》，商务印书馆1959年版，第563页。
　　② [美]卡里·埃尔维斯：《中国与十字架》，转引自顾长声：《传教士与近代中国》，上海人民出版社1991年版，第47页。
　　③ 条约中并没有明文规定当时西方人在五个通商口岸内的活动区域，只是含糊地以行程计算，"以早出晚归，不准在外过夜为断"。折算下来，大致相当于百里范围之内。关于西方人在华早期活动范围，可参阅王国平：《论中国近代通商口岸的范围及列强的侵权》，《江海学刊》2001年第4期。

第一章 碰撞：闯入大门内的陌生人

产交给法国驻京钦差大臣，由其转交给"各处奉教之人"。但在签署此条约时，法国特使葛罗的翻译德拉马神父从中捣鬼，偷偷在第六款中文文本后添加了"并任法国传教士在各省租买田地，建造自便"。粗心大意的清廷官员竟然没有发现德拉马神父捣鬼，对此条款予以承认。这样，天主教传教士可以自由在内地各省活动。

到了 1862 年，法国又迫使清廷免除中国天主教徒在迎神、庙会等公共活动中应当承担的费用。此后法国以天主教在华利益保护人自居。凡是在华天主教传教士，不论国籍，只要在华发生纠纷，均可以向法国公使馆提出保护请求。

随着 1860 年《中法北京条约》的签署，天主教取得了在中国各省传教的权利。而根据利益均享原则，其他各国可以分享此项权利，这样，信奉新教的英、美等国的传教士也可以公开进入中国传教了。传教士入华之后，与中国文化、地方势力、一般民众之间产生了各类冲突，日积月累下，又引发了民间的排外情绪，最终导致 1900 年的庚子之变。

谣言：天津的传说

莎士比亚在《亨利四世》中写道："流言是一只哨子，由猜测和嫉妒吹响，这哨子吹起来那么容易，连麻木的多头怪，那总是零碎又变化无常的一群，都能吹响。"对未知的事物，人们常充满畏惧，进而用充满想象力的谣言，对其加以描述。西方人进入中国后，因其不一样的生活方式与长相，神秘的宗教仪式，与中国不一致的行为方式,让国人满腹狐疑。而西方人的到来,引发了各种争执,更让苦难生活中的人们充满怨恨。在狐疑与怨恨之中,与西方人相关的各种谣言,如吃人肉、吃人心、挖人眼之类开始散布蔓延。

早在乾隆十一年(1746),福建官员周学健上奏称,西洋天主教令信徒先于密室内忏悔,然后给予每人大面饼一枚、葡萄酒一杯,洋人于饼、酒之中暗下迷药,一旦吃下,终生不知改悔。在1746年的福安教案中,传教士杨若望被指控挖去死人眼珠、溺死幼童,将其头颅用作巫术工具。嘉庆十六年(1811),陕西道监察御史甘家斌奏称,该教能以符咒蛊惑诱污妇女、诳取病人眼睛。

鸦片战争后,西方传教士开始进入中国各地设立教堂,进行传教。当时中国社会有溺婴的恶行,西方传教士来华后创办育婴堂,救济了大批弃婴。这本系善举,但也有各种谣言认为传教士创办育婴堂的目的是挖食人眼、人心,以此来修炼法术。在天津,民间流传的关于传教士的各种恐怖故事,掀起了一场巨大的波澜。

同治九年(1870)夏,天气酷热难当,各类瘟疫流行,百姓死者众多。酷热大疫之中,又夹杂着贩卖人口、儿童死亡、谣言传播等,导致了"天津教案"的发生。

此前在直隶各地,发生了系列"迷拐人口"案件。案件被破获之后,主犯王三纪、刘金玉等人为了减轻罪行,在招供时将天主教堂当作自己的挡箭牌。天津拐卖儿童的主犯武兰珍,被捕后供认天主教堂是主使,并接受其提供的迷药,用以将儿童迷倒,拐卖到法国慈善堂后,每个儿童给大洋5元。

法国仁慈堂仅当年上半年,就收养了450余名婴儿。仁慈

第一章 碰撞：闯入大门内的陌生人

堂中人满为患，酷热瘟疫交织，加之医疗条件有限，收养的弃婴中有三四十人死去。法国仁慈堂在夜间将死婴统一掩埋后，没承想墓地被野狗刨开，尸体被吃掉，有的一棺二三尸，"胸腹皆烂，肠肚外露"。

对于此案中的育婴堂诱拐婴儿事件，美国汉学家芮玛丽的观察相对比较公允："修女们过于无知和鲁莽。出于拯救更多当地中国弃婴的热情，她们竟然为每一个送来的婴儿支付一小笔钱。殊不知，正是这些酬金鼓励了诱拐婴儿的活动。"

天津开始风传育婴堂贩卖儿童，挖眼剖心，以炼制邪药。《大清律例》中规定，"取生人耳目脏腑之类，而折割其肢体也"，属"不道"行为，当"凌迟处死"。挖眼剖心、炼制邪药这些具有极强恐怖性的谣言迅速传播开来，由此掀起了一场针对法国教堂的风波，天津市民罢市，学生罢课，要求官府查办教堂。

同治九年（1870）农历五月二十三日，天津知府张光藻、知县刘杰前去天主教堂调查，结果发现教堂内的情况与诱拐婴儿的罪犯武兰珍所供述的情况不符合，就将武兰珍带走，准备处死之后结案。

当日大批天津民众聚集在天主教堂外等候查案结果，看到教堂内有教民出入就发声嘲讽。有教民从教堂内冲出，抓住一名围观民众发辫与之扭打。此后民众拿起砖块，向教堂抛去发泄。传教士谢福音担心事态激化，立刻去向三口通商大臣完颜崇厚报告，请求支援。①

---

① 1861年，为了办理通商和外交事务，清廷在天津新设三口通商事务大臣，管理北方所有洋务、海防各事宜，三口指天津、牛庄、登州。三口通商大臣为专职，由完颜崇厚担任。

完颜崇厚于是派了两名巡捕去处理。巡捕到达时，双方已经停手。

　　此时法国驻天津领事丰大业已在教堂内，就傲慢地责问巡捕："为何不将闲人拿去？"

　　巡捕回道："彼不闹事，何以拿他？"

　　丰大业大怒，出来追打巡捕。巡捕逃回通商衙门告状，完颜崇厚又派了一名兵丁到教堂交涉，没承想丰大业与一等秘书西蒙揪住兵丁发辫，各自带着手枪佩剑，前去通商衙门找完颜崇厚。

　　到了通商衙门，丰大业与完颜崇厚发生争执。丰大业当场掏枪射击，但没有打中完颜崇厚。看完颜崇厚逃入内室，丰大业狂性大发，拔出佩剑，将室内装饰品捣毁。后经衙门内巡捕劝阻方才停下，完颜崇厚从内室出来见丰大业，准备继续商谈。没承想丰大业又开了一枪，叫嚣："尔百姓在天主堂门外滋事，因何不亲往弹压？我定与尔不依！"

　　当时"洋人打官滋事"的消息已从通商衙门中传出。听得朝廷命官被打，天津城内民情激愤，鸣锣聚众，一万多人拥到通商衙门外助威。丰大业与西蒙拿着枪向外冲，边冲边嚷"挡吾者死"。

　　聚集的民众大多持有兵器，但未动手，给丰大业让出了一条路。丰大业行至浮桥时，碰到天津知县刘杰。刘杰就来做工作，劝丰大业回去再谈。没承想丰大业对着刘杰大骂，又开枪射击，当场将刘杰的仆人打伤。围观群众被丰大业的暴行激怒，一拥而上，将丰大业和一等秘书西蒙打死分尸。

　　天津民情此时已激愤，民众随即放火焚烧法国领事馆与天主教堂，法国传教士谢福音被当场击毙。天津东郊的仁慈堂收养了

第一章 碰撞：闯入大门内的陌生人

大批中国弃婴，自然是此波浪潮冲击中的重要目标。为了避免事态扩大，完颜崇厚下令将连接东郊的浮桥收起，不让民众过河。

当时正在天津的骁将陈国瑞，素来仇视洋人，唯恐天下不乱，哪能错过此次机会，反而下令将浮桥搭上。民众过桥后一起涌向仁慈堂，将仁慈堂烧毁，打死外国传教士、修女合计21人，其中法国人14名、比利时人2名、俄国人3名、英国人和意大利人各1名。

教案发生后，法国公使联合在华七国公使，向清政府提出抗议，并提出了惩办凶犯、赔修教堂、赔偿抚恤金的条件，又要求将天津知府张光藻、知县刘杰以及多事的陈国瑞三人"正法"。法国发出威胁，如果不能及时处理，将要发动战争。英法军舰至天津外海示威，法国军舰向岸上村庄发射炮弹多枚，并威胁到十数日内不处理此案，便将天津化为焦土。

同时，军机处急忙给在保定的直隶总督曾国藩发去廷寄，让他至天津处理教案。军机处指示曾国藩，在处理此案时，既要保持地方上的稳定，更不得影响与西方各国的外交关系。

在军机处内部，对于如何处理此案也存在分歧。军机大臣宝鋆、沈桂芬力主满足洋人条件，将涉案官员加以处理；军机大臣李鸿藻则坚持不可将天津民众定性为无事生非，而应该珍惜民意。农历五月三十日，军机处在拟稿时，有"天津民情，实属可恶"等语，李鸿藻坚决不同意，力争后删去此句。

曾国藩得悉让自己去处理此案后，内心无比焦灼，这无异于将一个炸弹传到他手里。此案关系重大，既要满足洋人的条件，又要应对国内激愤的仇洋情绪，一个不慎，可能招致灭顶之灾。

农历五月二十九日，曾国藩上奏，称自己得了"眩晕之症"，现在"十愈其八"，但身体还是不适，请求休养一阵子，等身体完全康复后再前往天津查案。

不久，曾国藩得知三口通商大臣完颜崇厚被派往法国道歉，知道自己已无法回避此案。六月初三，曾国藩竟然给两个儿子写下"遗嘱"，交代说他一旦死掉，要将他的灵柩从水路运回湖南，至于他带到北方来的书籍，一定要带回老家。

六月初五，军机处廷寄发到，认为曾国藩"眩晕之症"既然已经康复八成，问题不大，令他立刻前往天津。

六月十日，曾国藩到达天津，与英法公使交涉，并拟定了大致的处理意见。

六月二十五日，天气酷热难当，曾国藩的处理意见送到军机处。曾国藩的意见很简单，一是洋人无迷拐儿童之事，请下旨昭雪；二是将天津知府张光藻、知县刘杰交刑部治罪。午后，王公大臣、军机大臣、御前大臣共19人，在乾清宫西暖阁被两宫皇太后召见。王公大臣各持己见，双方争执良久，直至两宫皇太后也已疲惫不堪方散会。大臣们跪了良久，散会时有人竟然腿已麻木，僵硬得站不起来。

最终的处理结果是曾国藩将天津知府张光藻、知县刘杰革职交给刑部处理，将陈国瑞交给总理衙门查办，赔偿抚恤金46万两，重修教堂和仁慈堂。至于法国所要求惩办的凶手，共有16人被处死，而拐卖幼婴的几名罪犯却得以生还。

曾国藩知道此番处理教案，必然会落下骂名，所以事前已给儿子留下遗书，又向完颜崇厚表示"有祸同当，有诽同分"。事后果然如此，得悉此案的处理结果后，曾国藩所题的"湖南会馆"匾额被国子监学生砸碎，湖南地方上讨伐"汉奸"曾国藩的

第一章　碰撞：闯入大门内的陌生人

书信每日有100余封。

天津教案虽然暂时平息，但此起彼伏的教案和各种相关谣言，却将贯穿整个晚清的历史。文人们在各类文字中，描述了天主教"挖眼剖心"的可怕。魏源在《海国图志·天主教考》中云："闻夷市中国铅百斤可煎文银八斤，其余九十二斤，仍可卖还原价，唯其银必以华人睛点之乃可用，而西洋人睛不济事。"《天主邪教集说》则载："家有丧，教者尽屏退死者亲属，方肩门行殓，私取其双睛，以膏药掩之，曰封目西归。"

在民间则有各类传言，如天主教挖女子子宫，割去男子辫发，取走孩童肾、脑髓、心肝，吸食童精之类；认为天主教中，不分男女，裸体共浴；患病之后，妇女要裸体救治等。乃至有各类神乎其神的传说，如天主教徒会"拍花"，只要在人肩膀上一拍，人即入迷。此外还有各类咒符妖术，专一拐卖人口。

同治十三年（1874）《万国公报》发表的《耶稣会士致中国书》一文中，西洋人不得不对中国人做广告宣称："余西国人亦人也，非鬼非蜮（yù），有身体有骨肉。"然而这种彼此之间的误解，文明之间的冲突，却不是短期之内能够消除的。

仇恨：卜克斯之死

基督教入华之后，将山东作为传教重地。在山东发展，其中的原因众多。从地理上而言，山东处于南北方之间，传教士也可从海路轻松进入。1858年签订的《中英天津条约》，规定登州为开放口岸，传教士可以由此进入山东，再经由山东向更远的内地传教。山东属温带半湿润季风气候，对于欧美传教士来说，相对适宜。被南方潮湿、酷热气候所困的传教士，一抵达登州，顿觉神清气爽，浑身舒坦。

山东乃孔孟之乡、儒家发源地，在此传教具有象征意义。不论是天主教还是新教，都将山东作为传教重地。在传教士眼中，山东乃至中国，特征就是"贫穷、迷信和不人道"，而传教士的任务，就是传播基督教，实现基督教化，进而改变这一切。鲁道夫·皮佩尔认为："这个国家如能基督教化，将成为全世界最幸福的和最兴旺的国家。这个民族的贫穷完全是由人口过多和国家经济凋敝造成的。如果中国实现了天主教化并且没有那么多的人口，那么它就会成为最幸运的国家之一。"①

明末清初，传教士就已在山东传教，并发展出了一批教徒。在清廷禁教之后，仍有耶稣会、方济各会传教士秘密潜入山东进行传教。早在山东开埠以前，新教传教士已在山东各地游历。第一个进入山东的新教传教士是郭实腊，他于1831年和1832年，两次到山东游历传教。

为了实现基督化山东的目标，各教派深入山东各地进行传教。在广袤的农村，传教士们或是步行，或是骑驴，或是乘坐马车，跋山涉水，循路穿庄，赶集赴会，谒庙朝山，深入各地传播福音。基督教各个教派，将在乡村传教作为重心所在，利用集市、庙会等场合进行布道。自1864至1873年，传教士狄考文踏遍了山东数百个村庄和大大小小的城市。传教士郭显德足迹遍布

---

① ［德］余凯思：《在"模范殖民地"胶州湾的统治与抵抗：1897—1914年中国与德国的相互作用》，孙立新译，山东大学出版社2005年版，第397页。

第一章　碰撞：闯入大门内的陌生人

山东各地，一次步行2000余里而不知疲倦。

由于传教士的努力，山东各地发展了一大批信徒。山东的东、西部差异较大，西部区域相对闭塞，民风保守；东部沿海区域相对发达，民众对外来事物的接受度较高。在山东各地发生的教案中，以西部地区为多。西部地区人口密集，经济水平相对较低，传教士出现后，成为当地流行的大刀会之类的眼中钉。

1899年12月29日，天下小雪，5名大刀会会员住在肥城县（今肥城市）张店村李大成开的一个酒店里。① 天寒地冻，这些身穿青衣、头缠红布的年轻人蹲在地上，边围着火炉取暖，边吃着烤土豆。长柄大刀、白边红底三角旗之类的家伙被乱七八糟地扔在一边。

这几个年轻人从黄河以北的茌平、高唐等县跑到肥城，准备在这里发展会员。此时山东各地的大刀会、义和拳等组织发展迅速，但在肥城还没有什么动静。他们在肥城活动了半个月，宣传刀枪不入的神术，并且嚷嚷只要碰到洋人，就立刻斩杀。但肥城发展空间不大，只有几个小屁孩跟在他们后面凑热闹，并没有打开什么局面，自然也就没什么进账。

对于这些年轻人来说，他们可能从来没见过洋人，也未与洋人或者教徒发生过冲突，只是在各类流言之中听到了洋人的可怕，诸如吃人食髓之类。而现实生活中的困境、无望的未来、压抑的心境，加速了流言的传播，引发了进一步的仇恨，这是"无

---

① 山东大学1960年在肥城进行调查时，对于住在店铺里的大刀会会员，有说5个人的，有说六七个的，也有说十几个的。事发当年，肥城县县令擒获5人，日本外务省档案也有30人。回忆者均认为这些是大刀会会员，但可能是练习神拳者，在当地人眼中，神拳、大刀会并无区别。

由之恨"，却最适应普罗大众，也最能传播。无由之恨所需要的只是夸张的描述、简洁的语言，调动厌恨情绪，由厌恨发展到仇恨，再由仇恨进而产生暴力行动。

没有油水的肚子不时发出咕咕的叫声，五人愁眉苦脸，面带青色。天寒地冻的时节，他们在街上练拳、表演功夫，也没什么观众。会员没发展几个，再待下去，肚子都难以填饱。在店里吃喝了半个月没付钱，老板李大成的热情一日日减少，老板娘的脸色也一天比一天难看。可如果就这样退回黄河以北，哥儿几个照样吃不饱饭，这大寒冬天，到哪去找到东家干活儿？

几个人埋头合计着，想起附近茅家铺的财主张洪远，其家财万贯，房屋前后三进，穿的是丝绸，吃的是肉馅儿。现在张洪远入了洋人的教，在家里修炼妖术，着实可恨。一名大刀会会员向头目吴方城建议，不如杀了张洪远，劫财济穷人。老板娘突然从店外钻了进来，冷冷地瞟了他们几个一眼，这几人在店里混吃喝已经多日，让老板娘大为不满。看着这几人在埋头合计杀洋人，老板娘冷笑着告诉他们，有一个洋人刚从村前走过。吴方城确认老板娘不是开玩笑之后，立刻对其他人吆喝道："抄家伙，杀洋人。"蹲在地上的几个人一起拿起长柄大刀，冲出门去。

门外小雪已变大，天地间一片白，气息死沉。村里的几棵百年大树，在茫茫白色中闪出些许青黑色。村内密布着的灰暗低矮房子及堆在院外的磨盘等农具，都已被白雪覆盖。雪路上，一排往西的蹄印说明刚有人走过。吴方城急匆匆地带着手下朝西追了过去，身体因为兴奋开始有了热量。

此日，英国传教士卜克斯，从泰安出发返回平阴。卜克斯的姐姐此前从英国赶到中国，与在泰安的传教士伯夏里成亲。卜克

第一章　碰撞：闯入大门内的陌生人

斯刚喝完喜酒归来。近来山东各地屡屡爆发教案，不久前的巨野教案中，有两名德国传教士被杀。此时山东官场发生更替，仇视洋人的前山东巡抚毓贤尚未离职，接替他的袁世凯也未到任，各处大刀会、神拳之类闹腾得厉害。虽然有地方官员劝告他不要独自出行，但卜克斯却丝毫不惧。他身高将近两米，体格健壮，即使号称壮硕的山东大汉也无法与他相比拟。卜克斯看到此种雪天，喜出望外他正可以效法传说中的隐士，一骑青驴，踏雪而行，飘然若仙。

卜克斯一路上慢慢行走，看着沿途的中国农村风光，不禁陶醉于其中，虽然身在异国他乡，却没有丝毫乡愁。走到张店村西边时，卜克斯突然听到身后有咿呀的叫喊声，回头一看，不由愕然。好几个头裹红巾的人，手执大砍刀，在雪地里疯狂追来。

卜克斯跃下毛驴，看着追来的人。最先追到的是十八九岁的庞燕木，卜克斯正想用中文和他说话，庞燕木却操刀拼命砍来。卜克斯让过刀锋，一拳击中庞燕木头部，庞燕木随即倒地。卜克斯弯腰捡起地上的刀，准备抵御，刚一抬头，就被吴方城一刀砍中右额，顿时被鲜血模糊了眼睛。[①]随后众人一拥而上，将卜克斯掀倒在地，捆绑起来。

卜克斯被剥光外衣和鞋袜，只剩一套内衣，被人牵着在雪地里走。大刀会众人将卜克斯拖到李大成店铺时，整村的人都被惊动，涌来围观洋人。卜克斯只穿了一身内衣，满脸鲜血，须发皆乱，小孩朝他扔雪球，一些年轻人则拿着棍棒捅他。看着聚集的人群，卜克斯用一口标准的北京官话道："请保护我，我有银

---

① 肥城县张店村，古金臣，77 岁，1960 年回忆。

子！"可这更激起了围观人群的好奇。一个洋鬼子，竟然能说中国官话，沸腾的议论声瞬时压过了卜克斯的求救声。

吴方城坐在椅子上，老板娘亲热地过来给他倒了二两烧刀子。酒下肚之后，吴方城顿时双眼发红，与其他人商量之后，决定去茅家铺。喝完酒，吴方城带领手下，押着卜克斯出门上路。抓到洋人的消息顿时传遍了四邻八舍，路上挤满了围观的人群。当时13岁的张学常在61年后回忆道："大刀会押洋人时，我曾亲眼看到。那天下着雪，洋人的鞋子、袜子都被剥去，赤着双脚。"①

大刀会押卜克斯去茅家铺的本意，是让教徒张洪远出钱赎洋人。但张洪远事先得到消息，携带着值钱的家当逃跑了。到了茅家铺，吴方城等人看到张洪远房门紧锁，恼羞成怒，就砸开门冲入院内。房中只剩下衣服及一些无法带走的东西，吴方城等人就将稍微值钱的物品洗劫一空，随后原路返回，到李大成饭店里吃晚饭。吃饭时，卜克斯被捆在店外的树上。吴方城得意地向李大成夫妇展示劫掠所得，并大方地给了他们一些衣物、器皿，作为在此吃住的费用。

吃完饭出门时，天色已灰暗，大刀会会员发现卜克斯挣脱绳索逃了。夜色中被雪覆盖的山东农村里，卜克斯如同一头困兽，迷失了方向，拼命奔走。他知道，不久将有无数的农民和大刀会会员过来追捕他。他跌跌撞撞地逃到了一个叫作四槐树的地方，慌不择路地钻到一户人家院落中求救。院落主人家的小孩突然看到一个蓬头垢面、赤足、浑身血迹的大块头西方人，顿时被

---

① 路遥主编：《山东大学义和团调查资料汇编》（下册），山东大学出版社2000年版，第1040页。

第一章 碰撞：闯入大门内的陌生人

吓得大哭。主人听到动静，出来看到卜克斯后大惊，急忙找家伙自卫。备受寒冷、饥饿、疼痛、恐惧摧残的卜克斯头脑变得不清醒，反而一头钻入主人家的一间房内，以为那里是安全之地。①

不久，房外挤满了呐喊的人群，房内的卜克斯因为恐惧而颤抖着，他尽力控制住自己，并判断留在屋内必然会被擒住。从屋外众人的呐喊声中，卜克斯以为他们只是想将自己赶出屋子。卜克斯打开门，屋外众人惊恐地看着他。在这些华北农民眼中，卜克斯无疑是魔鬼的化身，农民们对他又惊又惧。那个受惊的小孩，不久后竟然因为惊吓过度而死去。

卜克斯冲出门去，无人敢过来拦阻他。不久，大刀会会员孟洸汶骑了一匹小红马赶到，询问后得悉卜克斯已逃走，遂上马急追。卜克斯在雪地里又逃了数百米，听到耳后传来马蹄声，他尚来不及回头，就被孟洸汶在马上用大砍刀砍倒。雪地里，留下了一片血红——24岁的卜克斯就这样倒在了异国的土地上。

卜克斯死后第二天，肥城县官金猷就来到张店村处理此案。金猷办事得力，不久就捕获大刀会会员吴方城、吴径明、庞燕木、孟洸汶、李潼关。新任山东巡抚袁世凯，力主严办此案。经过审讯，光绪二十六年（1900）农历二月十六日，杀死卜克斯的孟洸汶被处斩；二月二十三日，为首并砍伤卜克斯的吴方城被处绞决，从犯吴径明被判处永远监禁，李潼关被判处10年监禁，庞燕木伙同滋事，被判徙两年。另拨出抚恤款及教堂建造款9000两白银，纪念卜克斯的立碑银500两。② 店铺主人李大成，因为

---

① 肥城县，鹿继贵，75岁，1960年回忆。
② 《山东惩办拳匪告示》，《万国公报》1900年第137期，第54-55页。

被查出藏有大刀会劫来的物品，家产被抄。①

卜克斯之死是一个标志性的事件，是晚清以来在华西方传教士与中国民间冲突的总爆发。以往的教案有着诸多的诱因，如传教士抢夺平民房产、土地，基督教信仰与中国传统冲突，教民借势欺人等，卜克斯的被杀则只因为他是西方人。此次事件也昭示着华北平原上即将爆发的大风暴。

慈善：丁戊奇荒的契机

新教在华走的是上层路线，主要活动在沿海口岸与城市，面向知识分子传教。在资金上，新教传教士依赖于所在国团体与个人捐助，而天主教传教士则要在华自谋生路。新教传教士很少干预中国地方事务，主要在华从事教育、医疗及各种慈善事业，并由此发展教徒。以李提摩太等为代表的一批新教传教士，活跃在近代中国舞台上，为中国的科技文化事业做出了贡献，同时也带动了新教的传播。从李提摩太身上，可以看到新教在华传教的轨迹。

额头上有一个伤疤的英国人李提摩太，早就立志于献身传教事业。1870年2月，他到达上海，随后转赴烟台。此前已有英国新教传教士在烟台开展传教工作，但是前景并不乐观，当地人对传教士普遍持敌对态度。1871年，李提摩太一度前往中国东北边

---

① 路遥主编：《山东大学义和团调查资料汇编》（下册），山东大学出版社2000年版，第1039页。

第一章　碰撞：闯入大门内的陌生人

境进行传教。1872年，李提摩太从东北返回烟台。李提摩太在烟台利用奎宁治愈了很多疟疾患者。对于当时被视为不治之症的天花，则通过接种牛痘的方式加以预防。1875年，李提摩太来到山东青州府传教。当年秋天，在漫长的雨季之后，很多人得了疟疾。李提摩太免费发放奎宁，治愈了很多人。李提摩太在各地的行医，改善了传教环境，人们对他的敌意开始下降，一些有实力的当地人还成了他的支持者。

19世纪中后期，山东乃至华北各地疫情频发，落后的医疗技术导致死者无数。在疫病传播期间，传教士利用所掌握的先进医术，在治病救人的同时进行传教。公理会传教士明恩溥就认为："医药工作在减轻中国人反对传教运动的偏见中，起到了任何一种其他事业所不可企及的作用。"①

虽然行医在一定程度上改善了李提摩太的传教环境，但真正让他打开局面则是通过在灾荒中赈济灾民。光绪初年，中国北方发生严重旱灾，旱灾从光绪二年（1876）持续到光绪五年（1879），受灾地区以山西、河南、陕西、直隶（今河北）、山东等北方五省为主，北至辽宁、西至四川、南达苏皖等地区，也被波及。其中丁丑年（1877）和戊寅年（1878）为灾情最高峰，故称"丁戊奇荒"。

此次旱灾持续时间过长，又伴随着蝗灾，灾区各地农田颗粒无收。饥饿之下，在春季，灾民们以树皮草根充饥，一些灾民甚至将各种树皮与麦糠、麦秆、谷草等，和着"死人之骨、骡

---

① 转引自陶飞亚、刘天路：《基督教会与近代山东社会》，山东大学出版社1995年版，第212页。

马等骨，碾细食之"。到了秋天，当树皮草根都绝迹时，一些灾民"取小石子磨粉，和面为食"，或"掘观音白泥以充饥"，结果"不数日间，泥性发胀，腹破肠摧，同出于尽"①。

当一切能吞食的都被消耗殆尽后，最残酷的一幕出现了。1877年入冬以后，各灾区普遍出现了人吃人的事件。有目击者称，一些小孩死后被父母扔在路上或沟渠中，马上就被饥民偷走，并如同宰杀猪羊一般肢解取肉。各种令人惊骇的景象纷纷出现，"有御人于不见之地而杀之，或食或卖。有妇人枕死人之身，嚼其肉者……层见叠出，骇人听闻。"②据当时人记载，各灾区都曾出现过公开贩卖人肉的市场。

为了求生，各地灾区还出现了贩卖妇女的现象。据记载，"单在灵丘县，就有十万以上的妇女和孩童被出卖了"。而购买一名妇女，"有一二百钱者，有以一二饼易之者"③。传教士在山西考察灾情的途中，每天都碰到满载妇女去外地贩卖的大车。在山东青州偏远山区，竟也有妇女买卖市场，旅馆里住满了从南方地区，甚至从海外南洋赶来购买妇女的男人。没人买的妇女苦苦哀求无论如何都要把她带走，即便什么也不给，因为这样总比饿死好得多。

"丁戊奇荒"达到了古代史书中所描述的"饿殍遍野，十室九空，赤地千里，活人相食"的惨烈程度，死亡人数达1000万之多。面对灾荒，众多在华的西方传教士参与了赈济工作，其中

---

① 《山右灾荒情形》，《申报》1877年6月30日。
② 章有义：《中国近代农业史资料》（第一辑），生活・读书・新知三联书店1957年版，第741页。
③ 夏东元编：《郑观应集》（下册），上海人民出版社1988年版。

第一章 碰撞：闯入大门内的陌生人

尤以李提摩太功劳最巨。

大旱灾开始后，李提摩太在山东主持赈济工作。1876年，他写了很多信给他的朋友，介绍山东灾区的残酷情况。他的朋友将这些信翻译成中文，并命名为《西教士劝捐书》，发表在报纸上。在上海的西方人被李提摩太所描述的残酷灾情所震撼，决定成立"山东赈灾委员会"，向在上海的西方人募捐，募集到的银两则委托李提摩太发放。

此次灾荒以山西最为严重，山西几乎无处不旱。1877年底，李提摩太带领两名仆人前往山西太原考察灾情。抵达山西后，1878年1月28日，李提摩太携带一名仆人，从太原出发，深入山西南部重灾区考察灾情。这是一次危险的出行，在极度饥饿之下，灾民将过往路人杀掉吃了的事件屡见不鲜，出行者纷纷武装自己，并结伴而行。置身于灾区的李提摩太，每天都看到各种令人震撼的惨烈景象，以至于他有时怀疑自己所见到的一切惨状，只是自己精神错乱所产生的胡思乱想。

随着旱情的加深，在华的西方人在上海成立"中国赈灾基金委员会"，在世界范围内进行募捐，处于灾区的李提摩太则给委员会提供具体建议。1878年3月，李提摩太记述山西灾荒情况的旅行日记在英国出版，引起了各国的广泛关注。英国一些要人成立了"救灾捐助基金"，为中国北方旱灾进行募捐。

募集到资金之后，李提摩太等传教士立即在灾荒第一线发放救济金。为防止有人冒领救济金，李提摩太让领过钱的灾民在手上涂墨汁作为标识，但一些灾民跑去把墨汁洗掉后再来领钱。由于灾民手上均肮脏不堪，"每当干干净净的手伸出来，我们就会怀疑这些人早就领过救济金，只不过用力把墨汁洗掉罢了。这样，我们只继续向剩下的那些依旧脏兮兮的手上发救济金。"①

发放救济金虽然相对比较便捷，但在赤地千里、无米可购的情况下，发放现金终究无法解决灾民的饥馑问题。至交通条件得到改善，米粮能运输进入灾区之后，从事赈济工作的传教士即将现金发放方式改为直接发放米粮。

除直接发放赈灾款项外，李提摩太还在山东建立五处孤儿院，每处可收留百余名孤儿，共收留了孤儿四百余名。为了使这些孤儿长大后能独立谋生，李提摩太决定教授他们铁工、木工乃至制作丝绸、绳索、地毯等手艺。李提摩太甚至想教给这些幼儿中的佼佼者新式西方技术，为此订购了一些西方机械设备。但收养众多小孩，开销颇大，财力上无法支持。李提摩太曾计划将这批小孩送往上海，交给租界内的商人领养。但山东本地一名士绅却称："洋人收养童男童女，不过欲取用其心肝与耳目而已。"②迫于谣言的压力，李提摩太不得不将这些小孩分别送还至各自家乡，花钱请当地人代养。

赈济中，李提摩太的敏感身份自然容易招致一些地方官员的猜疑，使事情的发展产生波折。在山东昌乐，由于李提摩太优先赈济当地秀才，地方官怀疑他在收买读书人，意图煽动民众造反。由于李提摩太救助灾民，在民众中广有威望，曾有山东灾民两次找到李提摩太，请他带头造反，被他拒绝。

虽然有着各类波折，但李提摩太还是将赈济工作进行了下

---

① ［英］李提摩太：《亲历晚清四十五年——李提摩太在华回忆录》，天津人民出版社2005年版，第82页。
② 《论收养山东饥饿幼孩》，《申报》1877年5月14日。

第一章 碰撞：闯入大门内的陌生人

去，仅在太原附近他就发放了救济金8.6万余两，赈济灾民4万余人。至灾荒结束后，山西平阳府的士绅立碑铭刻李提摩太等人的善举，更有一些得到救助的灾民派出代表，找李提摩太等传教士索要他们的照片，以便供在庙宇里表示感恩。

在"丁戊奇荒"中，传教士共计发放救济金约20万两，所救济的灾民，依西方人士的说法有10万人之多。与清政府在救荒中所发放的上千万两赈济银相比，传教士们募集并发放的救济金不过杯水车薪，但他们的救济工作却给当时的中国人留下了深刻印象。

在募集赈灾款项时，款项的来源、数额、用途、余额、总数的更新等内容，在上海进行募捐的赈灾委员会均会及时在《万国公报》《申报》等报纸上予以公布。在救济款项发放的各个环节，也有专人负责记录，并及时在各大报纸上进行公布。所有参与灾区赈济工作的传教士，一切费用均自己承担。在各灾区的传教士，均尽心尽力，专心于赈济工作，以至于《申报》评价西方人办赈："不外以实心行实事而已。"

传教士所募集的资金虽然有限，却得到最大程度利用。在灾区，传教士每次给灾民发放的救济金不多，如在山东每人每日发钱20文，在直隶每人每日10文到20文不等，在山西每人每次发钱200文到800文不等。[①] 这些钱虽然只够饥民买一些简单粗陋的食物充饥果腹，但由于传教士赈济工作的持续性，灾民能得到长期稳定的救助，在漫长的旱灾中能存活下来。此外，在灾区的选择上，传教士们常基于两点考虑，即选择因地理位置偏僻，

[①] 《寓青英国教士李提摩太五月十七日来札》，《万国公报》1877年7月28日。

官府救助不能到达的地区和灾情特别严重的地区。

以李提摩太为代表的传教士们不仅在灾荒之中出力颇大，救济生灵无数；在灾后，他们更积极地为预防未来灾情而建言。李提摩太认为灾荒发展到如此惨烈之程度，与当时官员救荒无能、民众科学知识缺乏有关。李提摩太尖锐地批评了清政府官员和民众不努力抗灾救荒，却向各路神仙祈雨的荒唐之举。

早在1876年7月，李提摩太在济南会见山东巡抚丁宝桢时，就将发生旱灾的原因归结为滥伐林木、滥用地力、农业知识落后等，并建议进行某些经济改革，以防止未来再次发生自然灾害。灾后，李提摩太亲自翻译了《农学新法》一书，介绍了基本的农业科学知识。此外，他还为山西地方官员讲解科学知识，以期影响他们去修建铁路、开掘矿藏、改善自然环境，避免灾荒再次发生。

除了新教传教士之外，天主教传教士也参与了救济工作。天主教传教士在上海成立中华赈灾基金会，参与救济物品的发放工作，但他们在赈灾时带有附加条件，如直隶的天主教传教士规定，只有信教者才可以得到救济物品。

在中国传统社会，慈善事业一直是士绅确立权威、影响地方的重要手段。当西方传教士到来之后，慈善事业也成为传播宗教的重要手段。通过在各地灾荒中的善举，传教士在援救了大批灾民的同时，也为自己赢得了大批信徒，并改善了传教士在人们心目中的形象。李提摩太在山东青州赈灾一年，就有了700多名信徒和一两千名热心于宗教者。虽然通过赈灾而获得的信徒被称为"吃教者"，但随着教徒的数量快速增长，对基督教的不利氛围也被冲淡。1878年，一名参与赈灾的美国公理会传教士说道："我

第一章 碰撞：闯入大门内的陌生人

感觉到了敌对的思想壁垒已经坍塌，只剩下无知这个问题。"①

思想的壁垒真的坍塌了，只剩下无知的问题了吗？

利益：山东没那么好混

由于教义、组织、历史的不同，天主教在华采取了与新教不同的传播方式。天主教走的是底层路线，深入中国内地，在广阔的农村地区向底层民众传教。天主教在华传教，很少依赖于来自欧洲的财力支持，主要靠中国地方上的教民捐助。② 这样就使天主教传教士不可避免地卷入了地方上的各种利益之争。所有在华天主教传教士，不论任何国籍，均可向法国申请保护。故而在华的天主教传教士，依赖法国的支持，干涉地方事务，帮助教徒获得利益，由此赢得了很多信徒。天主教的这种传播方式，使得很多地痞无赖入教，并倚仗宗教背景胡作非为，激起平民与官府痛恨，致各地教案不断。传教士所带来的冲击，从德国传教士薛田资在山东的冒险经历即可看出。

100多年前，一批年轻的德国天主教传教士，越过大洋，来到中国这块陌生的土地。这些天主教传教士自称"斗士"，将传教视为至高无上的事业。到了中国后，等待他们的是未知的命运，他们有的病死，有的被杀，有的则多年在华从事传教、教

---

① 转引自〔德〕狄德满：《华北的暴力和恐慌》，江苏人民出版社2011年版，第163页。

② 在华的天主教传教团体虽多，但他们有一个共同的领导核心，即梵蒂冈的教廷传教部。

育、医疗事业。

来自德国南部的乡村地区，留了一把大胡子的薛田资（1869—1928），来华时20多岁，却有着与他年龄不相吻合的成熟。从19世纪开始，德国天主教圣言会放弃了以往从中产阶级中招募神职人员的做法，开始从贫困农村地区招募传教士。教会学校不收学费，对农村贫穷家庭颇具吸引力。这些被招收的孩童，在教会学校中接受长期教育，教育的重点不再是传授丰富的世俗知识和神学知识，而是强调严格遵守宗教律令，频繁参与教会祈祷，以培养他们无畏的献身精神。

1894年，薛田资来到山东巨野磨盘张庄（现属山东省菏泽市巨野县夏宫屯乡），并在此安定下来。磨盘张庄是个普通的华北村庄，如同传教士在游记中所指出的，当地普遍是灰暗的房屋，少有砖房。教堂也不过是个中式小院，比其他人家好点儿的是，它是砖瓦结构，有前后两进。

其实早在1883年，巨野磨盘张庄教民张守銮、李学文就将德国传教士福若瑟从山东嘉祥县请来，建立了巨野第一个宗教传播点。

张守銮、李学文二人在济宁贩卖粮食，被当地官吏刁难，没收了粮食，几经周折，托人帮忙也未能取回粮食。后来有个济宁人指点，让他们去入教，这样便不致再被官吏刁难。二人遂入了教，然后凭借教民身份将粮食索回。尝到甜头后，二人觉得如果在巨野本地弄个教堂，可以带来更大好处。

合计之后，二人将在嘉祥县马村的德国传教士福若瑟请到巨野县开设教堂。张守銮趁村民赵心贵外出之机，将其名下的一块土地转卖给教民赵黑燕。赵黑燕又将此块地赠给德国传教士，以

第一章　碰撞：闯入大门内的陌生人

备建造教堂。

德国人正准备建造教堂时，赵心贵回来拿着地契告官，说这块土地是他的财产。巨野县令将土地判给赵心贵。德国传教士不服，通过法国公使（法国自认为是一切在华天主教人士利益的保护者），找到总理衙门发回重审。最后，巨野地方官又将土地判给了传教士，但传教士需要支付一笔钱给赵心贵，案件就此了结。磨盘张庄教堂建立后不久，附近六七个村庄相继也建了教堂。天主教在巨野得到快速发展，仅磨盘张庄一处就有2/3的人入了教。

入教后，教民觉得身份地位提升了："磨盘张庄虽然很小，可是很有势力，这全仗着教会。磨盘张庄人到外地去，不仅在县内，就是在府城，一说是磨盘张庄人，别人就得怕三分。教会发给教民的'十字架'，教民将它贴胸戴着，遇到事时将它一亮，就管事。"①

教会的出现，对磨盘张庄，乃至巨野周边地区产生了冲击，同时也带来了冲突。

在婚姻、丧葬等中国人最为重视的活动上，教民与非教民纠纷不断。因为传教士主张基督徒只和基督徒结婚，一些加入天主教的村民要求取消他们入教前所订下的婚姻。教徒被禁止参加各种丧葬、祭祖等活动，这又被非教徒视为大逆不道。

一些公共性事务如迎神赛会、祈雨演戏等，多由民间分担费用。教民则以不拜偶像为由，拒绝缴纳费用。清廷对此也予以袒护，曾在1862年特意规定，"迎神演戏、赛会烧香等项，习教者

---

① 路遥主编：《山东大学义和团调查资料汇编》，山东大学出版社2000年版，第625页。

不得摊派"。在民间看来，教民不出钱却能分享各种好处。祈雨，教民的田也能被灌溉；演戏，教民也可以观看，这激起了非教民的不满。更重要的是，越来越多的教民开始拒绝纳税，这让官方大为不满，却又无可奈何。

借助于教会势力的支持，加上清廷官方的懦弱无能，教民常能在地方争执中胜出。而传教士所介入的争执，所涉及的常是鲁西地区生存资源——土地、水源，这更导致了非教民的愤恨。如1882年沂水县牛辛庄全村接受了基督教，入教后不久，该村就请传教士福若瑟出面，帮他们解决了一场与邻村的土地纠纷，取得了这块土地的控制权。不久，福若瑟发现该村是在利用他，因为这块土地的控制权根本不属于牛辛庄。

教民也借助传教士来敲诈勒索非教民。当教民与非教民发生口角、斗殴等纠纷之后，教民让西方传教士出面找官府干涉。对于此类事件，清廷的指导方针是"一则曰持平办理，再则曰妥为保护"。但在实际操作中，根本不可能持平办理，而是偏袒保护教民。为了平息争端，官府常让非教民摆酒席赔罪。久而久之，就形成了"勒罚"的陋习。如苏家庄教民田守中被邻居王重嘲笑不祭祀祖先，发生口角。王重怕把事情闹大，就摆了一桌酒席请田守中和解。[①]

对西方传教士与教民的不满与怨恨，也导致了各类传言的蔓延。各种谣言认为，传教士创办育婴堂的目的是挖食人眼、人心，以此来修炼法术。江苏清江浦（今江苏省淮安市清江浦区）是入

---

① 中国第一历史档案馆编辑部编：《义和团档案史料续编》（上册），中华书局1990年版，第382页。

第一章　碰撞：闯入大门内的陌生人

京要道。传教士来传教后，至1870年已有近300人入教，各种谣言也随之四起。有说入教者要被挖掉脑髓，或剖取心肝的，又云有毒药涂抹在书中（圣经），拿回家中必家破人亡的。[①] 到了1897年，关于洋人偷盗孩子的谣言席卷整个北方，各地无不人心惶惶。家长们将孩子关在家中，并时刻监视，以防小孩被神通广大的洋人偷走。教会在收养幼婴的过程中，因为各种原因，不可避免地有一些婴儿死去。于是，关于育婴堂屠杀婴儿的谣言不但在当时被民众所传播，在后世也被一些研究者轻信。

薛田资必须面对纷扰的流言、文化的冲突，乃至教民对他的利用。而他所处的鲁西地区，过于稠密的人口、不稳定的环境、迅速恶化的经济状况及士绅阶层的稀少，使得该地区民众具有极强的反叛性，这也为各类民间反抗组织提供了滋生土壤。

巨野有个以打拳卖艺、卖膏药为生的中年男人刘德润，其身材魁梧，性格豪爽，交际颇广，和一些秘密组织的头领来往密切。鲁西地区大量的赤贫者，经常聚集起来抢劫，将抢钱叫作"请财神爷"，将绑票富人家小孩叫作"抱凤凰雏"。刘德润也参与了这类行动，他有个同伙叫魏培喜，给他打下手。后来魏培喜向巨野县官许廷瑞告密，揭发了刘德润。许廷瑞暗中布置，准备擒拿刘德润。

刘德润得知消息后，让全家搬回老家郓城，投奔自己的族人。他本人则外出流浪，在流浪途中碰到了老朋友奚老五（原名奚际田）。奚老五平时也好舞刀弄棍，身上负有人命官司，二人遂结伴到安徽投奔奚老五当兵的族叔奚效方。奚效方与秘密组织有着联系，此时正在安徽清军中担任营帮带（相当于副营长），

[①]《恶人诽毁教会》，《中国教会新报》1870年第82期，第7-8页。

就将二人收留并加以庇护。

许廷瑞没能抓到刘德润，就越界去郓城将刘德润17岁的女儿抓回，关在巨野监狱中。在当时中国，妇女吃官司被视为奇耻大辱，更何况是一名未曾出嫁的少女。郓城的刘氏族人对此极为愤怒，一方面联名向郓城知县申诉，另一方面则请出在当地颇有影响力的、曾在北京当过御前侍卫的孙道隆去巨野县要人。许廷瑞没有任何理由扣留刘德润的女儿，只好放人。

远在安徽的刘德润得悉女儿被捕的消息后，愤懑至极，决定潜回巨野刺杀许廷瑞。刘德润得到了奚效方、奚老五的支持，奚效方以省亲的名义请了假，三人一起返回巨野。刘德润秘密返回巨野之后，联系自己的江湖朋友，有嘉祥县大刀会首领曹言学、巨野光棍（在鲁西南方言中，光棍除了单身汉这个通行的意思，还有一层意思，指的是体面、讲排场、爱张罗事的人）头目奚金兰等人。商量行动计划时，众人觉得刺杀县官的可能性不大，因为县衙戒备森严。且这些地方上的帮派头目，也没有那份胆量直接杀入衙门。为了平息刘德润的怒气，同时间接报复许廷瑞，他们决定杀掉在磨盘张庄的薛田资，以让许廷瑞丢官去职——按照此前惯例，在清廷地方官员管辖区域内，如果出现西方传教士被杀案件，地方官员必然要被革职严惩。

1897年11月1日，薛田资在磨盘张庄招待了两个客人。在邻县传教的德国传教士能方济、韩理迦略，路过巨野时，因天色已晚，就过来投宿。异国他乡，朋友相聚，自然格外亲热。在这凄冷的夜晚，三人聊到深夜，并唱了几首歌抚慰自己的心。薛田资将自己的卧室让给二人，自己搬去门房过夜。

就在此夜，一群身着黑衣、手执各色武器的人闯入磨盘张

第一章　碰撞：闯入大门内的陌生人

庄天主教堂。在砸薛田资卧室门时，房内连开数枪，但没人被击中。随后房门被砸开，房内二人被杀。刘德润、奚老五点灯查看，发现被杀的虽是西方人，但不是薛田资。

大群黑衣人闯入时，在门房内的薛田资还未入梦。听到枪响后，他紧张地跳到门边，这时才发现自己竟然没有将门上栓。屋外枪声接连响起，火把将小小的教堂照得通明，喊杀之声不断。先是砸门声，然后传来扭打声、凄厉的叫喊声。薛田资拿着一根铁棍躲藏在屋内，因为紧张而浑身颤抖不已。外面的嘈杂声渐渐地平息下来，这伙人从卧室中走了出来，嚷嚷着："这两个人没胡子，找大胡子，剥他的皮。"

薛田资的卧室连着更衣室，更衣室大门当时敞开着，这伙人以为薛田资已经逃走，就外出搜寻。此时磨盘张庄的教徒已被惊醒，纷纷涌过来救援，这群黑衣人这才各自散去。待这伙人走光后，薛田资走进自己的卧室，发现室内一片血迹，能方济已死，韩理迦略还有一口气，但已双目无神。在薛田资给他做了圣礼之后，韩理迦略方才死去，室内一片沉寂。次日验尸时发现，能方济受了13处伤，头颅被打开了花，胸膛被刺穿。韩理迦略受了9处伤，腹部被捅烂，手指因为夺刀而被全部截断。

刘德润、奚老五杀死两名西方人后，发现室内地上有一支枪及一个手提箱，手提箱中还有本金皮的外文书。奚老五将这本外文书带走，事后藏在了自家屋檐下，并用泥土封起来。直到1930年，奚老五的后人修缮房屋时，翻出这本书，请懂德文的人看后才发现是德文译本的《圣经》。①

---

① 《巨野教案调查记》，政协巨野文史资料委员会1985年版，第13页。

事后，众人意识到事态严重，纷纷远离躲藏。第二天奚效方远走江南，从此不知所终。刘德润也逃到梁山附近一个偏僻村庄躲了起来，再未敢出来行走江湖，从此低调过完一生。奚老五远避北京，后来在保定聚众抢劫钱庄时被捕，处以斩首示众。

两名德国传教士被杀，让清廷震惊，也知晓这必将生出无数外交纠纷。山东高官齐聚巨野，一名官员指着许廷瑞的鼻子咆哮："在你任内，出此巨案，若不破案，要你驴头。"

在巨大压力下，许廷瑞几近疯狂，四处捕人，大约有50人被抓。其中，有一部分人被释放，一部分人被严刑拷打致死，其他一些人则在监狱中死于传染病。其中7人被指控有罪，惠二哑巴、雷协身二人被指控为主犯，判斩立决；另外5人被判永远监禁。[1] 被杀者的头被涂黑，在城门上挂了几个星期。

薛田资在回忆录中指出："中国官僚将人命看得一文不值，抓了无罪的人严刑拷打。杀害两个神父的真正凶手尽人皆知，却一直逍遥法外。抓了七个所谓证据确凿的人，也砍了两个人的头，但他们都是无罪的。"[2] 为此，薛田资向知县提出抗议，请他公正处理，并表示如果牵累到无辜者的话，宁可一人不抓。但地方官的答复都是一番敷衍的恭维话。

当年，环游世界的旅行家沃尔夫来到巨野，薛田资和他一起去拜访知县，双方曾进行了一番对话。

知县："你从哪里来？路上走了多少天？"

沃尔夫："从北京那里来，路上走了好几个星期。"

---

[1] 谦立之、王守中：《山东教案史料》，齐鲁书社1980年版，第189页。
[2] 谦立之、王守中：《山东教案史料》，齐鲁书社1980年版，第212页。

第一章 碰撞：闯入大门内的陌生人

县官："一路上你可是不辞辛劳！你特意来一趟有何贵干？"

沃尔夫："有重要事件！"

县官："你有多大年纪？"

沃尔夫："五十多了。"

县官："你会说几种语言？"

沃尔夫："十个国家的语言。"

沃尔夫随后向知县提出，根据他的了解，5名被囚禁在狱中的所谓"凶手"是无辜的。

知县道："他们都已经招供了，不管有罪无罪，现在都得他们来抵偿了。"

沃尔夫："如果他们是无罪的，就必须加以释放。"

知县则答道："他们是经皇上定过罪的，除了皇上，谁也不能释放他们。"[①]

薛田资、沃尔夫坚持要见一下这5人。无奈之下，知县将这5人从监狱中提了出来。5人手脚都被铁索铐住，浑身肮脏，长满虱子，一人已得了伤寒。这些囚犯向薛田资、沃尔夫诉说了被严刑拷打，生不如死，不得不承认所谓罪行的经过，并坚称自己是无辜的。尽管薛田资、沃尔夫进行了交涉，但这些人还是被继续关押，最终惨死在狱中。

借助巨野教案，德国在山东攫取了巨大利益。巨野教案之后，经过西方传教士点名，被处分、撤职的各级官员有9人，巨野知县许廷瑞也被革职，山东地方官员因教案而"体面"地自行辞职的有22名，已调任四川总督的原山东巡抚李秉衡也被革

[①] 谦立之，王守中：《山东教案史料》，齐鲁书社1980年版，第217-218页。

职,且"永不叙用"。这些去职事件说明,教会对地方官员的任免有举足轻重的影响,也让地方官日益畏惧天主教传教士。教会势力开始频繁干涉地方行政事务,"教堂日增,教民日众,教焰日炽"[①]。李秉衡因为巨野教案被革职后,在河南安阳逍遥隐居。1899年,军机大臣刚毅向慈禧推荐李秉衡,认为他"果决有为,当世不可多得",李秉衡方才再次出仕。

巨野教案后,1898年11月7日,薛田资被调到日照,但刚到日照就再生是非。日照是山东传教最为困难的地区,该地区有很多出名的秀才,在民间有着极大影响力,成为传教的阻碍。日照县的街头村由前街头和后街头组成,村中有百余户人家,传教士在该村首先取得了突破其原因与当地复杂的社会生态有关。街头村李姓家族的一个人,被发现死在了杜姓家族的山林里。在告官不能得到解决的情况下,为了复仇,李姓人开始寻找靠山,最终20余户李姓村民加入了教会。

薛田资从前任处得悉街头村教民与非教民的矛盾,自告奋勇去调解矛盾。但薛田资没有意识到,不管他本意如何,他的出现所产生的实际效果就是给教民撑腰,这必然会激起非教民的强烈反感。

此外,当地教民想勒索日照富户许言种,曾唆使传教士去官府控告许言种,招致士绅阶层的不满。德国传教士在街头村站住脚跟之后,很多人要求入教,这也让地方上的秀才惊骇。于是士绅们决定联合当地的江湖力量,共同打击教会。

---

① 中国第一历史档案馆编辑部编:《义和团档案史料续编》(上册),中华书局1990年版,第423页。

第一章　碰撞：闯入大门内的陌生人

　　11月8日，薛田资骑马从日照到街头村去看望教民。那天正好是当地赶集的日子，在4名手无寸铁的士兵和1名衙役护送下，在无数仇恨的目光注视下，薛田资穿过热闹的集市，到了街头村。

　　街头村一带的江湖领袖是厉用九，他从事贩卖花生、帮油坊运油等业务，为人颇有梁山好汉的气质。在秀才们的支持下，厉用九发动当地村民2000余人，准备抓住薛田资。

　　9日清晨，有教民跑来告诉薛田资，附近集合了几千人，准备捣毁这个村子。街头村外的枪声也越来越响，不甘坐以待毙的教民翻出了抬枪、长矛和土炮，并在街上修筑了工事，准备进行抵抗。薛田资劝教民放弃抵抗，因为教民人数太少，如果硬要抵抗，会被全部消灭。

　　薛田资请护送他的衙役去沟通。衙役回来之后告诉他，对方要求交出薛田资和6名教民，并答应不捆绑、不虐待他们。经过商量后，6名中国教民走出村庄，薛田资则找了个隐蔽角落躲藏起来，因为他觉得自己出去必死无疑。6名教民出去后立即被捆绑起来，周围旋即爆发出疯狂的叫喊声："打死洋鬼子，宰了他！"人们涌入村中搜索主要目标薛田资。

　　没过多久，薛田资就被搜了出来，有个人一把揪住他的大胡子，将他拖到院子里。一群人围住薛田资，痛殴了他一顿，他身上的衣服被剥光，胡子和头发也被撕扯掉不少。随后薛田资被捆绑起来，用一根麻绳被牵着游街，有大约50个人在两旁执长矛、棍棒随行。在游街的过程中，赤身裸体的薛田资遭到了各种羞辱和恐吓。无数人围着他痛骂，每一次有人跳过来拿着刀摆出砍头状时，都激起围观民众的热烈欢呼。

　　随后，薛田资被人用绳子牵着，跋山涉水，穿过村庄，所到之处迎接他的都是人们的辱骂，一些妇女则盯着他这个赤身裸体的"洋鬼子"掩嘴而笑。中午时分，被捆住的薛田资只能像牲口一样趴下来吃喝。晚上，抓捕他的人拿着从教徒家里抢来的酒寻欢作乐，一个年轻人被派来看押薛田资。这个年轻人很善良，拿了一条破旧不堪的被子给他盖，并偷偷地给他解开了绳索。当日夜间，薛田资因为寒冷而瑟瑟发抖，当他索要衣服或者被子时，这群人就点起火堆，威胁说要把他烧死。

10日清晨，薛田资被押上驼儿山顶峰，被吊起来囚禁在小庙之中。经日照县知县与反教者谈判，并写下"保证不追究"的字据后，薛田资被释放。当知县派出的衙役与一个相熟的秀才剪开捆绑他的绳索，将他放到地上时，薛田资大哭了好久。11日，县令派出轿子，将薛田资接回县城。坐在轿子里的薛田资，看着路两边围观他的人群，仍感万分惶恐。在县城休养了十几天之后，薛田资被德国人的小汽船接到青岛，检查后发现全身有伤15处。事后薛田资也查明，此次事件"实系教民向许言种讹借起衅"，与许言种等人并无关系，遂将参与敲诈的教徒革除教籍。

1900年，巨野大刀会四五百人聚集围攻磨盘张庄教堂。当时，"大胡子"薛田资已返回德国，因此逃过一劫。1904年，薛田资再次返回中国。此后，直至1925年，薛田资一直指导济宁的中西中学，其间写过一系列关于山东民俗、农业、自然环境、传教情况的文章，并著有《在孔夫子的故乡》《鲁南民间故事集》等德文作品，以及《华德词典》《小说总集》《古新经切要篇图》等汉语作品。

至19世纪末，天主教在山东境内"共有教堂大小一千三百余处，传教士一百五十余人，各洋人文牍、函电几于无日无之"。在

第一章 碰撞：闯入大门内的陌生人

华天主教传教士约有800人，教徒从1860年的40万人发展到70万人。①

晚清时期，从巨野到山东，乃至整个中国，总体上仍是封闭、保守、传统的社会。中国广袤的农村，无数割裂的村庄组成了稳定的熟人社会。在这个熟人社会之中，生老病死婚嫁等一切事务，都遵循着祖宗们的成法。但这个熟人社会、这潭平静的死水，突然被一粒粒石子搅动，这些石子就是传教士。这些大门内的陌生人，从方方面面挑战中国的传统秩序，他们从头到脚都透露出不一样，让恪守传统的非教民们难以看透，双方的冲突势必难免。

据统计，在山东，1895年发生教案2起，1896年2起，1897年10起，1898年9起，1899年则激增至41起。② 也就是说，1899年，山东每月至少有3起教案发生，甚至在一个月内在同一州县重复发生教案。

前文提到的卜克斯一案就发生在此背景下，发生在1899年的最后一天。

要言之，教会的出现，在打破中国传统社会秩序的同时，也在重新构造着中国底层社会的权力结构，并随之带来了生存资源的争夺，这必然带来冲突。冲突从偶然、零散开始，渐渐走向必然、频发。而这时，如果得到清廷内部政治力量的纵容、扶持，仇视教会的民众也将从无组织的散沙状态，走向有组织的联合状态。原本零星的教案，也将演变成一场广泛的社会运动，从仇视传教士发展到敌视西方。

---

① 顾长声：《传教士与近代中国》，上海人民出版社1995年版，第107-108页。
② 王守中：《山东教案与义和团》，中国文联出版社2000年版，第155-158页。

第二章
叛逆者：乡村冲突的复杂动因

大刀会提供了"刀枪不入、请神附体"的内容，梅花拳则提供了组织形态，在此基础上发展成为义和拳。1900年，由于直隶、京津地区干旱，大批灾民加入义和拳。在清廷部分高官支持下，义和拳发展成为义和团。"团"，团练也，从此，义和拳有了官方身份。

赋税与官激民变

清廷的财政收入，主要来源于地丁、钱漕、盐课、关税以及其他杂项收入。其中地丁收入在总收入中占据了3/4左右，称正赋；其他各项收入占据1/4左右，称杂赋。据曾任户部侍郎的王庆云记录，咸丰朝之前，清代各类地丁杂税、盐课税、关税共计额征4500余万两。[①]在鸦片战争之前，清廷的固定开销有皇室

---

① ［清］王庆云：《石渠余纪》卷三《直省岁入总数表》，北京古籍出版社1985年版，第144页。

第二章 叛逆者：乡村冲突的复杂动因

经费、宗室世职、官吏俸禄、兵饷、驿站经费、科举开支、河工费用之类。总计起来，每年清政府开销在4000万两以上，如果遇上黄河决堤、大规模战事，财政收入则必会入不敷出。嘉庆朝之后，面临日益严重的内外危机，财政开销居高不下，根本没有结余。嘉庆、道光二朝，为了解决财政危机，不得不通过盐斤加价、开捐输等填补窟窿，勉强支撑过去。

在风调雨顺、一切太平的年代，民众虽然辛苦些，劳作之后有些余粮，尚能缴纳税赋。乾隆年间，号称盛世，库帑充足。"至嘉庆时，虽不能如乾隆以前之盛，然亦尚未闻有贫患之说。"道光帝继位后，面临着千疮百孔的局面，民间普遍贫困，"富户变贫户，贫户变饿者"，财政岌岌可危。中国经济出现重大逆转，从18世纪的长期繁荣转入19世纪中期以后的长期衰退——始于道光朝，因此被称为"道光萧条"。

道光朝萧条的原因复杂，根据李伯重教授的研究，道光时代，全球气温剧降，低温影响了中国大部分地区的季风停留并交锋，导致降水量增加。频繁的水灾，既使得政府在河工上的开支激增，也令农业产量下降，萧条亦因此加剧。焦头烂额之际，道光帝还得面临前所未有的挑战，那就是跨海而来的欧美列强。

咸丰、同治二朝之后，经历了长期残酷的战争，各地一片狼藉，"富者愈富，贫者愈贫"，民众生活越发艰辛。随着财政压力的增大，清廷从中央到地方政府的财政能力被削弱，只能进一步盘剥民间，由此形成恶性循环。太平天国运动之中，焦头烂额的清廷将财政权下移，令各省督抚就地筹饷与筹款，督抚们则广开财路，开厘金、借外债、劝捐加课等，想方设法获取收入。

光绪朝期间，英国驻沪领事根据光绪二十三年（1897）二月至光绪二十四年（1898）三月户部报表统计清廷财政收入，得出数据：地租3100余万两、盐税1300余万两、厘金将近1300万两、海关税2200余万两、内地关税100万两、鸦片税220余万两、其他税500万两、合计8800余万两。而据户部报表，清廷当年岁入地租1000万两，盐税1200万两，厘金1300余万两，海关税1550万两，内地关税、鸦片税、其他税合计2100余万两，合计7200余万两。据此推算，清廷岁入在7000万两至9000万两之间。自甲午战争后，清廷费用增加，据英国领事统计，中央政府皇室及满洲守备费、南北洋海军费、东三省及甘肃省边防费、海关炮台及土木诸费、十八省行政费及军备费、洋债费、其他诸费，合计8800余万两。[1]

太平天国运动造成大量清廷文官自杀，导致人才匮乏。而因财政枯竭所推行的捐输制，使很多地方官职成为交易之物。此外，在太平天国运动中，大量湘军、淮军系统的武人出任地方官员，导致地方官员的任期开始缩短，往昔要3年时间才能捞到的钱，现在被大幅缩短，地方官员的吃相更加难看。官方施加各类苛捐杂税，胥吏于其中盘剥勒索，民众饥不得食，寒不得衣，只能铤而走险，发动民变。对于官方盘剥导致民变频发，慈禧曾在懿旨中云："方今民生重困，皆因庶政未修，州县本亲民之官，乃往往情形隔阂，诸事废弛，闾阎利病，漠不关心。甚至官亲幕友肆为侵欺，门丁书差敢于鱼肉，吏治焉得不坏，民气何由

---

[1] ［日］松冈忠美：《论清国财政》，《国民报》1901年第1期。

第二章 叛逆者：乡村冲突的复杂动因

而伸。"①

清末全国各地民变频发，极大冲击了地方秩序。在这些民变中，部分是因为传教士、教民与地方民众之间出现的中西方文化碰撞，导致了系列教案，引发风暴；部分则是地方上的民众不满官方过度盘剥而发起。民变与造反不同，造反的目标是推翻清王朝，民变则是为了发泄，以暴力反抗、约定抗粮、聚众抢粮、借事聚众、罢市、聚众抗官、哄堂塞署、殴官等方式，反抗地方官府、士绅。清末民变频发，绝大多数是"官逼民变"。导致民变频发的重要原因，主要缘于官方的催征赋税，勒索民间。

中国古代社会，民众遭受不公时，其解决途径，不外是向官府提出控告。但提出控告时，不能聚众，如果聚众至四五十人，则是民变，要被严加惩戒。而在诉讼之中，民告官、民告士绅，是很难打赢官司的。在诉讼过程中，要付出沉重代价，往往官司还没打成，就已倾家荡产。解决问题的唯一合法途径即法律途径，不仅成本高昂，且很难解决问题，这条途径等于被堵死，于是民众只能选择民变。

就民变而言，是一地大部分民众的利益受到侵害，而又无法通过法律途径进行纠错并得到补偿的情况下，于是群体聚集，通过暴力手段来解决问题。而在中国民众的意识之中，法不责众，且民众认为，聚集的人越多，在不谋反的前提之下，则被惩戒的风险越低。但民变开始之后，往往很难控制其暴力程度，一旦发生冲击官府、杀死胥吏等情况，事态则会恶化。

晚清之际，民变多发，且分布在全国各地，就是经济相对发

---

① 《德宗景皇帝实录》，第五百六十四卷。

达、受外界影响较大的南方沿海地区，如浙江、广东等地，也多有民变。

同治十二年（1873）六月，浙江新昌县境内燕山有民变。此处山中之人，本性强横，官员于五月间设局编造门牌，称牛羊户口均要输捐，山民不服，将新昌县差杀毙1人，扣押3人。地方官员闻讯之后，派出营兵数十人，到山中劝说多日，山民仍然不服。地方官府调派官兵，入山清剿，民众无法抗拒，部分乞降，首逆出逃，群山莽莽，也无法追获。

浙江天台一邑，民风向来强悍，咸丰朝之前，因钱漕加价而激发民变者不少。到了同治年间，天台一县，又有民众因加价滋事，进而引发民变。同治十三年（1874）十一月，天台遭遇旱灾，民生不易，天台知县丁澍良决定将钱漕加价（每两骤加1/5）。天台地方士绅与丁澍良再三会商，请求宽缓，地方官不允。士绅遂至台州府，向知府徐士銮呈诉，徐士銮刻意回护天台县，士绅言语顶撞，徐士銮盛怒，将士绅关押在府。

天台县民众得此信息后，聚集万人之多，一时涌至县署门前，被门役拦阻。民众便与之相抗，爆发殴斗，门役死者死，逃者逃，乱成一片。地方士绅闻此信息，齐来劝说，但人潮汹涌，群情激愤，民众已冲入县衙。县官丁澍良之子当场被杀，丁澍良的头、面、肩膀及两足俱受伤，后幸有人来救，致无大碍。民变爆发之后，浙江省当即调洋枪队360人至新昌境内巡哨，准备弹压。

天台民风勇悍，一时间，怀贰之众、揭竿入山寨者有三四千人，首领为曾担任过武职的清军官员，未知其名。该武官一度投身捻军，后降附归朝廷，得管兵之职，立有功勋，此次不知为

第二章　叛逆者：乡村冲突的复杂动因

何成为民变头领。面对天台民变，台州知府也无可奈何，提出条件，天台地方交出民众16人受死，再交3万两银子作为赔偿。然地方上人以为，交出16人尚可应命，而交3万两银子则断不能也。十二月二十日，官兵入山清剿。天台民众齐聚抗争，枪炮弓箭，俨如大敌当前。交战良久，互有损伤，后民众不支。官兵奋勇直进，生擒200余人，杀死数百人，首犯俱获，余均逃匿无踪。

进入光绪朝之后，全国各地都爆发了"官激民变"。

光绪二年（1876）六月，云南腾越厅发生民变。起因是省中杨姓大员出示晓谕，英国恤银要在本省征收100万两之多，导致百姓闻风生怒，爆发民变，杀死官员。所谓的英国恤银，即英法联军入寇北京后，签署《北京条约》，其中规定的赔偿英国恤银30万两，法国恤银20万两。

光绪三年（1877），广东清远县属之香炉峡，地处冲途，为往来商贾所经要路，因设一厘卡委员征收，已有年余。此年征收厘税之人，过度勒索乡人货物，乡人不甘，遂爆发斗殴。厘卡方面施放枪炮，轰毙乡人多名。乡人大怒，四处云集而来，与厘卡守卫交战。厘卡委员遂向上报称乡民谋反，因此调来兵勇，将乡民杀伤颇多。乡民寡不敌众，各自散回，虽遭受杀戮，但颇不甘心，于是每至夜间，携带枪炮，潜伏于厘卡之旁，其中树木茂盛，峰峦叠起，很难被发现。至夜深人静，则齐向厘卡射击，再逃入群山中遁去，厘卡兵勇受伤者颇多。

光绪十八年（1892）七月，皖北颍州府太和县有民变之事。起因又是厘卡加重土捐，民情愤怒，突起焚卡杀官，遂成骑虎之势。光绪二十三年（1897）秋，徐州禾稻不登，小民无从果腹。地方无赖，乘机煽动乡民，结队成群，发动民变，城中各大户被劫掠一空。

晚清时，温州地穷，所产不丰，民众又将大半钱财都花费在鸦片上了。光绪二十四年（1898），官方决定对鸦片加征捐税，又引发米价上涨，一时间群情汹涌。四月初二日，地方民众聚集多人，涌入富户沈舜廷家，逼令其开仓平粜。好事者随声附和，拥挤喧哗。官府查验后发现沈家果然贮粮甚多，遂将仓房封锢，传令明晨开粜，民众始散去。四月初三日晨，官方拟按票给粮，不料人山人海，聚集骚动，沈姓家中竟无插足之地，不得已将票送至马王庙中发放，孰料民众一拥而上，竞相抢夺。官兵弹压时，民众抛掷砖石，官兵先放空枪恐吓，后发实弹，击杀2人。民众旋即闹事，将沈家所存米粮数十万石及器具什物，劫夺一空。知府震怒，大书"乱民滋闹，格杀弗论"八字张贴于门前，时局方才平息。为了不致再生变数，官方又在城隍庙进行平粜，每人限购米3升。

就社会而言，排斥与敌意，是加强群体意识、凝聚共识的最有效方式。互相排斥，能在不同群体之间建立起一种微妙平衡，以此维持社会安定。只有在敌意引发的冲突中，群体的特征才能被强化凸显，忠诚度才会增加。这种排斥与敌意，需要维持住平衡，而平衡的操控者只有官方。就清廷而言，因其占据正统，故而为百姓所畏惧；又因其拥有强力机器，故可以作为平衡的操控者。

就民间层面而言，村庄之间的彼此排斥、敌对，可以加强宗族团结，并在竞争中胜出，这也是中国传统社会中，宗族械斗不断的根本原因。在械斗之中，官府有时也会充当调和者。但当官方强硬盘剥民间，掠夺民间生存资源时，各地官方就成

第二章　叛逆者：乡村冲突的复杂动因

了民间仇视的对象，一旦导火索被点燃时，民众就会以暴力方式发泄怨恨。但吊诡的是，在清末，针对官方的大规模、普遍性的"官激民变"并没有得到重视，反倒是规模较小的、各地针对传教士的教案，引起了国内外的普遍关注。此类与传教士、教民的冲突，经过舆论放大，又加深了民间的裂痕，酝酿着更大的风暴。

争地：庞三杰的三变

"高度平衡陷阱"理论认为，传统中国社会到了晚期，在农业、运输等领域的重大技术突破事实上已走到了尽头。如农业领域，亩产量几乎达到了最高限度，已经无法养活不断增长的人口。传统模式的农业，无论是灌溉工程、肥料还是劳力，一旦达到最高限度就无法再有突破，进一步的投入只能导致效率的下降乃至负效益。

到了近代，西方出现了先进的农业、工业技术，如良种、化肥、杀虫剂及内燃机发动的机器和水泵等，可以有效提升单位亩产量。但引进、普及来自外部的新技术，哪怕在洋务运动期间，也是不可能的。而农村中不断扩大的人口、有限的土地、无法突破的农耕技术，导致乡村之中，为了土地、水源等不断爆发冲突，在江苏、山东接壤的砀山等处，此类冲突更是激烈。

砀山位于黄河古道以北，土地贫瘠，求生艰难。庞氏家族定居江苏砀山近百年，黄河改道以前，砀山附近有3个清廷设立的渡口，庞氏族人负责管理其中的两个。因为摆渡行人都是免费的，清廷将河滩上的土地拨给渡口管理者。庞氏家族在砀山地区以摆渡、务农为业，劳作之余，也努力培养子弟，以求科举上有突破，能光宗耀祖。明清两代，砀山庞氏家族出了一些士人，他们虽未位极人臣，也算一方要员，足以让庞氏家族自傲于地方。

咸丰五年（1855），黄河改道，原先的河床上形成了大片可耕作土地，称作"滩地"。虽然这些土地不甚肥沃，但由于没有被纳入政府管理，使用者不必缴粮纳税，引得附近村落纷纷争抢这些土地。利用管理黄河渡口的机会，庞氏家族抢得了大批土地。但这些土地距离庞氏家族所在的村庄有十几里的路程，更接近刘氏家族。家门旁的土地竟然落于庞姓之手，刘氏家族对此愤愤不平，想将这些土地收归到刘姓名下。

到庞三杰接掌这些土地的时候，争执开始白热化。庞三杰，名圣选，号三杰，同治八年（1869）出生，曾中过秀才。庞三杰手里有近八十顷的滩地，他将这些地租给庄稼人耕作，每年能有不菲收入，庞三杰由此建起了如碉堡般坚固的楼房。在当时江苏、山东交界地区，能住得起砖房的都没有几个，更不要说住上楼房了。庞三杰的富裕与强势激起了刘氏族人的不满，年轻、野心勃勃、有着几百亩土地的刘芪臣将庞三杰视作敌手，伺机出击。

大时代的变革，使得土地争执更加复杂。为抗衡庞三杰，刘芪臣和刘氏族人加入教会，引天主教为外援。庞三杰则加入了风靡当地的大刀会为应对，对抗刘姓族人。大刀会是在甲午战争期间发展起来的。因为战争，大批清军绿营、团练被从山东省调往东北，导致山东地方上防守力量空虚，各地土匪聚集起来骚扰民众。1894年，清廷在上谕中指出，山东"盗风不靖，劫案迭出，

第二章 叛逆者：乡村冲突的复杂动因

大为行旅之害，亟应认真整顿"。① 而在山东曹县、单县，则出现了民间自卫组织大刀会。大刀会成立的初衷是保卫家园，打击土匪。加入者多是庄稼人，穷人富人都有，但没有赤贫者。因为参加者需要自备红缨枪1支、大刀1把、匕首1把，这些都是个人出资请当地铁匠打造的，赤贫者负担不起；此外，加入大刀会之后，每天烧香也得耗费10多文钱，而赤贫者又没什么财产可以保护，参加大刀会对于他们没有任何意义。②

大刀会的组织者是曹县烧饼刘庄的刘士端，刘士端的师傅是从河间府逃过来的白莲教教徒赵金环。赵金环一度隐匿在烧饼刘庄做长工，刘士端便拜他为师学武。③ 矮个儿、一脸麻子的刘士端家里有100多亩地，年轻时曾多次参加过科举，但没有得到功名，一直窝在乡下做土财主。虽是乡野之人，刘士端却有着不凡之志，他创办大刀会，想借万千徒众而成就黄袍加身之梦。

大刀会供真武帝为祖师爷，入教的仪式由三道程序组成。第一道程序是净身，用一块新白布浸清水，擦洗全身。第二道程序是喝符，由师爷在一张一尺长的黄纸上写咒语，称作神符。神符写好后用火焚烧，然后将纸灰放在小碗内，用水冲开服下，"喝过神符，刀枪不入"。第三道程序是排刀、排砖头。喝过神符，立刻运气，将所谓神气运遍全身，然后由指定的人执刀击打全身，再用砖块击打全身。经过以上仪式者才被承认是会众。会众还需每天焚香三次，磕响头，习武艺。

大刀会所练的刀枪不入法，俗称"金钟罩"，在山东地区流

---

① 《德宗景皇帝实录》，第三百四十六卷。
② 路遥主编：《山东义和团调查资料选编》，齐鲁书社1980年版，第21-22页。
③ 路遥主编：《山东义和团调查资料选编》，齐鲁书社1980年版，第1-6页。

传甚久。练习者依靠掌握的力学原理，运用适当的手法，可用大刀砍身体而不受伤。但若操作失当，改变了受力角度，则会被刀所伤。此类砍伤事件，大刀会称之为"漏刀"，认为是修行者心不诚所致。如单县杨楼庄有个朱麻子学金钟罩，念口诀、吃神符后，刀砍到身上只有一道白印，砍不进去。但后来一不小心，把一条胳膊砍掉了，庄上的人就不再学金钟罩了。[①]

中日甲午战争中，因为刘士端自称刀枪不入，据说清政府曾邀请他到军中传授此法，以帮助击败日军。但在表演刀枪不入神功时，刘士端却"漏刀"砍伤了自己的手腕，便灰溜溜地回到乡下。刘士端回来后却吹嘘，称神功奏效，立下大功，被清廷授予三品顶戴，又在当地唱戏庆祝。由此声名日振，各地来拜师者络绎不绝。[②]

大刀会发展很快，巨野、菏泽、丰县、沛县、萧县、砀山、东平等县弟子云集。烧饼刘庄备有1个螺号、1面大鼓，专为召集教徒所用。刘士端还特意铸造了一把大刀，重30余斤，刀柄处刻有"天下太平，马到成功"八字。[③]

1894年秋，庞三杰拜刘士端为师，成为其"四大弟子"之一。另外三大弟子分别是曹得礼、尤金声、彭桂林。曹得礼是小地主，有33亩地，但全部自己耕种。尤金声性烈如火，外号"尤大刀"。彭桂林也有自己的田地。能成为弟子的，都是在地方上有资产和影响力的人，加入大刀会的目的主要是保护自己的资产。

---

① 路遥主编：《山东义和团调查资料选编》，齐鲁书社1980年版，第14页。
② 《清季教务教案档》（第六辑）第179件，台湾"中研院"近代史研究所1974年版，第152页。
③ 路遥主编：《山东大学义和团调查资料汇编》（上册），山东大学出版社2000年版，第579-580页。

第二章 叛逆者：乡村冲突的复杂动因

大刀会最初专注于打击地方土匪。当地有个土匪首领岳二米子，聚集了几百个赤贫者抢劫，并拥有火枪等武器。大弟子曹得礼判断这个团伙组织松散，容易打击，就主动出击，将之消灭，肃清地方。①

肃清了土匪，加之门徒万千，手提30斤大刀，飘然之间，刘士端竟生出了成为帝王之心。光绪二十一年（1895）三月初三，刘士端大徒弟曹得礼在单县火神庙唱戏，借机展示大刀会实力。

火神庙前搭起了神棚，神棚上书对联"一口宝剑震乾坤，替天行道安天下"。飘扬的旗帜上清晰可见"坐江山"三个大字，刘士端坦荡地展示着自己的雄心壮志。火神庙四周遍插红旗、大刀、红缨枪，大刀会会众背着大刀，执红缨枪，从各县络绎而来。到场的大刀会会众有五六千人，现场气势恢宏，秩序井然。锵锵的锣鼓声中，火神庙火一般旺起来。庙前的广场上搭起了两个戏台，对着唱戏。

这样的热闹场景，吸引了四乡八镇的围观，精明的小贩自然不会放过这个机会。但他们只敢远远地摆摊，且不敢大声吆喝，怕影响了大刀会的盛事。据说道台毓贤曾扮成算卦先生前来私访，将摊位摆在路当中，结果被曹得礼的徒弟给撵走。

在发展的初期，大刀会并没有与教会发生冲突。20世纪60年代，山东大学所做的调查表明，大刀会会众与教徒之间相处较好；反而较多地卷入了地方上的土地争夺，如火神庙庙会之后，大刀会卷入了江苏沛县的湖田冲突。

---

① 路遥主编：《山东大学义和团调查资料汇编》（上册），山东大学出版社2000年版，第582页。

山河变

沛县微山湖一带，每当潮水退去或者天气干旱时，都会有土地露出。这些土地肥沃且靠近水源，灌溉方便，被附近丰县、沛县、砀山县（今属安徽省）等地豪强地主所觊觎，各方屡屡爆发冲突。湖田附近有很多山东涌过来的移民，这些移民在与当地人争夺土地的冲突中受挫，就求助于大刀会。火神庙唱戏之后，大刀会会众涌入江苏助战。大刀会卷入湖田冲突，动机很简单，即扩大影响，发展会众，以使自己获取更多利益。但是，在沛县一带的械斗之中，大刀会刀枪不入的神功并没有奏效，刘士端师傅赵金环的四个儿子在械斗中全部丧命。大刀会大败，狼狈退回山东。

1895年，当年[①]干旱，麦子收成不好，地方上人心惶惶。因饥饿所迫，鲁西南几个县的农民在大刀会旗帜之下聚集起来，准备在安陵堆（曹县与菏泽交界处）一带起义。刘士端迫不及待地找出一套戏里用的皇袍穿上，骑马提刀，自称皇帝。不承想称帝后，老天不帮忙，骤然降雨，解了旱灾。追随他的农民遂一哄而散，各自回家忙着种豆子去了。孤零零的刘士端，穿着一身戏服在雨中沮丧不已，只能偃旗息鼓，待机再起。[②]

刘士端的格局终究还是太小，他的舞台也太小。一个乡下土财主、落魄读书人的梦想，不过是穿上黄袍，坐上大轿而已。大刀会终究不是拜上帝会，鲁西南也不是广西金田。刘士端没有长期的运筹帷幄，没有坚定如一的信众，没有强悍有力的助手，没有恰当的时机……有的只是一颗渴望称帝的心。

---

① 狄德满判定刘士端称帝行动的时间，应该是在1895年末。参见狄德满：《华北的暴力和恐慌》，第263—264页。

② 路遥主编：《山东义和团调查资料选编》，齐鲁书社1980年版，第7页。

第二章 叛逆者：乡村冲突的复杂动因

就在刘士端为未能当上皇帝懊恼的时候，其徒弟庞三杰却生出是非。庞三杰加入大刀会后，回到砀山自行开坛收徒，聚众千人。1896年夏，刘苌臣自觉有教会做后盾，带人强行收割庞三杰田里的麦子。庞三杰带领60多人过去理论，并与刘苌臣爆发冲突。双方谁也没有占到便宜，刘苌臣虽被打跑，但庞三杰的哥哥脸部被一颗铅弹击中，回家后不久即死去。

刘苌臣躲藏到洋人教堂中不出来，急于报仇的庞三杰便到山东向刘士端求援。刘士端派出大刀会会员1000余人为庞三杰助阵，并在6月21日（农历五月十一日）攻打刘堤头教堂，随后又攻打了一系列教堂。对大刀会来说，攻打教堂有两大动机，一是为庞三杰报仇，二是可以抢劫财富。传教士的报告指出，在一次袭击中，大刀会抢劫了教民40车的粮食，而在另一次袭击中，抢来的教民财产被当场拍卖。

6月28日，庞三杰率领大刀会会员四五百人涌入马良集。马良集是交通要塞，商业发达，店铺甚多。大刀会涌入马良集后，抢劫了镇上的盐店、杂货铺、京货店等，马良集最有实力的大户贾克训的女儿也被绑架。贾克训联合附近团练进攻大刀会，团练配有旧式大炮，很快将大刀会击溃，俘获了36名大刀会会员，并押到山东单县处死。① 事后有民谣挖苦道："金钟罩，瞎胡闹，十三人挡不住一洋炮。"在民众看来，旧式大炮也是洋炮。

大刀会闹事失败后，7月7日，曹县知县请刘士端来县城商讨共同对付土匪之事。刘士端丝毫没有防备，他很自信。一方

---

① 唐怀勋：《鲁西南、皖北大刀会首领庞三杰》，《义和团研究会通讯》1992年第17期。

面，他给予了这些地方官员诸多好处；另一方面，维系地方治安，也离不开他刘士端。

来到县城之后，刘士端被捆绑起来。道台毓贤随即也赶到，对他说："你能上天入地，今天看你能如何？"刘士端随后被斩首，其家属没能把头颅要回来，就铸了一个银头接在尸身上下葬。不久弟子曹得礼也被单县知县摆鸿门宴诱杀。[①] 就毓贤而言，对西方各国他是持强硬态度的，只是刘士端一度闹事，还想称帝，对谋反的恐惧压过了仇外情绪，于是不假思索地杀了刘士端。

刘、曹被杀后，二徒弟大刀尤金声聚集了五千人马，准备为师报仇。不承想连日大雨，不能行军，徒众各自散去。到了1900年，义和团运动兴起，尤金声带领弟子准备去北京打洋人。途中排刀时不小心砍伤了自己，就灰溜溜地回来了。

这次事件之后，作为主角的庞三杰倒是乖巧躲了起来。官府四处追捕不得，就将他的哥哥庞胜天抓走，并放出话，要将庞三杰的房子拆掉。庞三杰潜伏在苏鲁豫三省边界，纠合了一批人，威胁要杀掉任何敢动他房子的人。

为了解决庞三杰的问题，庞氏家族想出了个绝妙主意。1897年4月4日，庞三杰庄上的部分村民来到侯家庄教堂，递交了一份愿意入教的50余名庞氏族人名单。7天后，大约400名庞氏族人到侯家庄教堂参加弥撒，其中包括庞三杰的儿子。

庞氏族人向传教士提出了入教的请求，并请求将庞三杰的哥哥释放，免去庞三杰的死刑。作为交换，庞氏族人将不再追讨被充公的庞氏家族土地。传教士对此也感到束手无策，就将"皮

[①] 路遥主编：《山东义和团调查资料选编》，齐鲁书社1980年版，第29页。

第二章 叛逆者：乡村冲突的复杂动因

球"踢给了当地官员。当地官员没有做出明确回复，但建议庞三杰远走高飞，等于默许了庞家的建议。之后，庞三杰的房屋安然无恙，庞胜天也被释放。①

庞三杰"华丽转身"后，与传教士相处融洽。在1897年山东巨野教案爆发后（参见上文薛田资在山东的经历），庞三杰利用其众多的人脉，护送西方传教士安全穿行于各地。庞三杰还参加了青帮，成为青帮头面人物，聚众千人，并继续传授刀枪不入的法术，举行排刀仪式。

辛亥革命期间，庞三杰组织人马，协同革命党活动。为展示力量，庞三杰在自己老家举行了阅兵式，阅兵时，大刀会会众齐呼"天助三爷"。随后庞三杰打丰县，进济宁，攻涡阳，克蒙城，入徐州，策马扬鞭，意气风发。正得意时，庞三杰却从惊马上摔落，不得已隐居了一段时间。伤好后复出时，却发现人马已被部下王锦韬拉走，他成了光杆司令。

庞三杰觉得在当地再起无望，就离开家乡，带领子女到镇江参加革命军。庞三杰的次子庞世周、六子庞世道、八子庞世贵、侄女庞世桂等，都追随孙中山，南征北战，立下功勋。1915年3月，庞三杰由日本回国，在上海组织暗杀队，但其被捕获后被杀。1936年，南京国民政府在庞三杰家乡为其立碑纪念，以表彰其在辛亥革命时的功绩。碑文称："查庞氏父子叔侄为国捐躯，一门忠烈，实堪嘉许，但因军阀混战致淹没多年。"碑落成时，吊唁观碑者日有万余人。②

---

① ［德］狄德满：《华北的暴力和恐慌》，江苏人民出版社2011年版，第288-289页。

② 《砀山文史资料》（第二辑），砀山政协文史资料委员会1987年版，第97页。

❧ 冲突：拆庙建教堂

西方传教士在中国乡村的发展，对维系了千年的中国宗法社会产生了巨大冲击。在乡村中，生成了教民和乡民这两个信仰有别且矛盾日益突出的社会群体。清代民谣云："未入教，尚如鼠；一入教，便如虎。"一些加入教会的教民，利用教会狐假虎威，在地方上作威作福。传教士通过教规，限制教民参与各类乡间庙会及祖先祭祀。入教之后，教民须"立即毁除家神偶像等祖宗灵位"，与传统礼俗切割。在乡民看来，这是背祖忘宗，令人不齿之事。此外，西方传教士也怂恿教民，破坏各类乡间的迎神庙会活动，摧毁寺庙。此举虽然显示了教会的存在与实力，但与教义相违背。即使双方爆发冲突，在地方官的审判中，教会总能胜出。

在山东、直隶交界处的乡民与教民冲突中，梅花拳积极卷入并引发了系列教案，最终被清政府镇压。梅花拳领袖赵三多在逃遁过程中，吸纳了大刀会中"刀枪不入""请神附体"的内容，最终将梅花拳发展成义和拳。

就山东地区频频爆发的教案，美国传教士李佳白在《北华捷报》上谈道："反抗教会的暴动之所以发生，一半是由于外国人要在孔庙旁建造教堂，一半是由于谣传外国人将要到此经商，劫夺人民的生计。"① 建教堂在当时屡屡引发争端，而在山东冠县梨园屯，围绕教堂的争执前后延续了30年。

梨园屯在行政上属于山东，但在地域上却处于直隶。在直隶

---

① 《北华捷报》1883年10月2日。

第二章 叛逆者：乡村冲突的复杂动因

境内的山东飞地分为三块，在行政上分别属于山东冠县、邱县和临清三个县，被称为冠县十八村、邱县十八村和临清十八村。这些飞地，被当地人称为"插花地"。据当地民众说，是清朝皇帝担忧下面各县闹独立，就将这些地方分割出来，彼此牵制。

这三块飞地土地肥沃，当地民众相对富裕。因为距所属县较远，带来了地方行政的空虚，故而盗匪横行，结党劫掠。为了抗拒盗匪，这些地区普遍流行练拳。

梨园屯属于冠县十八村，全村共360户人家，其中有天主教徒20多户。调查显示，当地信教的主要有两种人：一种是饥饿的穷人，为了吃教堂放赈的粮食而入教；另一种是犯了罪的人，为了逃避官府追捕而入教。如梨园屯有一个王姓农民，咸丰年间因为参加白莲教被官府追捕，不得已之下就去投奔教会。入教后，官兵不再追捕他，于是天主教渐渐地就传开了。[①]

教民与非教民的纠纷集中在梨园屯玉皇庙上。此庙是当地的公共财产，经过历代富有的士绅不断捐赠扩建，已有公共土地38亩。同治八年（1869），当地教民以入教之后不再参与公共活动为由，提出分庙产、分土地。

地方上的非教民商量后认为分了也没什么坏处，遂同意分庙产。"教会应分房宅一处，上带破厨房三间，破西屋三间，大门一座，计宅地三亩九厘。"[②] 1873年，教民因无钱修建教堂，"即将此地基献于传教士梁司铎名下修盖教堂，共破烂住

[①] 路遥主编：《山东大学义和团调查资料汇编》，山东大学出版社2000年版，第22—23页。

[②] 《山东冠县梨园屯教堂修堂木料银钱被抢》，台湾"中研院"藏档，馆藏号01-12-048-02-001。

房十余间"①。

玉皇庙地理位置好,是当地人日常活动的中心。玉皇庙分前殿和后殿,前殿供奉玉皇大帝,后殿供奉太上老君、孔子和如来佛。每逢初一、十五,前来烧香的人络绎不绝。在教民献出地基后,传教士决定拆掉玉皇庙建教堂。此等蛮横行为,自然激起了梨园屯非教民的不满。当地人推出刘长安等6个有功名的地方士绅,去冠县打官司。县令最终却判传教士胜出,他们可以在庙宇基地上建教堂。官司打败了,当地村民只能暂时忍让。

传教士最初建造的教堂粗糙简单。光绪十三年(1887),传教士决定在原址上建一个规模较大的教堂。教堂建到一半时,当地民众将其拆毁,并利用建教堂的建筑材料在原址上建了玉皇庙,"即用教堂砖料,在堂内盖瓦房三间,装塑神像"②。

双方又去打官司,这次当地官员判定在原址处建玉皇庙,另由刘长安等士绅出资,购买土地给传教士另建教堂,并负责赔偿损失。事后,当地官员以为"民教得以互释前嫌,永远相安"③。不承想,传教士却坚持要在原址重建教堂,不同意更换地基,并通过法国公使出面干涉,逼迫当地让步。双方一直处于僵持状态。

一直拖到1892年,山东巡抚想出了个所谓"两全"的办法:由县令何士箴出200两银子,重新选择地址修建玉皇庙。待

---

① 谦立之,王守中:《山东教案史料》,齐鲁书社1980年版,第124页。
② 《冠县梨园屯教堂一案案结将近二载实无别项龃龉未清事件》,台湾"中研院"藏档,馆藏号01-12-048-02-005。
③ 《冠县梨园屯教堂一案案结将近二载实无别项龃龉未清事件》,台湾"中研院"藏档,馆藏号01-12-048-02-005。

第二章 叛逆者：乡村冲突的复杂动因

新玉皇庙建好后，再拆掉旧的玉皇庙。至于教堂，也另外选择地址再建。对这个解决方案，教民和非教民都不满意，双方均不肯接受。迫于法国公使方面的压力，山东地方官遂在1892年4月将旧玉皇庙拆毁，将地基移交给传教士，另外再选择地基建造新玉皇庙。

从1873年到1892年，一直是地方士绅出面谈判，以解决玉皇庙问题。这些士绅们为此吃尽苦头，6名士绅代表一度被关入监狱，功名也被革除，他们捍卫玉皇庙的努力以失败告终。之后，玉皇庙的捍卫者从士绅阶层转到底层民众，这也是时代变革所致。

在清廷的赋税系统中，田赋占据了很大部分，田赋依靠官方强行征收，不时闹出各类民变。而地方官僚体系的规模与行动能力有限，故而依赖官僚集团之外的士绅群体，帮助处理赋税及各类地方事务。玉皇庙的争端，本应通过士绅群体处理，可此时新的力量介入，也即外来的传教士——根据条约，传教士拥有各类特权，也吸纳了一批中国信徒，传教士进而挟洋自重——涉及教案等冲突时，士绅、地方官僚都无计可施，只能让步。当地方权力体系瓦解之后，需要新的力量介入，这就给底层的"无权者"们提供了机会。

此时，对抗传教士的领导者是个名叫阎书勤的年轻人。阎书勤血气方刚，能说会道，精于大刀。阎书勤共弟兄三人，两个兄弟常年在外干粗活，他本人则有几亩土地，只够糊口，额外做点小买卖，辛苦度日。因为贫穷，弟兄三人都是"光棍"。

在官府做出倾向于传教士的判决之后，阎书勤带领一批人，携带当地办团练时留下的武器住到玉皇庙中，又请来道士魏合意主持庙中事务。这些以武力护卫玉皇庙的平民,在当地被称为"十八魁"("十八魁"不是指他们只有18人,十八在当地有"众多"之意,如"十八村")。

这批护庙者基本上是当地的赤贫破落户,他们的土地很少,除了经营自己的狭小土地之外,他们还得靠担夫之类的零工来补贴家用。高强度的体力劳动,使他们本能地亲近练拳习武之人,用以增强自己的体力,并拓宽人际网络,获得更多寻找工作、相互帮助的机会。①

"十八魁"在护庙时就与村里人约好,如果打死人由他们偿命,村里给他们补偿。据记载,给传教士的补偿可能高达三百美元。护庙行动不久即被官兵镇压,"十八魁"四散逃命,道士魏合意被擒拿,武器也被收缴。虽然护庙失败,但在"十八魁"的威胁下,传教士只能在原址建起一个临时性的小教堂,新的玉皇庙也在新址建成。

到了1897年,梨园屯的教民决定建造一座正式教堂,取代临时的小教堂。为此方济各会拨出了专门款项,传教士福若瑟亲自前来监工,表达了传教士的重视。在康熙帝下令禁教之前,在华传教士遵循了利玛窦定下的规矩,尊重中国风俗,"援孔入耶"。自两次鸦片战争,西方以大炮轰开天朝大门后,西方传教士入华就有了坚强的后盾。他们发出豪言,要在华传教,就必须将儒学清除,他们试图去除中国传统民俗的中心所在,诸如祭祖、设庙等,因而不时与地方产生冲突。

---

① [日]佐藤公彦:《义和团的起源及其运动》,中国社会科学出版社2007年版,第288-289页。

第二章 叛逆者：乡村冲突的复杂动因

面对咄咄逼人的教民，"十八魁"中的阎书勤、高小麻等人，转而想借助梅花拳力量打击教会，就去找当地的梅花拳头目赵三多拜师。

赵三多是直隶威县沙柳寨人，早年家中贫困，给地主种地，中年转做小买卖，靠卖碗、瓢等为生。晚年通过传授梅花拳，生活得到改善，自然不愿意招惹是非。一开始赵三多婉谢了"十八魁"的拜师请求，并说如果收了他们做徒弟，将来闹出大事，就得由他承担责任。

赵三多身边有两个江湖人物，来历颇奇。

河北永年县（今永年区）有个游方道士，常年穿一件破道袍，道袍上有数百个补丁。道士在永年、曲周、威县、邯郸等县帮人治病化缘，凑足了钱后就在永年县城外修建了一座庙。不久来了两个人在庙里住下，二人一个叫朱九斌，据说是朱元璋的后人，另一个叫刘化龙，自称是刘伯温的后代。二人到来后，四处游说永年县练习梅花拳的武师参加反清复明行动，可除了拳师姚文起之外，无人响应。

姚文起是个烧窑匠，虽在梅花拳圈子里没有太大名气，但与赵三多私交甚好。当时赵三多声势很大，姚文起觉得可以利用他的力量，就将二人介绍给赵三多。双方一见如故，来往密切。这几人与赵三多的大弟子均力主将"十八魁"收到梅花拳门下，赵三多无奈只好将他们收下，但提醒他们不要和教堂争斗。

梅花拳创始于明末清初，在山东、直隶两省交界处流行。和大刀会不同，梅花拳没有大刀会喝符念咒、神灵附体、刀枪不入的内容，练习梅花拳主要是为了强身健体，护卫家园。每年初春，逢梅花盛开、举行庙会之际，各地的练拳者相约聚集比武，故而得名"梅花拳"。梅花拳分文场和武场,武场除了练拳之外,还练习刀枪;文场只练习拳法,不习刀枪,并烧香供神,帮人治病。

1897年3月24日,赵三多聚集门徒,在梨园屯"亮拳"三天。"亮拳"带有威慑意义,此时的赵三多并不想将事情闹大,希望通过"亮拳",告诉传教士和教民不要得寸进尺,彼此都退让一步。但"十八魁"及赵三多身边的人却希望将事态闹大。

在赵三多儿子及大弟子的支持下,1897年4月27日,"十八魁"和梅花拳聚集2000多人攻打梨园屯教堂,将教堂拆毁,杀死两名教民,并抢劫该村教民。①

该次事件之后,其他练习梅花拳的拳师过来劝告赵三多,说梅花拳自明末传到现在有十几代了,文的看书,给人治病;武的练拳,强身健体,从来没有反叛的事情。来劝告的人多了,赵三多生气了,说:"我现在是骑虎难下了,天主教不会放过我,我闹事也绝不牵涉梅花拳。"于是就将他这一派的名字改为"义和拳"。"义和"二字,取自"义气和合",又传因梅花拳的祖师爷住在"西域天盘云程孝贤梅花山义和洞"。

拆毁教堂后,"十八魁"和当地民众利用修建教堂余下的建筑材料,准备再一次在原址修建玉皇庙。东昌知府洪用舟夏季前往梨园屯实地调查时发现,玉皇庙已经快建好了。洪用舟命令村民将地基交还给传教士,并不得修建玉皇庙。梨园屯村民断然拒绝,并告诉洪用舟,如果派兵前来镇压就造反。为了不让洪用舟为难,村民也给了他一个台阶下,表示将全额赔偿教堂的损失,

---

① 《山东冠县梨园屯地方有匪徒拆毁教堂》,台湾"中研院"藏档,馆藏号01-12-048-02-017。

第二章 叛逆者：乡村冲突的复杂动因

传教士可以选择村内任何一个地方修建教堂。教堂建好后由村民出资，唱十天大戏庆祝。①但洪用舟拒绝了村民的提议，选择了镇压，并向传教士承诺将追究杀人者。

1898年春，东昌府派出一批马队驻扎到梨园屯。马队军官设计，先是示好，与阎书勤结拜为弟兄。2月28日，军官邀请阎书勤观看马队操练。阎书勤站在村前观看时，军官突然对着他连放两枪，一枪击中肘部，一枪击中肋部，然后集合马队冲过来抓捕。"十八魁"搬出村里的"六人抬"火枪，将马队打退，连夜将阎书勤转到别处去养伤。

洪用舟随后派出兵勇将庙宇拆毁，把地基交给教会，并缉拿阎书勤等人。但官方也指出："该处与直隶毗邻，犬牙交错，地方拳民势众。"②如果逼迫过急，恐怕会激起大规模民变，故而追捕不得力，"十八魁"中没有一人被擒获。

1898年4月11日，法国公使通过总理衙门逼迫山东地方官员，并提出以下条件："限令在三日内将十八魁全部拿获归案。如果犯人逃走，则应将家属扣留，财产充公；受损教堂应赔银二万两，撤去洪用舟职务等。"③

山东官方顶住法国压力，拒绝将洪用舟撤职，并只允诺赔银一万两。对于"十八魁"，也只能尽力去追捕，以免落下口舌。赵三多手下众人自然不甘心坐以待毙。据姚文起被捕后供

---

① 《北华捷报》1897年9月24日。
② 《梨园屯教案以原地基交还教堂》，台湾"中研院"藏档，馆藏号01-12-048-03-002。
③ 《山东梨园屯及直隶迤东南匪党滋扰》，台湾"中研院"藏档，馆藏号01-12-048-03-003。

述，当年十月间，众人听到山东衙门出批票，要捉拿拳民的消息后，都很害怕，认为这是教堂逼迫官府所为，决定聚集拳民，找教堂算账。

姚文起随即传帖，召集各县拳民围攻教堂。赵三多不同意姚文起闹事，但此时已由不得他了。10月26日，姚文起等人将赵三多裹挟到山东、河北交界处的冠县，并借赵三多之名起义，打出"助清灭洋"的旗帜。当夜烧毁陈家庄教民房屋14间，隔日又焚烧小里固教堂及教民房屋61间。[①] 其间，有威县、曲周等地方的士绅过来劝说，被赵三多长子痛骂为汉奸。

拳民闹事后，清廷从直隶大名府派出马队，协同山东冠县、邱县、威县三县团练联合围剿。同时派出官员及地方士绅去劝导，赵三多本来就不想闹事，现在官府给他台阶下，自然愿意息事宁人。赵三多向姚文起等人频频磕头，求他们不要再闹事了，姚文起等人无奈，只能罢手。随后赵三多将拳民解散，打发他们各自回家。

拳民回家途中，经过山东冠县红桃园时，一些教民在路边对他们进行挖苦讽刺。这让姚文起心生杀意，并于11月2日深夜，率领拳民七八十人纵火焚烧红桃园教堂，杀死教民18人（清政府官方报告说只死了2人）。11月3日，经过威县第三口村时，姚文起又率领拳民放火焚烧教堂及教民房屋20余间，此次并未伤人。

11月4日，威县、冠县出动大批马队围剿，当场击毙拳民

---

① 《冠县拳匪放火烧屋杀毙教民一案》，台湾"中研院"藏档，馆藏号01-12-048-03-023。

第二章 叛逆者：乡村冲突的复杂动因

4人，抓获姚文起及拳民15人，余众逃散。姚文起被抓后，被押解到冠县县城审讯，旋即被处死，其头颅被送到红桃园挂了一年多。①

经姚文起这一闹，一些地方的土匪无赖趁机打着梅花拳的旗号抢劫。各县的地痞流氓、饥民也都聚集起来，借着赵三多的名义敲诈勒索，地方上一片混乱。此次事件后，官方贴出布告，称只追究赵三多一人，希望余众各自回家，安居乐业。

为躲避追剿，赵三多带领十几个亲信狼狈逃到直隶北部。上文提到的刘化龙、朱九斌二人也跟着赵三多北逃，他们二人在直隶北部一带人脉较广，经他们牵头，固安、良乡等地的梅花拳与赵三多连成一气。

1899年5月，在正定府大佛寺召开了各地梅花拳骨干会议。会上赵三多提出："现在官兵紧追，各地会众四散，怎样才能重振声势？"

有李姓河间人建议："现在静海、青县等地方有好多人暗地里吃符念咒，每天夜里修炼金钟罩、铁布衫，能刀枪不入。老百姓很信这套，不妨学习他们。"②

赵三多遂听从建议，将义和拳改名为神助义和拳，开始学习大刀会，搞吞符念咒、降神附体和刀枪不入仪式。随后，赵三多在直隶一带奔走，交结各方势力，以备再举。

赵三多在直隶活动的同时，阎书勤、高元祥等"十八魁"则

---

① 《咨报冠县威县拳民滋事始末》，台湾"中研院"藏档，馆藏号01-12-048-03-024。
② 路遥主编：《山东大学义和团调查资料汇编》（上册），山东大学出版社2000年版，第112页。

继续在山东、直隶交界处活动，扩大影响。早在1898年夏，山东巡抚张汝梅就在奏折中指出，山东、直隶交界地区，拳民越来越多，并定期聚会，比拳练武，称作"亮拳"①。

1900年，义和团运动兴起后，一度隐匿的阎书勤再次出山，6月，阎书勤又聚众在梨园屯起义，自称"大元帅"，高元祥自称"大将军"，先后攻打十二里庄教堂、梨园屯教堂、红桃园教堂。8月，东昌知府洪用舟出动马队500多人偷袭，将阎书勤擒获，绑在驴背上押回临清县（今临清市）。临刑前，阎书勤引吭高歌："我阎书勤一不响马，二不贼寇，为了玉皇皋把命丢。"②高元祥极为勇悍。阎书勤被擒后，其他人都寻地方躲藏去了，高元祥却大摇大摆地返回梨园屯，被衙役活捉后押解到县城处死。

1900年，赵三多在直隶阜城县聚集了1万多拳民，发动起义，派他的儿子赵桐凤为总指挥，攻下了山东临清县门芦教堂。赵三多的行动得到山西巡抚毓贤和直隶总督裕禄的嘉许，也得到了董福祥的赞助。义和团运动失败之后，11月，赵三多继续在山东威县烧教堂，杀死神父罗泽普，杀死教民数目不详，后被清军包围。赵三多突围出来，隐藏在巨鹿县武举人樊秉璋家里。当时义和团正被清政府严拿，赵三多知道在樊家藏不住，乘夜隐遁山东梁山。

1901年的《辛丑条约》中规定，中国需赔款四亿两白银，相当于每个人要出一两银子，这笔钱在全国范围内摊派。1901年，山东各地闹旱灾，广宗县民众抗拒摊派赔款，在武举人景廷宾带

---

① 故宫博物馆明清档案部编：《义和团档案史料》（上册），中华书局1979年版，第40页。

② 《威县文史资料》（第1辑），政协威县委员会编2014年版，第35页。

第二章 叛逆者：乡村冲突的复杂动因

领下起义。赵三多参加了景廷宾起义，这次不再"扶清"了，打出"扫清灭洋"的旗帜。1902年，赵三多被清军抓住后，在监狱中绝食而死。

神拳：兴清灭洋

1898年，当赵三多起义吸引了山东官场主要注意力时，在鲁西北，又兴起了被称为"神拳"的组织，并演变为义和拳，后又成为义和团。

光绪二十四年（1898）八九月间，黄河决堤发大水，大水退去后，茌平县大批田地的秋粮被水浸泡，颗粒无收。冬小麦也因土地过于潮湿无法下种，附近的长清等县情况也相差无几。

大量走投无路的饥民、贫民，选择了练习神拳。

"光绪二十四年上的黄水，到了秋后，八月里神拳就闹起来了。

"来水以后，这庄闹神拳，那庄闹神拳。

"光绪二十四年，黄河开口子闹大水。大水刚下去，就兴起神拳来了，各庄都设场子。"①

神拳与梅花拳不同之处在于，它吸纳了大刀会请神附体的内容。据在山东的传教士傅恒理观察，光绪二十四年秋，当威县、冠县等地的义和拳被镇压之后（参见上文赵三多、姚文起闹事），其他地方的拳会增加了一个新的降神仪式。

---

① 路遥主编：《山东大学义和团调查资料汇编》（下册），山东大学出版社2000年版，第813页。

"他们在夜里作法召集人们,通过羊痫风患者和灵媒之类,向追随者展示并保证,他们可以刀枪不入,这对年轻的追随者是有吸引力的。"①

此时学习神拳,已不再是当初的强身保家的简单目的,更是赤贫者对生存资源的抢夺。

20世纪60年代,山东大学对义和团运动进行了调查。当时的练拳者、后来茌平县的一些老人回忆道:

"这些神拳尽是土包子,是穷人联络起来的。拿刀、拿枪、(拿)粪叉子,抢吃抢喝的,抢包裹好穿。

"当时参加神拳的,都是穷苦的庄户人,而且是年轻人,过二十以上的就没有。

"参加神拳的净是穷毛,没有富人。

"神拳是一伙穷人,年轻没奔头的穷小子,有钱人家的孩子都在学校读书。"②

因为都是穷人,所以神拳不同于比较富裕的鲁南地区的大刀会(大刀会不以敛财为主要目的)。由于赤贫者过多,拳民不需要准备像大刀会那样相对较贵的装备——大刀、匕首、长矛,连大刀会的一个重要环节——烧香也被免去。修炼神拳相当简单,只要拳民心诚,吞服神符、念咒语一招呼,神灵就来附体。至于神拳请来附体的神灵,有玉皇大帝、关公、王母娘娘、张天师、孙大圣、二郎神等。

---

① 转引自[日]佐藤公彦:《义和团的起源及其运动》,中国社会科学出版社2007年版,第411页。

② 路遥主编:《山东大学义和团调查资料汇编》(下册),山东大学出版社2000年版,第819–821页。

第二章 叛逆者：乡村冲突的复杂动因

由于"神拳"宣称请神附体后能"刀枪不入"，练拳者日益增长，神拳不断发展壮大，并在1899年传到直隶。当时正逃亡在直隶的赵三多也从中受到启发，引入"请神附体"的内容，使得"义和拳"为之一变。吴桥县令劳乃宣在当年九月警告道："义和拳一门，有降神念咒等情，实属邪教。"

神拳的发展，为普通人登上历史舞台提供了机会。无数无名小卒潜伏在历史的深渊里，他们等待着那么一个瞬间，给他们一个让自己闪亮的机会，走上历史舞台，燃烧自己，而这种无名小卒登上历史舞台的代价是巨大的。朱红灯就是这样的人。

史载朱红灯个子不高，一脸大麻子，矮胖，显得粗壮有力，他没有大名，只有小名，叫作小朱子。小朱子是外乡人，20多岁时来长清县（今长清区）大李庄投奔他的舅舅刘亭水，刘亭水自己生活也很艰难，没有地，靠卖花生、包子或做些杂活为生，后来和老婆一起饿死了。

小朱子在大李庄的生活很简单，每天帮舅舅卖花生、包子，勉强图个生存。小朱子这种底层人物对生活早已经绝望，因为他们看不到改变自己命运的希望所在。他们要么默默等待着衰老之后凄凉地死去，要么等待着机会拼死一搏，轰轰烈烈、闪耀一时，哪怕以生命为代价。

年轻的小朱子有着无穷的精力，他身体厚实，精力充沛。大李庄一带流行练拳，他就将全部精力投入练拳中去。练拳的同时，小朱子还学会了给人治病、治疮，与附近的拳民领袖如李潼关、朱启明等人关系良好。

凭借着精湛的拳技以及帮人免费看病积攒下来的名头，小朱子在一众无望的、绝望的、赤贫的、饥饿的练拳者簇拥下成为领袖。1898年，小朱子在长清县一带参与围攻教堂、打劫财物时，因常身着红衣红裤，改称朱红灯。

1899年正月，朱红灯出走到邻县茌平。作为曾对抗过天主教的人物，朱红灯已经名扬茌平，在当地广受欢迎。朱红灯一身红，红褂子、红裤子、红头巾、红腰带，坐着所谓"轿车"，即用骡子拉的车，车上插着两面大旗，上书"兴清灭洋"，随身跟着200多名年轻护卫到达茌平，可谓风光一时。

在茌平练拳的时候，拿大刀的为一队，拿红缨枪的为一队，队员用四方绒布包头。还有娃娃队，都是十二三岁的小孩儿，负责端茶倒水。小孩儿每次出门都放开嗓门大喊："杀洋娃娃""杀洋人"。还有各类谣言风传："明年为劫年，玉皇大帝命诸神下降。"

当年秋，朱红灯北上平原县，住在杠子李庄，并参与了当地拳民与教民的田地之争。10月11日，平原县官蒋楷亲自带领马队前来镇压。马队行进至杠子李庄村边，有两名持刀少年一溜烟地向马队跑过来。

蒋楷坐在轿内看着少年，很是好奇。没承想这两名少年跑到马队前面，一声不吭，挥刀猛砍。猝不及防的马队被砍伤了两人。两名少年砍完人后立刻逃走。轿中的蒋楷大怒，竟然敢动刀砍杀官府中人，这是明目张胆地造反，下令马队出动进剿。

到了村前，只见朱红灯身穿红衣红裤，头戴大红风帽，两边头目各执红旗护卫，在众拳民簇拥之下出战。开战前，拳民在村头一起跪下，先向东南方磕头，然后齐声吆喝："杀！"气势逼人。

马队平日里吓唬民众可以，面对着这批自以为能刀枪不入的拳民却毫无威慑力。交战后，马队很快不支，"拳众且悍，勇役

第二章 叛逆者：乡村冲突的复杂动因

寡不支，遂退"①。

逃跑时，坐在轿子里的蒋楷已被吓糊涂，问部下："骑马快？坐轿快？"

部下答："骑马快。"

蒋楷急道："带我骑马！"②

士兵将他从轿子里拖出，掖到马上一口气逃回县里。

此战后，朱红灯带领拳民转驻森罗殿。蒋楷交战失利，紧急向四方求援，济南知府卢昌诒、统带袁世敦（袁世凯的同父异母兄）率马队来援。10月18日，官兵马队再次出动。

官兵马队到达森罗殿布阵。朱红灯队伍也涌出，并冲出一骑，将战书投掷在官兵阵前，双方遂交手。朱红灯方面有2000余人，拿着大刀、长枪及各色武器，吆喝着冲锋陷阵时，一些人突然口角挂着白沫倒地，随后又骤然跃起，如大神附体，杀向官兵。

官兵只有200余人，但有火药枪助战，故而一时不落下风。在一次次冲锋下，拳民冲入官兵阵列；官兵不得不拔出刀来应战。面对着人数占据绝对优势的拳民，官兵且战且退。战前官兵不以为意，以为放几枪就能吓走这些拳民，所以没有携带足够的火药。激战两个时辰后，官兵不支，火药也告罄，只能暂时撤退。撤退途中将一辆迎亲的马车截下，赶回县里去装运火药。

附近恩县的清军骑兵得知森罗殿战事告急后，紧急增援。援军到达后，官兵整队再次开往森罗殿时，朱红灯大队人马已经撤

---

① 蒋楷：《平原拳匪纪事》，《山东近代史资料》（第三册），山东人民出版社1961年版，第251页。

② 路遥主编：《山东大学义和团调查资料汇编》（下册），山东大学出版社2000年版，第967页。

走。森罗殿地方民众去迎接官兵时，被当作拳民击毙多人，随后官兵四处放枪，杀死平民甚多。

战后经查点，拳民死在枪下者有200多人，官兵被杀者约20人。森罗殿之战中，朱红灯的朋友朱启明睾丸被打掉一个，得了个外号"崩蛋王"。

森罗殿之战后，山东巡抚毓贤以"放纵差役、擅杀无辜"为由，将蒋楷与袁世敦撤去职务。朱红灯认为毓贤这是在支持他们，就更加激烈地进行反教运动，在山东西北部普遍出现了焚烧教堂、抢劫教民的事件。

毓贤认为民众聚集练拳只是为了自保身家，对义和团应以疏导为主，主张"弹压解散"——只有在事态蔓延、拳民聚集、焚烧教堂、打劫乡里时才可以采取武力镇压。同时毓贤也主张，"不得轻信教民一面之词，率行拿办，动辄言剿"。对于烧教堂、杀教民事件的参与者也应分别对待，对为首者"以匪论处"，对一般参与者则解散了事。

毓贤虽然排外，但在山东主政期间还是比较克制的。后来在山西巡抚任上，当京师内主战派占据上风时，他才开始放纵自己的情绪，以残酷手段将在山西的西方人处死。

毓贤于1899年4月11日接任山东巡抚，1900年1月2日离任，在任8个月。毓贤不轻易进剿的主张，导致这一时期山东义和拳飞速发展，这也使他被视作义和拳的支持者。对于毓贤惩办镇压义和拳的官员，不卖力清剿拳民，传教士相当不满，他们提请法国公使、美国公使给总理衙门施加压力。两国公使联合向总理衙门抗议，认为毓贤的放纵，使在山东的传教士及教民生命安全得不到保障。美国驻京公使康格向总理衙门提出，如果毓贤不

第二章 叛逆者：乡村冲突的复杂动因

能保护传教士和教民，则应该撤换。如果山东兵力不足，美国可以出兵前往协助。

就在西方公使攻击毓贤清剿拳民不力时，11月中旬，朱红灯又率众攻打了茌平的张庄大教堂。从教堂和教民处抢到了700两白银，这笔钱被朱红灯放到了自己的骡车上。到华岩寺分赃时，因为分赃不均，朱红灯手下的左哨和右哨打起来了。左哨有180人，右哨有130人。左哨要杀朱红灯，右哨要保朱红灯。双方大打出手。混战中朱红灯衣服被剥光，头被打破，被两个手下架着逃走。

受伤的朱红灯躲到五里庄养伤一个月左右。由于朱红灯是为首主事者，毓贤派出马队四处追捕。1899年11月5日，马队追到五里庄外。为了逃命，朱红灯上身换上了破棉衣，下身把红裤子翻过来穿，背了个粪篮子准备逃出庄外。但朱红灯没能逃得掉，被捕时身上还被搜出写有"明年四月初八攻打北京"的书信，朱红灯杀入北京的梦想就在700两银子引发的争端中破灭。

在西方压力之下，12月6日，清廷免去毓贤山东巡抚职务，并派袁世凯代理山东巡抚。12月24日，在袁世凯抵达济南接任之前，毓贤下令处死已被捕获的朱红灯等人。

平原县战斗事件和1899年秋席卷鲁西北的反教事件，标志着义和拳开始走向成熟，他们降神附体和刀枪不入仪式已登峰造极，并有了自己的口号"兴清灭洋"，在北京也开始有很多官吏支持他们。[1] 义和拳已经到了爆发的时刻，一场燎原烈火将随之到来。义和拳在与山东毗邻的直隶东南部兴起之后，开始向直隶中部蔓延，

---

[1] 清廷在1900年1月11日发布诏书，称："地方官员遇案不加分别，误听谣言，概目为会匪，株连滥杀，以致良莠不分，民心惶惑。"

并最终发展到京津地区，形成了广泛的义和团运动。

干旱导致华北巨变

1900年，华北平原上，一场运动以燎原之势飞速发展起来，其原因与华北干旱的天气密切相关。

直隶地区从1899年开始就出现大旱，当年直隶全省36个州县遭遇旱灾。由于灾情严重，清廷特意降旨求雨，但丝毫不见效果。1900年的旱灾更加严重，到农历四五月时，仍然未见滴雨。长期旱灾，导致民心浮动。一个名叫吴正斋的官员说，保定地区由于长期干旱，"天久不雨，人心已乱"。

长期的干旱使民众处于恐慌状态，在求雨、等雨的漫长过程中，心情越发焦躁，他们需要宣泄，需要敌人。当时义和拳恰逢时机地进行宣传，认为长期不下雨是因为西方教会"欺神蔑圣，不遵佛法"，导致天神愤怒。"鬼子眼珠蓝，不下雨，地发干，全是教堂止住天"，并宣称："扫平洋人，自然下雨消灾。"[1] 民间谣传："大劫临头，只在今秋，白骨重重，血水横流，恶者难免，善者方留。"

美国公使康格在1900年5月8日的一封信中说，由于长期干旱，"直隶地区充斥着饥饿、不满和绝望的游民，他们渴望加入任何组织"。一名在北京被捕的义和拳大师兄则说："我等是好

---

[1] 刘孟扬：《天津拳匪变乱纪事》，《义和团》（第二册），神州国光社1951年版，第8页。

第二章 叛逆者:乡村冲突的复杂动因

百姓,如果上天早半个月降雨,早已经在田间耕作,哪里有工夫来北京做此勾当!"①

义和团顺势而出,在天津和京师间快速传播发展。

天津各地在1899年下半年就开始练拳,"独流镇的小孩在张(德成)老师来以前,就在街上练拳了,只是还没有老师教"②。光绪二十六年(1900)二月,团民在天津城内模仿官方的求雨仪式,设坛求雨。不久信徒大增,到四五月时,天津满大街都是团民。

天津周边开始出现了奔涌的人流,其中以年轻力壮者居多,也混杂了一些小孩。他们面带菜色,从衣着打扮上看是久居乡野的农民。他们头裹红巾,红巾中插着黄纸,纸上涂写着各种神符。他们有的手执农具,有的拿着破铁刀,甚至有一些拿着树棍之类。

在干涸的华北平原上,这样的行进队伍吸引了无数人的关注,每到一处,常有许多围观叫好者,更有许多青年子弟加入他们的队伍。时而,他们停下休憩,有人会突然浑身颤抖,口吐白沫,并念诵着"天灵灵地灵灵,孙大圣来显灵"之类的咒语,又突然跃起,口中大呼"杀杀杀""杀了洋鬼头,猛雨往下流"之类的口号。

涌入城市的团民多数是饥饿的贫民,"皆面多菜色",他们涌入天津这样的大城市,勒索富人、抢劫洋行和教民,以获得更多的生存机会。散布乡村中的饥饿农民,见从城市劫掠财物归来者,"所获甚丰,皆弃农为之"③。天津的繁华,令这些来自偏僻乡

---

① 《庚子拳乱》,《史地社会论文摘要月刊》,1937年第3卷第10期,第16–18页。
② 南开大学历史系编:《天津义和团调查》,天津古籍出版社1990年版,第9页。
③ 中国新史学研究会主编:《义和团》(第二册),神州国光社1951年版,第504页。

野的农民迷失。

天津的团民领袖则多数是活跃在城郊之间的游民，这些人走南闯北，见多识广，在义和团运动爆发之前就有一定的江湖地位，在此次运动中自然成为首领。这些首领之中，张德成是船户，曹福田是游勇，韩以礼以孵小鸡为业，王德成是雇农，庞老师是挑水的，滕德生是商贩，黄莲圣母是船家女，只有杨寿臣是地主。[1]

京师之中，义和团也得到快速传播。四月，北京城内外已经开始出现练拳风潮。在煤山对面的宫墙下，每天下午都可以看到有孩童练习拳法，"广场僻巷，三五成群练习"[2]。北京城内于谦祠出现了第一个团民坛口，不到一个月，运动参与者已经"布满京内外"。

北京城内练拳之风蔓延，连王公贵族家中都开始练拳，端王所统领的虎神营官兵在王府内空地上练拳，其他各王府也是一片刀光剑影，喊杀之声不绝于耳。每当夕阳西下时，街上的摊贩纷纷从集市之中走出来练拳。此场运动的快速传播，被西方传教士称作"歇斯底里传染病"。

个体淹没在群体之中，自我意识会消失，无意识人格占据了上风，思想感情受到有意识的暗示影响而被统一。这种暗示就是，一切的苦难与洋鬼子有关，暗示的思想又随之立刻变成行动。底层的义和团能将思想转化为迅速的行动，这与清廷内部的政治斗争及得到保守派支持有关。

---

[1] 刘宏：《义和团迷信及社会反应考察》，河北师范大学2010年博士论文，第52页。

[2] 中国新史学研究会主编：《义和团》（第二册），神州国光社1951年版，第441页。

第二章 叛逆者：乡村冲突的复杂动因

在发展的早期，一些团民领袖自我定位为官方所许可的组织，以吸引信徒，避免官府镇压。在庙会上，团民领袖向民众宣称，自己是奉西太后密旨行事，驱逐"洋鬼"。一些领袖开始身着黄马褂，头戴官帽，声称自己得到朝廷封赏，具有官方身份。

光绪二十五年十二月，景州一带的大刀会曾高挂旗帜，上书"义和团"字样，这是"义和团"称谓的最早记录。团练是清政府所许可的地方治安力量，大刀会将名字更改为"义和团"，以示自己得到了清廷的认可。

而清廷对此场民众运动的态度，在1900年间经历了复杂的变化过程。

光绪二十五年（1900）十二月初五（1900年1月5日），清廷颁发上谕，对传教士卜克斯在山东被杀表示歉意，同时严令地方官员对外国人加强保护。袁世凯利用卜克斯之死，在山东严剿大刀会、义和拳。袁世凯的强硬绞杀政策，让同情大刀会、义和拳的官员不满，他们进而弹劾袁世凯滥杀，并认为这是报复其兄袁世敦在山东被撤职所致。

十二月十一日（1月11日），清廷又颁布了上谕，承认义和团民"或习技艺以自卫身家，或联村众以互保闾里，是乃守望相助之义"，要求以后地方督抚办理教案时，"只问其为匪与否，不论其会不会、教不教也"；应"化大为小，化有为无"，不得株连滥杀；对于各类民间组织，也应加以区别，不应"良莠不分"，一概视为会匪。① 这个上谕表明了清廷的态度是"恩威并施"：一

---

① 故宫博物院明清档案部编：《义和团档案史料》（上册），中华书局1979年版，第56页。

方面，对焚烧教堂、攻击教民的带头闹事者予以严厉打击；另一方面，对普通参与者则以安抚为主，不得全面镇压。

1900年1月24日，因为光绪帝无后，慈禧立端王载漪之子为大阿哥，形成了"大阿哥党"，激起了政坛的巨大波澜。对义和团运动，清廷内部分成"主抚"与"主剿"两派。端王载漪、刚毅、徐桐等"大阿哥党"属于主抚派，荣禄、李鸿章、袁世凯等则属于主剿派，聂士成、马玉昆等实力将领也力主清剿。

清政府内部的分歧在当年四五月间凸显。

1900年5月22日，涞水县义和团聚集，杀死清军70余人，击毙清军副将杨福同——是为义和团运动开始以来首次杀死清军将领。5月27日，涿州等地的团民纷纷开赴涞水，准备与清军对阵。3万余人涌入涿州城，随后又将高碑店、涿州、长辛店、卢沟桥一带的铁道、车站、桥梁、电杆等尽行焚毁。

清廷因此开始重新审视义和团，于5月30日下谕，"如甘心为乱者，即当合力捕拿，严行惩办"，同时清廷急命聂士成统军保卫卢保铁路、津卢铁路。聂士成命部下邢长春率马队二营驻扎保定西关车站，又令部下杨慕时率马队三营驻扎在高碑店，并明确指示他们保护电线铁路，"遇有拆毁情事，即照匪类惩办"。

杨慕时部队驻扎在高碑店时，有团民在高家庄烧铁路，他就出动部队镇压。到达现场后发现在场的均为十四五岁的少年，杨慕时先朝天鸣枪示警，以驱散这些少年。不料少年们见枪响之后无人受伤，以为是法术生效，能刀枪不入，便奋勇来攻。不得已之下，杨慕时下令部下开枪，击杀义和团10余人。随后涿州团民大举进攻高碑店，被杨部开枪毙伤200余人。团民撤退时，杨部乘胜追击，团民毙伤甚多。

第二章 叛逆者：乡村冲突的复杂动因

随后，清廷的态度又开始改变。6月3日，慈禧在给荣禄、裕禄的上谕中，要求对团民应"谆切劝导，不可操切从事"。此外，要求将领不得轻易开战，"轻伤民命，启衅邀功"。这个上谕实际上限制了军队对团民使用武力，但在第一线的军队被形势所迫，并没有遵循这个上谕。6月3日夜，团民百余人袭击北京以南20公里的京津铁路黄村火车站，聂军左路管带张继良闻讯率兵200人前往弹压，反被义和团杀死80余名，余部逃至廊坊。义和团随后焚毁车站一所、旱桥一座、电线杆数十根。①黄村火车站及清军遭到袭击，使聂士成本人极为愤怒。聂士成亲自率兵前往镇压。"至半途，见头包红巾、腰扎红黄带之人数百名，正兴高采烈烧铁路、拔电杆，火车不能前进。"聂士成就下令开枪，击毙数十人，余众四散奔逃。

6月6日夜，慈禧召集大臣会议，商谈如何处理义和团。会上，慈禧决定派军机大臣刚毅、赵舒翘前往涿州一带"察看"义和团，判断能否利用。7日，刚毅离京前往涿州。刚毅出京前后，聂士成军将领杨慕时正在进行镇压。刚毅到达涿州后，有团民前来哭述杨慕时镇压义和团之凶狠残酷，并请刚毅将杨慕时所部调走。但杨慕时却不遵从刚毅的命令，以致激怒刚毅。②

刚毅回朝后，电令聂士成调杨慕时部回天津，并一定要杀掉杨慕时。因杨慕时杀戮颇多，回天津途中遭安肃、雄县、霸州等地团民阻击，杨慕时本人几为所擒。逃归天津途中，其部先后击毙、击伤两三千人。杨慕时逃归天津后，聂士成并未遵从刚毅的

---

① 故宫博物院明清档案部编：《义和团档案史料》（上册），中华书局1979年版，第119页。
② 《刚毅赵舒翘赴涿州查办拳匪》，《集成报》1901年第1期，第46页。

命令，反暗中庇护杨慕时，使其得以保全性命。

当时义和团的影响已达清廷中枢。刚确立的大阿哥溥儁亦由二位团民教师教以各种幻术以及拳棒等项，另外有四位少年亲王作为陪伴，一起学习拳棒。而负责守卫北京的满族亲贵，大多主张利用义和团抵抗西方各国，他们依照慈禧限制对义和团使用武力的谕旨，任由义和团进入北京。

6月11日，手执刀枪、身缠红布的团民由城外大规模涌入北京。此后几天，团民如潮水一般涌入。有夜来者，到时城门已闭，至城下叫门，守城将领立刻开城门放入。团民进城时齐声呐喊，声震云霄，将使馆区内的意大利兵吓得半死。"意大利兵受此惊骇，几类狂易，人人皆面色发赤。"[①]

人作为个体，可能是胆怯，畏惧于法律，受制于道德，不敢胡乱作为。可在群体之中，个体的法律、道德约束被解除，人回归本能，具备了原始人的勇气与热情，加之仇恨被点燃，而敢肆意妄为。团民进京后，因排斥西方，在京城到处杀"毛子"（义和团当时把西方人称作"大毛子"，把教徒称为"二毛子"，家中有西方器物的，则被称为"三毛子"）。6月14日，为了显示"严厉禁止贩售洋货"的决心，团民纵火焚烧前门大街老德记西药房。老德记隔壁广德楼用水救火，被团民拦住，说这是秽水，会招神怒，并禁止来人救火。终至火势蔓延，将民居商铺数千余间烧毁，正阳门（俗称前门）箭楼也被烧及。前门大街为京师商铺密集地带，许多钱庄、商铺世代在此经营，转眼之间，

[①] ［英］普特南·威尔：《庚子使馆被围记》，上海书店出版社1999年版，第23页。

第二章 叛逆者：乡村冲突的复杂动因

几辈人的努力灰飞烟灭。被烧的店铺中有大量粮店、钱庄，导致整个京师粮食匮乏，商业流通受阻。由此人心震动，局面已混乱至不可收拾。

6月15日，见团民闹得太不像话，慈禧下令驱逐在京闹事者，但驻京将领并未认真执行。

6月16日，慈禧在仪鸾殿召开御前会议，就是否围剿团民，以及对西方列强开战问题进行讨论。会上慈禧责令刚毅、董福祥，一方面对团民亲自开导，勒令解散；另一方面则将年轻力壮者招募成军，严加约束。这次会议标志着清廷开始利用团民以御外侮。此后，团民继续大量涌入北京。

6月21日，清廷颁布宣战诏书，嘉奖团民为"义民"，令各省督抚"招集成团，籍御外侮"；[①]并命令清军将领联合团民，共同对抗西方列强。在保守派们的支持下，原本要被残酷镇压的一场运动，最终却具备了官方认可的身份。

近300年的清王朝，到了19世纪末期已是苟延残喘，靠着惯性而维系统治，但其统治的基础是脆弱的。广袤的农村，当风调雨顺、社会承平、衣食不缺时，农民在表面上会顺于宗法体系，会敬畏于士绅阶层；而当危机来临之际，当饥饿的恐惧无法抑制时，什么宗法体系、什么士绅阶层，在聚集成群、寻求生存的饥民面前都被撕裂成碎片。

在华北，不论是贫瘠地区还是富裕地区，都爆发了一系列的教民与非教民冲突。这些冲突的表面是西方传教士对中国内政的

[①] 故宫博物院明清档案部编：《义和团档案史料》（上册），中华书局1979年版，第163页。

干涉，教民依赖于传教士而横行无忌，深层次的原因却是生存资源的激烈争夺。

而在当时的保守派眼中，社会的深刻危机、残破的农村、无望的农民，这些都不是问题，"夷夏不两立""华夷之辨"才是根本问题。他们愤慨于近代中国的历次战败，他们咬牙切齿地叫嚣道："一再败于泰西，实开天辟地以来未有之奇耻大辱，心血上冲，冠发上指，地球中第一大国竟然受制于小夷！"

保守派不愿反省失败的原因，偏偏指责务实派不守祖宗"成法"，他们呐喊着"攘夷"，高呼着"唯愿一战！"在他们眼中，法术无边的义和团是一雪前耻的撒手锏，在他们的扶持下，义和团具备了官方身份。

1900年6月21日，清廷召开御前会议，保守派力主对洋人开战，主和的官员从国家财政和中日甲午战争的经验出发，认为不可开战，但被保守派骂作汉奸。当开战决议通过后，光绪帝痛哭道："如此则数千万生灵必遭涂炭，三百年宗社必致不守。"

开战之后，千万生灵果被涂炭，11年后大清宗社也终于不守。

第三章
自强：一体化统治的自我修补

现代化，是从传统农业社会向现代工业社会的过渡或转型。就中国而言，是从朝贡天下的迷思中脱离，融入全球体系，是建立系列新的政治、经济、文化、思想体系的过程。经历了两次鸦片战争的危机之后，清廷在税务、外交、教育、军事等领域，推动了系列革新，并创办了系列洋务企业，试图挽回颓势，修补一体化的统治，保持中枢的强大控制力。

赫德与总税务司

在鸦片战争之前，中国自诩为天下的中心，物产丰饶，无所不有，有最好的食物——米，有最好的饮料——茶，有最好的衣料——丝绸。在大清王朝看来，有了这些物产，天朝根本不需要其他物品了。大清自豪地宣布："天朝物产丰盈，无所不有，原不借外夷货物以通有无。"当国门被西方利炮轰开之后，清廷无奈地签订了一系列不平等条约，被动地纳入全球体系之中，开始面临内外的各类危机。原先维持统治的一体化机制，开始产生裂痕，不得不加以弥补，这就是自强运动，而财税关系国本，最为清廷所重。

清代关税分内境关税与海关关税两类，其税收称关税或榷税。内境关税属于户部"户关"及工部"工关"，户关累计24处，工关5处，对各类货物计量征税，对水路船只，则按大小征收船科（向内河商船征收的船税）。各处榷关税课是大清最重要的收入来源，其收入从清初100余万两，增加到雍正朝末期的300余万两，至乾隆朝中期激增至四五百万两，乾隆朝末期为七八百万两。如此重要的收入来源，清廷不放心置于汉人之手，通过内务府派员进入，既可加以管控，也可为皇室谋取各种私利。

各处税关，管理混乱，税率不一，征收手续烦琐，管理人员不时额外勒索税户。康熙九年，徐旭龄奏称："乃今商贾以关钞为第一要害，臣推原其故，总由于官多、役多、事多，有此三患，故商贾望见关津，如赴汤蹈火之苦。"雍正元年（1723）八月，上谕指出，榷关胥吏上下其手，任意勒索，稍不遂其意，则加以刁难，使其停滞关口数日不得过。道光二年（1822），道光帝指出崇文门税关弊端："崇文门税局，于寻常行李往来，不论有无货物，每衣箱一只，勒索银二两、四两至八两之多。或偶然携带常用物件，不知应税科则，一经查出，辄以二十倍议罚。"

中国海关源于市舶司。早在唐玄宗开元二年，在广州专门成立了管理海外贸易的机构市舶司。至宋代，海上贸易的规模更大，专门颁行了市舶法，规范海外贸易。两宋时推行了系列招商措施，对海外商人给予优待，使两宋的海上贸易进入了一个新的阶段。元至治二年（1322），恢复了泉州、庆元、广东三路市

第三章 自强：一体化统治的自我修补

舶提举司，许可商人走海贸易。明洪武三年（1370）八月，置泉州、明州、广州三市舶司。

收复台湾之后，康熙二十四年（1685），清廷开海禁，设闽、粤、江、浙四关，管理对外贸易，征收关税。至乾隆二十二年（1757），清政府限定广州一口为外国商船来往口岸，其他三处海关仍然保留，但只准本国商船出入。之后粤海关垄断了对外贸易。粤海关各口岸按功能可分为正税口、挂号口和稽查口三类。正税口负责征税，挂号口负责商船货物的报关登记、填写税单，稽查口负责货物稽查。道光年间，正税口有31口，挂号口有22口，稽查口有22口，合计75口。

粤海关征税主要有三大部分，分别是船舶税、货物税和附加税。船舶税通过丈量船只长宽，按照船只大小征税。货物税依照货物数量，"分别贵贱"，征收进出口税。附加税是正税之外，另行征收的杂费，其名目繁多，如原先西方船只到广州贸易时，需要先卸下大炮，再进行贸易。贸易结束后，再装回大炮。来回装卸大炮，颇为麻烦。乾隆元年（1736）之后规定，外国船只只要缴纳所载货物10%的杂税，不必装卸大炮，即可进行对华贸易。

粤海关正税征收没有统一标准，杂税更是名目繁多，管关人员可随意增减，并从中牟利。据马儒翰的《中国贸易指南》载，粤海关茶叶的合法税率，每担为1两2钱7分9厘，实际征收额却增加了5倍，至6两之多。来华贸易的各国船舶均知晓粤海关征税上的弊端，所以在签订《五口通商章程》时规定，来华从事贸易的外国商船之征税，应不同于中国商船。

1854年，利用小刀会起义的机会，英、法、美三国与清廷上海海关监督吴健彰签订《上海海关协定》，共同管理上海海关。1858年的《中英通商章程善后条约》第十款规定，"任凭总理大臣邀请英人帮办税务"，将上海海关雇用洋人的先例，推行于其他各通商口岸。西方各国强行要求中国各海关，仿照上海海关管理办法，"统一办理"。1859年，清廷在上海设立总税务司署，两江总督何桂清任命英国人李泰国为总税务司，监督全国海关。

在近代海关出现之前，清廷的关税（榷关税收）由海关税与常关税组成。总税务司成立后，原先的海关税业务被其接管。之后中国关税分为两个系统：一个是由原海关监督管理，对本国船舶征税，称常关，征常税；另一个是由外籍税务司主管，管理外国船舶贸易事宜，称洋关，征洋税。在洋税、常税分开之后，常税收入受到很大打击，历任海关监督四处搜刮，才能勉强完成每年的定额。

之后，随着赫德的到任，其对中国海关的长期掌控，彻底改造了海关系统。

赫德于1835年出生在英国北爱尔兰，1854年，英国外交部招考前往中国的外交人员，19岁的赫德被免试录用，同年到香港，随后又被调到宁波任职。在宁波，他坚持每天学习汉语，了解中国习俗。1858年，赫德调任广州，担任英国领事馆二等助理及二等翻译。次年，他被广东巡抚劳崇光、粤海关监督恒祺聘为广州新关副税务司。

1861年1月，清廷任命英国人李泰国为总税务司，帮办各通商口岸税务。4月，李泰国在上海被人打伤，返回英国治疗，经过江苏巡抚薛焕推荐，由赫德暂代其职，代理总税务司，赫德当即从广州前往上海。6月，赫德进京，首先造访恭亲王奕䜣、文

第三章 自强：一体化统治的自我修补

祥等高官。在京师期间，他所接触的第一个清廷高官就是文祥。赫德记录："文祥四十三岁，精明而善于进取，是总理衙门的推动力量。"赫德能够说一口流利的中文，两人见面时相谈甚欢，有时甚至一谈一整天。时任户部侍郎的文祥急于了解有关商业、财政方面的信息，赫德就准备了充分的海关资料讲给文祥听。文祥对海关事务充满了兴趣，边听边做详细的笔记。1863年，李泰国被免职，赫德被任命为总税务司，后任职长达45年。1865年起，总税务司常驻北京，也得以介入清廷很多重要的政治、外交活动。

赫德称，自己首次到达北京，"就督促总理衙门，向着西方所理解的'进步'一词的方向前进"。赫德告诫各税务司，不要忘记自己乃先进文明的代表，该文明与中国文明截然不同。总税务司的工作不单单是收税，更在于促进工商业发展，并尽可能地改善政治环境。

赫德的基本理念就是，必须使一切交易依照条约规定的方式进行，简言之，就是执行条约。1865年10月，赫德向总署呈递《局外旁观论》，对中国事务发表了自己的观点。赫德认为，当时的中国在内政外交各个领域，都是积弊重重，建议清廷全面推行改革，遵守条约。同时建议学习西方科学技术，如铸造银钱、兴建新式交通工具、采用电报通讯、使用新式武备等。在赫德经营下，当年中国海关税收从他初代总税务司时的500万两，增加到700万两，成为清廷田赋之外的最大收入。

赫德一直提醒自己与海关洋员，其是在为中国服务，应当忠于中国。对得到国际承认的中央政府的效忠，是他主持下的海关的信条。也正由于他的忠诚，他被恭亲王亲昵地称为"我们的赫德"。赫德在海关推行了系列措施，使海关在暮气沉沉的大清官场，显得很是与众不同。赫德设计了一系列的制度，规范了海关的管理与运作，并采取了税款完纳制、呈报制，推行了审计制、统计制、会计制，堪为清代官僚机构中管理最为严密者。海关人员的任用，需要经过考试，而不是往日那般通过人事关系引荐。在海关内推行分工，海关职员分税务、海务两大类，其中又划分出不同工种与层级。

海关中每年推行年终考绩制，这有利于选拔人才。海关中推行高薪养廉制，洋员每两年加薪一次，华员每三年加薪一次，还在海关率先实行了退休制与养老金储蓄制。为防止营私舞弊，海关工作人员不得经商，各关工作人员定期轮换。赫德也严于律己，在为中国购置舰艇时，拒绝接受佣金。对于失职的海关职员，他毫不留情地加以处理。一说认为，赫德任期内，海关人员的违法案没有超过五起。

赫德还在中国的各个领域，如邮政、灯塔、水温测量、引水管理、港口防疫、船舶安检、同文馆、博览会、气象观测、医学报告、堤坝、采矿、铁路、土地税等，引入新的内容。对于推动近代中国的富强，学习西方先进技术文化，功不可没。赫德管理下的海关系统，在整个大清帝国内部是高效的，而以强硬的手段，控制着海关，被视为"仁慈的暴君"。赫德对工作极为投入，堪称工作狂，在中国的54年中，他将所有的时间投入到工作之中，乃至忽略了享受生活与家庭幸福。在外人眼中，他的生活很枯燥，他是个孤独的人，不喜欢参加俱乐部活动，文学与音乐是他工作之余的主要娱乐方式。

赫德主持中国海关，在后世中国人看来，是如此的诡异，乃

第三章 自强：一体化统治的自我修补

至被视为是清廷出卖国权的举动。赫德乃是当时处于现代化浪潮冲击中的清廷的无奈选择。在与西方接触的过程中，一方面，清廷保留着顽固的天朝观念；另一方面，西方人又不可能适应清廷这种"不妥的章法"。至于迎接西方挑战的方法，清廷并没想出来，但以一种独特的、变通的方式来接触现代化，乃至尝试现代化。此种方式，可以视为是中国式的智慧，即在清廷内部保持天朝威望的前提下，在某些部门中进行现代化的尝试。这种尝试，一方面可以接触了解西方，另一方面可以应对国内保守派的反对。

比如，清廷的最高国家机构是军机处，但军机处不想与洋人打交道，便另外设置了总理各国事务衙门，简称"总理衙门"。总理衙门貌似与军机处没有关系，但"一切均仿照军机处办理"，总理衙门大臣均是兼职，由六部尚书、侍郎兼任，总理衙门章京也从各部挑选。恭亲王奕訢执掌军机处，自然不便再将总署分割为一个独立衙门，遂以军机大臣兼总理衙门大臣。再比如，如果军机处中设有电报局、同文馆，则保守派会抓狂；但如果设在总理衙门中，则所有人都以为理所当然。如此，与西方交往、应对保守派、保持天朝体面等问题，都可以迎刃而解。以赫德等西方人主持，与西方人打交道的海关，也是此种思维。在清廷内部，任何其他机构请西方人主持，大刀阔斧地进行改革都难以推进。但在海关却可以，因为海关本就是与洋人打交道的，以洋人主持是清廷能够接受的。由总税务司一处的突破，带来了系列连锁的反应，在财政上有了新收入，在外交上有了新思维，在军事上大量装备西式武器，在教育上出现了同文馆等教育机构。

清代财政，在太平天国运动之前变动较小，每年岁出入之数在3000万两至4000万两之间。太平天国运动中，每年出入不断增加，至同治十三年（1874），年入6000万余两，此时地丁银已较道光朝减少三成，不然收入则在7000万两左右。新增收入共三项——厘金、洋税、按粮津贴，此三项在同治十三年共计2900余万两，约占总收入之半。光绪五年（1879），清廷地丁、杂税、盐务、杂款等传统收入，共两千七八百万两；厘金（盐厘、货厘）达到1800万两（占30%）；关税仍达到1200万两（占20%）。到了光绪二十七年（1901），关税收入增至2300余万两，厘金则为1600余万两。① 持续增长的关税收入，为清廷的系列新式事业，如京师同文馆、神机营、江南制造总局、天津机器局、福州船政局、赴美留学使团、驻外使馆，以及1875年以后的新海军计划等，提供了部分或全部经费。

在中国往日的思维认知中，是"君子不言利"，在与西方列强打交道的过程中，可以让出"利"，这不是大问题。贸易、关税、利益等在清廷看来，是次要的、无关国本的，乃至有"以商制夷"一说。由赫德所控制的总税务司，带来了全面的新思维。中国有了国家、民族的意识，有了经济意识。

中国知识分子们开始意识到，总税务司使中国丧失了"利权"，也就是经济上的权利。知识分子们在高呼商战的同时，也要求由中国人进入海关系统，并逐渐取代洋人。如曾纪泽，就强烈要求撤换掉赫德。郑观应则认为，工商业关系国运，与西方列强的竞争，就是工商业的竞争，是"商战"，而不是往昔的"兵战"；要想国家自强，首先就要求富，就要发展工商业，扩大贸

---

① 罗玉东：《光绪朝补救财政之方策》，《中国近代经济史研究集刊》1933年第1卷第2期，第190–191页。

第三章 自强：一体化统治的自我修补

易。郑观应提出，为了在国家竞争中胜出，就要建立工艺职业学校，培养人才，推动采矿与农业现代化，改革税制，废除厘金，鼓励商业发展等。这一切的改变，都源于总税务司带来的冲击。

外交新思维与走出国门

咸丰十年（1860），《北京条约》签署之后，各国驻华公使开始直接与清廷打交道，并将军机处视为处理外务的机构。军机处主要工作是拟定谕旨、为皇帝提供重大政策咨询、参与审案等，又增加了外交事务，更是繁忙无比。此外，作为中枢机构，军机处直接与洋人打交道，不啻承认西方各国与大清国平起平坐，从此角度考虑，也有必要设立一个专门机构，专门处理外交事务。

新机构的创设，也是出于权力斗争的需要。英法联军入寇之时，权臣肃顺将军机处人员基本都带去了热河，在京的奕訢与仅有的一名军机大臣文祥，通过设置新机构，抵制了肃顺控制的军机处，将外交权置于奕訢手中。

当年奕訢、文祥等奏请设立"总理各国事务衙门"。咸丰帝批准了总理衙门的设立，但他硬要在其中加上"通商"二字，就成了"总理各国通商事务衙门"。奕訢对此表示反对，他认为天津、上海已有专门处理通商事务的机构，如果在总理衙门中加入"通商"二字，则西方各国会怀疑此衙门为专门处理商业事宜而设，而不肯与之办理外交，会滋生麻烦。

咸丰帝并不是和弟弟为难，在他以及大部分大臣的眼中，外交就是通商，洋人来打仗，不就是为了通商贸易吗？军机大臣焦佑瀛就曾提请设立"办理通商处"处理外交。看到奕䜣的奏折之后，咸丰帝同意去掉"通商"二字。笃守"华尊夷卑"的咸丰帝，勉强同意了总理衙门的创设，但认为总理衙门的设立是天朝的耻辱，只能作为临时机构，"日恨其（总理衙门）不早裁撤，以为一日衙门尚存，即一日国光不复"。

咸丰十一年（1861），总理衙门在北京东堂子胡同原铁钱局公所创办。从《北京条约》签订至总理衙门创设的3个月时间里，奕䜣、文祥、宝鋆每日都忙得不可开交。文祥曾说，每天都是衣不解带，目不交睫，愁劳备至。

总理衙门设置之后，前后任总理衙门大臣者60人，其中身兼军机大臣者有19人。身兼军机大臣与总理衙门大臣者，在总理衙门中地位较高，作用更大。

总理衙门主要处外交事宜，但并不因此而分军机处之大权，也不是外界所云的军机处主内、总理衙门主外的局面。总理衙门实际上等于是六部之外新设置的一个外交部。总理衙门负责外交事务，貌似分了军机处之权，但由于军机大臣兼任总理衙门大臣，实际上还是由军机处统辖。军机处与总理衙门之间不是平行关系，而是从属关系，总理衙门所奉的谕旨由军机处发下，重要事务仍要上报军机处。

军机大臣兼任总理衙门大臣的好处是，洋人一开始只认军机大臣，以为这是最权威的人。军机大臣坐镇总理衙门，就可以直接与洋人打交道，不必再经由军机处。各国得知军机大臣文祥主管总理衙门后，都直奔总理衙门来了。至于各省各口岸送来的涉及外交的文件，依照程序先送给皇帝，再发到军机处，然后交给总理衙门，绕一个大圈子，效率极低。军机大臣直接兼任总理衙

第三章　自强：一体化统治的自我修补

门大臣，则免去了烦琐的程序，可以直接翻阅文件。

总理衙门也有它的独特之处，由于它以办理洋务为主要内容，而大清国皇帝则恶于与洋人发生直接接触。在某种程度上，总理衙门具备了独立性，它不必事事都以奏折向皇帝请示报告，它可以直接与各国进行外交谈判，并加以处理。

在主持总理衙门期间，思想开放的文祥引入国际公法，派出外交使团，开启了中国外交与国际接轨的重要步骤。

近代中国在与西方打交道的过程中，由于不熟悉国际公法，吃了很大的亏。经过美国驻华公使蒲安臣介绍，文祥与美国人丁韪良结识，丁韪良开始《万国公法》的翻译工作。文祥派出4名学者，协助丁韪良进行翻译。翻译完毕之后，由总理衙门出资，印刷了300部，分给各省备用。由国际法的翻译，奕訢、文祥有了外交使团的概念。文祥看了《万国公法》之后，曾表示："我们向欧洲派遣使者时，将以此为准则。"

同治五年（1866），总税务司赫德将返回英国结婚，想从同文馆带一两名学生到英国游历观光。奕訢、文祥觉得这是个好机会，既可以避开棘手的外交礼仪问题，又可以刺探"夷人"真实情况。清廷遂以总理衙门的名义，派人随同赫德前往欧洲考察。这次前往欧洲考察的人虽然不是正规使团，但备受国内外关注，毕竟这是中国第一次向西方派出考察团。考察团以斌椿为领队，同行的还有斌椿的儿子广英，以及同文馆学生凤仪、德明、彦慧。

斌椿是满人，当过的最大官就是山西襄陵县知县。退休在家之后，他不甘寂寞，就帮助赫德打下手，做起了文案工作。此次赫德要带人出国，也是公款旅游了，就照顾自己人，优先考虑斌椿。斌椿此时已经63岁，当时人们将此次出国视为苏武之赴匈奴，认为凶险万分，亲友们纷纷劝阻他不要去。在壮士一去不复返的悲壮气氛中，斌椿起行。临行前斌椿被授予三品衔，兼总理衙门副总办，其他四人也都赏给六品或七品顶戴，以壮胆气。

同治五年（1866）二月十五日，斌椿抵达欧洲，历时4个多月，游历了欧洲十一国，主要考察了伦敦、哥本哈根、斯德哥尔摩、圣彼得堡、柏林、布鲁塞尔、巴黎等城市。斌椿去欧洲，好比刘姥姥进大观园，对一切都很感兴趣。但斌椿对于欧洲宫廷及外交礼仪一窍不通，并且极为讨厌正式的会晤。

欧洲之行，让63岁的斌椿大开眼界——电梯、电话、煤气灯、高楼、机器、火车，无不让他震惊。虽是走马观花，但终有收获，回国之后，斌椿将他的游历日记《乘槎笔记》递交给总理衙门。总理衙门阅读后大有感触，萌生了派出外交使团的想法，遂有了外交史上最为奇特的蒲安臣使团之行。

同治六年（1867），美国驻华公使蒲安臣任满归国。文祥突然萌生了一个离奇的想法，邀请他作为中国政府的代表访问各国。在赫德的斡旋之下，蒲安臣同意作为中国代表出访西方。

蒲安臣是美国哈佛大学的高材生，三次担任国会议员。浦安臣来华之前，对中国没有什么了解，到了中国后，他对中国有了更多的认识，对中国抱持同情态度，主张采取"合作政策"，消除彼此间的误会，相互尊重、合作。

当时中国面临棘手的外交事务，却又缺乏外交人才。早在1858年，中国与英、法、俄、美各国所订的《天津条约》规定10年之后修约。对于修约的内容与要求，清廷一无所知，一片茫然，只怕各国带了军舰来威胁，故而希望能由外交使团打开局面，劝告各国不要借修约来生事。此外，清政府对蒲安臣的外交

第三章 自强：一体化统治的自我修补

权力也加以限制。清政府派出志刚、孙家谷二人随行，地位与蒲安臣平等，以为掣肘。蒲安臣出使期间的一切行动，要经过总理衙门批准，他只有谈判职权，而无决定权。

蒲安臣就这样摇身一变成为大清国的钦差，头衔也极其响亮——钦派办理中外交涉事务大臣。为表正式，临行前清政府还特别颁发给蒲安臣一枚木质关防，"以资取信各国"。同治七年（1868）二月二日，使团一行30余人从上海出发，开始了长达两年八个月的外交旅程。第一站是日本，随后穿越太平洋，于三月九日抵达旧金山。美国官方为使团举办了盛大的欢迎仪式。六月九日，未经总理衙门许可，蒲安臣与美方签署了《中美天津条约续增条约》（蒲安臣条约）。蒲安臣对这个条约极为满意，认为条约保证了中国的独立与领土完整。虽然此条约在后世备受诟病，很多学者由此指责清政府将外交当儿戏。但平心而论，这是中国近代外交史上难得的平等条约。

条约规定，中美彼此尊重对方国家主权与领土完整。美国声明不干涉中国内政。中国的一切事务，如修铁路、开电报、搞改革等，均由中国自行决定。两国侨民可以自由往来，并尊重彼此的宗教信仰。中国学生赴美留学时，美国将给予最惠国同样待遇。条约也促使清政府放弃了禁止移民海外的政策，导致了大批华工出国，参与了美国的西部大开发。

此后蒲安臣又陆续访问英、法等国。在这些国家，蒲安臣并没有得到在美国所享受的隆重待遇。英国对使团反应冷淡，不想接触。法国对蒲安臣递交的国书不予回复，谈判时对实质内容不置可否。

俄国对使团很感兴趣，沙皇亚历山大二世亲自接见。没承想就在沙皇接见的次日，因为俄国寒冷，蒲安臣感染了肺炎，而后不治身亡。随后使团由志刚带领，继续游历欧洲，先后游历比利时、意大利、西班牙三国。1870年10月，使团从法国乘轮船归国。蒲安臣死后，奕訢、文祥等人极为悲痛，赏他一品官衔、白银1万两，感谢他为中国所作的贡献。

从斌椿到蒲安臣，大清国在外交上迈出了艰难的第一步。而洋务运动的推行，外交与国际上的接轨，却仍然需要漫长的时日。

总理衙门创办之后，不但主持各种外交活动，更直接推动了洋务运动。经由总理衙门操作，从西方各国采办战舰，建立海军，创设电报邮政，开办船政、铁路、矿务局，建设各种现代工厂，开启了中国的近代化。由于总理衙门所处理的事务之烦琐、之重要，它在西方人眼中成为"帝国政府的内阁"。

当大清国的国门被打开之后，面对西来的各国列强，唯一的选择只能是兴办洋务，求富求强。但在当时，洋务却被保守的士大夫们视为不可接受，而频繁施加阻力。已存在近百年的军机处如若直接出面推行洋务，必遭到更大阻力。作为军机处的影子，为处理洋务而设立的总理衙门出面办理洋务，则压力相对较小。军机处操控于后，总理衙门出没于前，此即当时办理洋务的格局。比如电报处这样的洋玩意儿，如果在军机处中设置，自然会引发保守派的抗议；可若是在总理衙门中设置，则没有任何争议，因为总理衙门就是为处理外交事务而生的。

在奕訢、文祥等人主持之下的洋务运动，挽救了大清王朝正在急速下坠的颓废之势，也使同治一朝出现了"同治中兴"。有史家在论及"同治中兴"时说："不但一个王朝，而且一个文明看来已经崩溃了。但由于19世纪60年代的一些杰出人物的非凡努力，

第三章　自强：一体化统治的自我修补

它们终于死里求生，再延续了60年。这就是同治中兴。"

〰️同文馆与新式学校

同文馆的创设，源于咸丰十年。此年恭亲王请被诱擒的巴夏礼修书，与联军统帅议和。巴夏礼用中文写了封信，又在旁边写了几行英文。这几行英文将京师内的清国官员给难倒了，京师之内，竟然找不出一个懂英文的人。当时中国人将欧美各国横写的字母文字，称为"蟹行文"。蟹行，横行也，以示轻蔑。这几行"蟹行文"中，到底传递的是什么信息？在此兵临城下、战和不定之际，不能不慎重对待。好不容易打听到天津有一个广东人懂外文，遂紧急请来辨认，这才认清那几行英文不过是巴夏礼的姓名与年月日而已。当时奕䜣等清国官员，才意识到了外文的重要性。

京师同文馆援引俄罗斯文馆旧制，"于八旗中挑选天资聪慧，年在十三四岁以下者各四五人，俾资学习"。同治元年（1862）六月，同文馆在东堂子胡同总理衙门内正式开办，请英国传教士包尔滕来教授英语，同时限定他只准教语言，不得传教。当年第一批学生10人，都是十三四岁的八旗子弟。随着驻京各国使馆的增多，又陆续增加了法文馆、俄文馆、德文馆。

同文馆开设之后，招收学生并不顺利，谁家有子弟入了同文馆学习，一家人都会遭遇社会上的白眼。为了吸引学生，同文馆给每个学生每月3两银子作为补贴，并提供丰厚伙食。后又逐渐提高补贴，学洋文有成绩者，过一二年增至6两，最多可到每月12两。西方教员看着同文馆的优厚待遇，不禁感叹："世界上的学校，没有比同文馆待学生再优的了。"

同治二年（1863），经李鸿章奏请，在上海、广州分别开设同文馆。李鸿章认为："我中华智巧聪明，岂出西人之下？果有精熟西文者转相传习，一切轮船火器等巧技，当可由渐通晓。"同治三年（1864），上海同文馆开设，"选近郡年十四岁以下资禀颖悟、根器端静之文童"，由美国传教士林乐知讲授英文，由中国教习讲授数学，此外学生还系统学习中国经史等。

同年，广州同文馆开设后，从驻防满汉八旗子弟之中挑选资质聪慧，年20岁左右者16人，又访汉人世家子弟，才堪造就者4人，共正途生20名，送入馆中学习。广州同文馆雇用了一名传教士讲授英文和数学，学生主要是旗人。到了同治十年（1871），广州同文馆计划对外放开，家世清白的平民子弟也可以入馆附学，定额10名。但两广总督瑞麟反对，认为同文馆招募的汉人平民学生，所图不过是每月补贴，学习一二年后，也就告病退学，在外自谋生计，很难造就人才。由此总理衙门决定，此后广州同文馆额设正途生20名，附学生10名，只招旗人子弟。

京师同文馆3年制优等毕业生，可以被保举为八品或九品官，通过进一步考试的学生有的升授为七品官，但上海、广州的同文馆学生并没有此等待遇。李鸿章曾经建议，在科举考试中增加新科，给同文馆等新式学堂的学员获得功名的机会，但最终无果。上海、广州同文馆的学生为了日后的发展，在学习英文的同时也在努力学习八股文，以备参加乡试。

同文馆最初只教授外语，同治五年（1866），恭亲王奕訢奏请在同文馆内增设天文、算学馆，招收科甲正途士人及五品以下京外各官，学习天文、算学。奕訢认为，洋人凡制造机器、火

第三章 自强：一体化统治的自我修补

器，以及行船、行军等，"无一不自天文、算学中来"。

奕訢此奏一出，顿时激起波澜无数。在士大夫心目之中，读圣贤书才是至高无上的事业，士人的使命则是出将入相，治理天下，现在让士人们去学习天文、算学之类技术活儿，无异于将他们降到一般工匠艺人的地位。更让人无法接受的是，这些士人将要跟在洋鬼子后面学习，这不啻承认西学与中国学问并驾齐驱。

就清廷而言，开设同文馆，招纳八旗子弟，本意是培育忠于朝廷的可用人才，以增强一体化机制的生命力。但这一目标也受到现实中保守派的阻挠。

同治六年（1867）正月，就在恭亲王的提议被"准办"之时，御史张盛藻上奏反对。他的理由很简单，科举正途出身的士人，只能读圣贤书，做朝廷官，而不能"习为机巧"。天文、算学在张盛藻看来是有必要学的，但天文可以让钦天监去学习，制造可以让工部的工匠去学习，如果让堂堂儒生去学习这些奇技淫巧，不啻是"师法夷裔"。张盛藻人微言轻，上的奏折也没有什么分量。但奏折在士人之中流传，一时之间议论纷纷，竟至无一人肯去同文馆报名。

让士人入同文馆，"此举与士习人心大有关系"，身为理学领袖的倭仁如何能避居幕后。倭仁对士人进同文馆学习天文、算学极其忧虑，将它上升到立国之道的高度，认为此举断不可行。倭仁以"圣道卫士"的姿态上阵对抗恭亲王，他的措辞极其堂皇："立国之道，尚礼义不尚权谋；根本之图，在人心不在技艺。"倭仁的出击，让保守派士人大喜，纷纷配合，京内舆论更加激烈，对同文馆的攻击日甚一日。

恭亲王自然不甘示弱，随即反击倭仁。恭亲王先是反击倭仁这批人每天放空炮，对外主战，结果真一打仗，不是袖手旁观，就是纷纷逃避。在对外事务上，这些人毫无了解，只知道举着道义的牌子空谈。要想国家富强，就要制造火器、轮船，要制造这些必须学习天文、算学，而倭仁认为此举断不可行，导致很多学者裹足不前，那么，谁来办实事？谁来实现国家富强？至于倭仁所主张的"忠信仁义，足以制敌之命"，奕䜣表示"臣等未敢信"。

三月三日，军机处将恭亲王此折交给倭仁阅看。三月八日，倭仁再上一折，反击恭亲王。倭仁认为，以中国之大，不患无才，可以遍求精通天文、算学人才，根本不必去请洋人来做教习。恭亲王再次反击道："请洋人来同文馆，不过是学习他们的技术，而不是要修弟子之礼。"同时又将了倭仁一军，请他推荐精通天文、算学的人才："倭仁公忠体国，自必实心保举。"

恭亲王这下子击中了倭仁的要害。倭仁赶紧上奏，称此前所言，只是担忧洋人来教课有妨政体，所以言无不尽，而不是意气之争，现在同文馆既已开设，自然不能终止，此外还表示："奴才意中并无精于天文、算学之人，不敢妄保。"

为防止倭仁继续捣乱，恭亲王等洋务派使出了个釜底抽薪的绝招，让倭仁在总理衙门行走，同时另外再设一个同文馆，交给倭仁掌管。慈禧此时也开始厌烦倭仁的迂腐，开始倾向于恭亲王，对他的建议立刻听从。

三月十九日，慈禧下令双方停止争执，同文馆招考天文、算学，又令倭仁到总理衙门行走，并另设一馆，由倭仁执掌。这好比将对方最痛恨的事物，交给对方每天来仔细看护。而以帝王之师、内阁大学士的身份在总理衙门行走，对于倭仁来说，无疑是奇耻大辱。三月二十五日，倭仁请求面见慈禧，召见时恭亲王也

第三章　自强：一体化统治的自我修补

在一旁，不时出语挖苦倭仁。倭仁无话可说，出来后去给同治帝授课时，竟然涕泪交集。

三月二十九日，倭仁骑马入朝时，突然眩晕坠马，此后称病不起，躲在家里与门生商量如何对付"鬼子六"奕訢。倭仁此次"坠马"事件，却是深思熟虑的结果。依照礼制，官至二品、60岁以上的官员可以坐轿入紫禁城。年已64岁，官至一品的倭仁此时骑马，明显是故意而为之。至于倭仁的病，却不是装出来的，而是实实在在被气出来的。

同治六年（1867）五月，北方久旱不雨，朝廷下诏让群臣"直言极谏"，以感动老天。直隶州候补知州杨廷熙上奏，认为天久不下雨，是因为设了同文馆，"师敌忘仇"，导致天怒。杨廷熙请求撤销同文馆，以弥天变。倭仁反对的不过是同文馆增设天文、算学，现在杨廷熙要一锅端，将同文馆撤销。

五月二十九日，上谕发出，指责杨廷熙"呶呶数千言，甚属荒谬""此奏如系倭仁授意，殊失大臣之体"。上谕同时严令倭仁假满之后，立即到总理衙门上班。倭仁也豁了出去，找了个借口，称自己从马上跌落时将脚摔伤，请求辞去一切职务。两宫皇太后同意他辞去翰林院掌院学士等实职，只保留了帝师的身份。

倭仁的狙击，让同文馆开设天文、算学馆的计划遭受重挫。第一次招生时，科甲正途出身的考生寥寥无几，最后勉强从各种人员中录取了30人，却又是良莠不齐。学生良莠不齐，到了次年，天文、算学馆就淘汰掉了20名学生，剩下的10人与学习外语的其他班级合并。

同治四年（1865），经蒲安臣、威妥玛推荐，丁韪良被任命为京师同文馆英文教习。1867年，同文馆扩张，增设天文、算学馆。1868年，丁韪良返回美国，到耶鲁大学进修。此时的同文馆管理混乱，学生不时逃课，又遭到保守派的攻击。为同文馆提供资金支持的赫德对此很忧虑，认为这所学校就要完蛋了，向总理衙门推荐丁韪良为总教习，将他召回中国。丁韪良担任总教习后，大刀阔斧地进行了改革，严格了纪律，扩大了招生规模，加强师资，提升教学质量。丁韪良将同文馆设置成五年制、八年制课程，其课程包括外语、数学、物理、化学、地理、国际法、政治经济学、天文、航海、机械、经济、医学、译书等。同文馆采纳了外文原版教材及翻译成中文的教材，并组织翻译了系列教材。

同文馆之外，一系列其他新式学校也开始涌现，并冲击了同文馆的地位。1867年，经过左宗棠的努力，福州船政学堂建立，有100多名学生。学生得到许诺，将来准许授给绿营水师官职，或者按照军功保举文职官阶。1867年，江南制造局聘用了几名在科学上有出色成就的中国人，如华蘅芳、徐寿、徐建寅等。在他们的建议下，建立了翻译馆，翻译各类西方科学技术类书籍。1869年，江南制造局新址竣工，其中设有校舍，上海同文馆迁了过去，由江南制造总局主办，改名为广方言馆，附设翻译馆。江南制造局还在广方言馆中安排了工人与徒工夜校，让他们学习数学和简易科学知识。至1875年，上海已有20余所教习外语的学校，多为夜校或短期培训班，其中以广方言馆最正规。广方言馆教学质量高，培养了一批急需的人才，吸引了很多东南部的子弟前来学习。

随着各地新式学堂的兴起，学习外语、算学等已不能满足社会需求。光绪二十七年（1901），京师同文馆归并于京师大学堂。

第三章　自强：一体化统治的自我修补

光绪三十一年（1905）三月，两江总督周馥奏请，将广方言馆改为工业学堂，广方言馆自此结束了历史使命。

同文馆先后培养了一批翻译人才，他们在各类外交场合及驻外使馆中，充任了翻译工作。光绪十五年（1889）时，已有"使臣所带翻译，大半同文馆学生"之说。一大批同文馆学员，后来成为著名的外交官，如周自齐、胡惟德、陆徵祥、汪荣宝、庆常、廕昌、萨荫图、齐如山、左秉隆等名人，都曾经就读于京师同文馆。同文馆的科技教育，也培养了一批出色的技术人员，服务于各类洋务企业。同文馆的译书工作，将一大批西方书籍传入中国，传播了西方文化。同文馆是中国新式教育之始，通过同文馆，中国学生第一次接触到西方教育，奠定了日后中国教育的基础。以同文馆为蓝本，一系列武备学堂、技术学校纷纷出现，促进了中国走向现代化。

就清廷而言，其本意是通过同文馆，培养服务于清廷的人才，维持一体化的统治系统。但清廷未曾想到的是，同文馆在短期内，确实培养了一批人才服务于清廷。从长期来看，同文馆的出现，是对持续千余年的科举取士模式的突破，致使一种新的教育模式、人才培养模式出现，传统的科举取士逐渐被淘汰。而在清廷统治体系内部，由官方创办西式学堂，录取学员，系统授习西方文化，这是对西方文化体系的承认，给予"华夏中心"之说以重创。同治六年（1867），恭亲王计划让士人进入同文馆，学习天文、算学时，遭到传统士大夫们的坚决反对，他们捍卫的是科举体制，是华夏中心，也是一以贯之的一体化体系。奈何，当卷入三千年未有之变局后，不管清廷变还是不变，从农耕社会成长出来的一体化的统治系统，也开始逐渐瓦解。

❧ 军事现代化与政治意图

在美国学者福山看来,中国不仅是一套集权的、官僚化的国家机器,还有"共同的书面语、经典著作、官僚机构的传统、共同的历史、全国范围的教育制度、在政治和社会层次主宰精英行为的价值观"。[1] 在国家内部,主要由核心力量(官僚集团)、外围辅助(宗族士绅)、无权者(万民)三个层次构成,而自宋代科举制成熟之后,武人集团就被排斥出核心圈,一是供养太贵,二是威胁太大。清军入关后,以国家财力供养八旗,但同样压制武人集团,其国策是以满制汉,以文制武。到了太平天国运动之时,湘系、淮系军事集团崛起,不仅影响了中国的政局走向,也推动了军事上的现代化。

同治元年(1862)三月初十,挂着英国国旗的火轮船停靠在上海十六铺码头,卸下了李鸿章统领的淮军。

初到上海时,淮军使用的还是旧式抬枪、鸟枪,装备体系落后。观看淮军操练的日本人对此有生动记载:"放铳时需要三个人,一个人把铳头扛在肩上,一个人把住铳尾,一个人用火绳点火。装火药由铳头的人干,持铳尾者负责瞄准。"

李秀成10万余大兵杀奔上海时,被华尔带领的几百人的洋枪队给硬生生地挡了下来。洋枪队出征嘉定,又大获全胜,这吸引了李鸿章的注意力。

1860年,洋枪队由美国人华尔创办,初期只有100余人,军

---

[1] [美] 弗朗西斯·福山:《政治秩序的起源:从前人类时代到法国大革命》,广西师范大学出版 2014 年版,第 136 页。

第三章 自强：一体化统治的自我修补

饷开支均由地方官绅筹集，后改由江海关（上海海关）支付。1861年增加到450余人，装备有火炮、最新式的来福枪和左轮手枪。

李鸿章派人去洋枪队暗访，得悉洋人新式枪炮的威力后，大为惊羡，立刻派人去找他正在广州办理捐厘的大哥李瀚章，花重金从香港买了3000支新式洋枪。洋枪不同于昔日的旧式火绳枪，采用铜帽击发，射程远，精度高，装填速度快。土炮换洋枪，李鸿章将自己的亲兵营改为洋枪队，随后与太平军展开激战，装备新式洋枪的淮军大获全胜。李鸿章按捺不住激动，得意扬扬地告诉曾国藩，他的亲兵营枪炮队伍为上海诸军之冠。装备的改善，大幅提高了淮军的战斗力，以致李鸿章认为一营可抵两营用。

此后淮军各部开始换装洋枪，换装后的淮军，一营有28个洋枪队，10个劈山炮队。每营洋枪最少300支，最多400支，并有老式劈山炮40门。作战时，淮军用老式劈山炮掩护洋枪队作战，能奏奇效。在给曾国藩的信中，李鸿章写道："鸿章曾往英法提督兵船，见其大炮之精纯、子药之细巧、器械之鲜明、队伍之雄整，实非中国所能及。"李鸿章对西方新式大炮的犀利更为羡慕，但由于英法的限制，一时难以买到新式火炮。经过李鸿章的不懈努力，同治二年（1863），淮军第一支由新式大炮组成的炮队成立。

"要论中国军队首先有计划、有步骤地改用西洋新式军队，使那运用古老简陋兵器的军队，改变为武装近代化兵器的军队，实自淮军始。"[①] 淮军以13营到上海，3年之间，平定苏南，发展壮大，战力凌驾于湘军之上。借助上海、苏南等地的财力支持，

---

① 罗尔纲：《晚清兵制（淮军志）》，中华书局1997年版，第51页。

淮军快速更换装备，采用西方操练法，大幅提高了战斗力，攻城略地，无坚不摧。

如果说两次鸦片战争对天朝大国的心态造成了重创，那么太平天国运动造成的直接后果则是，出现了一批以汉人为主的军事集团，这与中国历代王朝以文驭武的政策相悖，不能不为清廷所警惕。太平天国运动结束之后，清廷开始大规模裁军，湘军基本被裁掉，淮军裁撤了一部分，主力得以保留。

同治三年（1864）年底，淮军主力有123营，计6万余人。在湘军被裁撤、绿营被打残之后，淮军已成为清廷手中仅剩的主力，被频繁用于各省战事。淮军各营也获得了大发展，原先的铭字营、盛字营、传字营，摇身一变，壮大之后，改称铭字军、盛字军、传字军。淮军主力在剿捻战事之中，又得到了进一步扩充。到同治六年（1867），淮军有160余营，兵力8万余人。

同治七年（1868），东捻军被剿灭之后，清廷召李鸿章入京陛见，同时命令淮军撤到黄河以南，这明显有提防之意。捻军刚刚剿灭，清廷就表示要将淮军"即行裁撤归籍"。李鸿章玩弄手段，一方面效法曾国藩在攻下天京后的做法，表示自己要"撤军归农"；另一方面则让地方大员上奏，要保留淮军，预防"夷变、回匪""枭匪、马贼"。

八月二十日，李鸿章抵达北京，在京逗留一个月，拜谒了慈禧、同治帝。随后出京前往南京，与曾国藩、马新贻商议裁撤淮军事宜后，决定裁撤掉马步军50营。当兵多年，想返回原籍的老兵被优先裁撤，其余的陆续裁撤，总计裁撤掉3万余人。

裁撤后的淮军，分别驻防江苏、湖北、山东、直隶四省。此后淮军经历了各种变动，主力大致维持在4万余人。实力最强的

第三章 自强：一体化统治的自我修补

刘铭传铭字军，最得李鸿章厚爱，铭字军只是象征性地裁去一营马队，主力仍然保留，成为淮军中最强大的一支。裁军之后，保留下的淮军，驻防要地，称为防军。防军虽然没有纳入国家正式经制兵序列，但由于数量多、装备精良、战斗力强，成为负责海防、疆防的主要力量。防军仍然保持着淮军的旧体制，即兵归帅有，将领则向领袖效忠。

在镇压太平天国运动的过程中，李鸿章意识到了西方军事装备的优越，之后他采购了大批西式枪炮装备军队，还创办西式学校、新式的军工厂等，西方军事技术成果在中国迅速被吸收。然而，中国军事现代化的这一次努力，是李鸿章等地方实力人物所推动，并不是作为一个国家的政策来全面推行。李鸿章等人的军事现代化的努力，一度被保守派所嘲笑，而李鸿章手中的新式军队，更成为服务于政治的工具，成为与中枢博弈的筹码。

同治九年（1870），发生"天津教案"，天津民众火烧望海楼教堂，击毙法国领事丰大业，法国威胁要进攻天津。清政府下令李鸿章带领淮军近畿驻扎，淮军刘铭传、郭松林、周盛传所部，也被调至直隶周边，随时准备出动。同时将曾李互调，以曾国藩为两江总督，李鸿章为直隶总督。直隶总督为封疆大吏之首，负责拱卫京师，职责最重。淮军当时装备了大量新式武器，经历了战事锤炼，是清军中之最精锐部队，清廷只能依赖于淮军捍卫京师了。此后李鸿章常驻直隶，负责北方海防，而淮军也开始由南而北，在直隶及北方驻屯。

同治九年，周盛传所部23营开始驻扎在天津小站。小站本是盐卤地，淮军驻扎后，在此兴修水利，开垦荒田，种植水稻，此后天津小站成为著名的军事驻地，在近代中国历史上留下了浓厚一笔。周盛传强调现代武器的重要性，他本人通晓这些武器，一再向李鸿章推荐要购买克虏伯大炮，林明敦式、斯奈德式等现代来复枪，加特林式炮等新式武器。他给李鸿章的呈文与给属下部队下达的指示都表明，不仅要保养好西洋新式武器，更要熟练地加以操作。和其他勇营统领不一样的是，周盛传重视西式教育和操练，印发操典，亲自监督军队操练。

李鸿章到直隶总督任上后，正赶上直隶总督扩权。早先设置有三口通商大臣，处理外交、海防、通商事宜，实际上是分了直隶总督的大权。当年九月，工部尚书毛昶熙奏请撤掉三口通商大臣，以直隶总督办理通商事宜。此后又设置北洋通商大臣，由直隶总督兼任，管理直隶、山东、奉天三省所有海防洋务事宜。此次改定章程后，李鸿章身兼直隶总督、北洋大臣，"权一而责巨"，掌握了省防、海防、通商大权。

李鸿章担任直隶总督兼北洋通商大臣后，经过多年经营，淮系集团实力强劲。淮军将领控制各省要职，先后有16省的督抚职位被淮系将领所掌握。淮系人马，出任督抚者有李鸿章、李瀚章、张树声、刘铭传、潘鼎新、钱鼎铭、刘秉璋等人。李鸿章对于军权是一手抓，不容任何人干涉；对于地方督抚职务，则尽力扶持淮系人马坐镇，以为淮军提供军饷粮草。李鸿章长兄李瀚章担任湖广总督前后12年，雷打不动，直到丁母忧。湖北每年为淮军提供近100万两军饷，李鸿章自然不能让他人染指。

太平军、捻军、西北起义军被平息之后，淮军的命运终究是要被裁撤。李鸿章与淮军集团需要一个强大的假想敌，才能避免被裁撤的命运。借助同治十三年（1874）日本侵略台湾的契机，李鸿章大张旗鼓地打出了"海防"的旗帜。利用此次契机，李鸿

第三章　自强：一体化统治的自我修补

章以海防为旗帜，将淮军分布北洋各要地。此布局造成的局面是，清廷依赖于淮军进行海防，而不能加以裁撤，只能以巨额军饷供养。淮军驻防各地本是临时性的任务，终究难逃被裁撤的命运。但以海防之契机，淮军得以分驻各地，担负江海防务，并取代绿营的地位。

既然高举海防大旗，那就得有像样的海军。李鸿章耗费巨资，创办了北洋水师。北洋水师是为了维系淮军的存在，将淮军由陆向海发展的产物。在李鸿章眼中，北洋水师就是淮军的分支，是他的私军，是用来"聊壮声威"的，是手中的筹码，是政治博弈的工具。凡北洋水师的中坚将领，无不出自淮军，海军提督也须听命于北洋大臣。是故时人指出，李鸿章创办北洋水师，"恐用以御敌则不足，挟以自重则有余"。

李鸿章的现代化，显然受到他自己的目标的限制。如果以军队是现代化的力量这一观点看这种现代化，可以看到这并没有服务于国家利益。李鸿章主要关心的是保持权力，领先于任何可能的对手，保持足够的实力向中央政府挑战——同时也满足于作为（清廷）最荣耀的仆从。他绝不是一个叛逆者，但他既没有看到，也没有服务于中国的利益。[①]而在同时代的日本所开启的军事现代化，是由中枢所推行的，服务于日本国家利益，并被用来铲除各地的地方势力，如西乡隆盛等。反观中国，淮军乃是李鸿章一手打造出来的，用来维护李鸿章及其集团的利益。此外，李鸿章所推行的军事现代化政策是不稳定的，受到各种牵绊，他的主要精

---

① ［美］吉尔伯特·罗兹曼：《中国的现代化》，江苏人民出版社1998年版，第91-92页。

力，如同往昔的中国官员一般，耗费在官场的各类算计之上。

淮军驻防直隶后，成为国家正规军，开始吃皇粮。将领养尊处优，士兵也变得油滑，久不经战事之后，淮军开始衰落。由于统兵将领克扣军饷，士兵哗变现象也开始频繁出现。而清王朝在"改勇为兵"后，由于庞大的淮军带来财政上的压力，一再逼迫李鸿章裁撤淮军。1877年，淮军裁军1.1万余人，剩余2.89万人。1885年，又再次裁撤了两营1000人。

淮军精锐已去，老将衰落，后继者多为未经战阵之人。至中法战争前，淮军核心将领不是死去，就是隐退，接替者不是亲戚就是子弟，都没有经历过战争。淮军主力铭字营，刘铭传离开后，由刘盛休领军。于是刘氏少年子弟纷纷前来投军，这些子弟骄横懒惰，不听约束，导致当时的淮军"骄奢居人先，战斗居人后"。

"何图一旦，中日战开，艨艟楼舰，或创或痍，或以资敌，淮军练勇，屡战屡败，声名一旦扫地以尽。"之后再经庚子年（1900）一战，"于是直隶总督北洋大臣三十年所蓄所养所布画，烟消云散，殆如昨梦"。时人总结淮军失败的原因，认为李鸿章在大功既立，淮军地位岿然不动之后，自视太高，自信太深，故而宠溺部将。其所重用的将领都是故吏裨将，往昔共患难，今日共富贵。于是徇私情，互相提拔，布满津要，委以重任，而不问其才华能力可用与否。至临战之后，这些故吏裨将，都临事贻误，难当重任，在战场上一败涂地。

第三章　自强：一体化统治的自我修补

洋务也是一场经济自救

延续了数千年的中国农业社会，在19世纪遇到了西方工业社会的刺激与挑战。西方先进生产力带来的冲击，使李鸿章言道："此三千年来之大变局也。"19世纪是西方工业列强输出资本争夺市场的时代，世界范围内的后起国家都被卷入这浪潮之中，"资产阶级在它不到一百年的阶级统治中所创造的生产力，比过去一切时代所创造的生产力还要多、还要大……一切民族甚至是最野蛮的民族也卷入到文明中来了"。

在西方工业文明的刺激之下，19世纪中期始，许多后起国家纷纷主动或被动地做出反应，如埃及的穆罕默德·阿里改革、土耳其哈米德二世新政、日本的明治维新、俄罗斯的亚历山大二世改革等。面对西方工业文明带来的冲击，中华帝国做出了什么反应？

早在18世纪乾隆年间，马戛尔尼使团访华时，便对大清帝国盛世之下的危机有了初步了解，而大清帝国却闭门自守，处于盲目的优越感之中。到了1840年鸦片战争，大清帝国败而未醒，战后仍未有推动社会转型的举措。在农业社会的统治阶层看来，外患不足为惧，内乱方为心腹之忧，西方工业列强暂时并没有给中国的统治阶层以多大的威胁。

19世纪中期以后，中国农业社会周期性危机开始出现，罗荣渠先生道："仔细审视19世纪中叶中国的情况，就会发现它与俄国、土耳其、日本面临的挑战只有表面的相似。当时这些国家经济大都呈上升趋势，而中国面临的却是慢性衰败的趋势。也就是说，在清帝国兴盛繁荣的背后早已潜伏下严重的内部危机。"①

　　清初康乾盛世时期农业社会的稳定，带来了人口的激增，人口总数从 1741 年的 1.43 亿暴增到 1851 年的 4.31 亿人，一个世纪激增了 3 倍，而此时王朝内部农业的可耕地面积却没有相应地扩大。②19 世纪中叶，中国农业社会周期性的危机再次出现，1851 年爆发的冲击大清帝国半壁江山的太平天国运动，正是这场危机的外在体现。危机中产生的遍布各地的大量贫民、流民，则为太平天国运动提供了天然的支持力量。

　　19 世纪中叶的中国是内外交患，内是风起云涌的农民起义，外是西方列强入侵。内外双重动因使清廷不得不睁眼看世界，开始了对西方工业社会的学习，并开启了从农业社会向工业社会转型的步伐。为了应对内外危机，在围剿太平天国和捻军一线的大员们开始了对西方生产力的学习，其代表人物曾国藩道："轮船之速，洋炮之远，在英法则夸其所独有，在中华则震于罕见……购置枪炮，可以剿发捻，可以勤远略。"通过对西方器物的学习，清廷希望近可以剿灭内患，远可以抗衡列强。

　　从最初的购买西洋器物再到图强自造，洋务派创办近代军事工业的热情是高涨的。1861 年，曾国藩在安庆设军械所，同年李鸿章创办上海、苏州洋炮局，随后短短几年之内，中国的近代军事工业体系基本建成，火枪、大炮、弹药、蒸汽战舰都已能够在国内建造。到了洋务运动的第二期，李鸿章等认识到西方各国

---

① 罗荣渠：《现代化新论——世界与中国的现代化进程》，北京大学出版社 1993 年版，第 256 页。

② 姜涛：《清代人口统治制度与 1741—1851 年间的中国人口》，《近代史研究》1990 年第 5 期。

第三章 自强：一体化统治的自我修补

是以工商致富，由富而致强，认为"求富"是"求强"的先决条件。王韬说道："自古有国家者，非有外患，必有内忧，故欲驭外，必先治内，治内莫如自强始。"①

洋务运动从大力发展军事工业转向民用工业。1872年，李鸿章在上海开办轮船招商局，开始了"求富"之路，在之后的10余年间，煤矿、铁厂、缫丝厂、电厂、自来水厂、织布厂、电报、铁路相继开始建设，中国传统农业社会中第一次冒出了近代生产力的火花。

洋务运动不但在生产力上有突破，同时它也孕育出新的工商业力量。在洋务运动中，近代企业在洋务派的扶持鼓励下开始兴办，以"兴商务，浚饷源，图自强"。这是从以往对工商业的抑制，从"农本商末"转向扶持发展工商业的转变，这是工商业力量的增长和难能可贵的传统精神的变革，是中国历史上前所未有的变化。"正像商人捐纳官衔那样，官员和士绅们也纷纷从商，从而扩大了商人队伍。到了1900年，有那么多人亦官亦商，致使经商活动已经变成仕途以外另一个受人尊敬的选择了。这些发展的结果产生了商人大阶级之内的新'绅商'社会阶层，这些人出于公私两方面的原因，已成为致力于经济现代化的富有革新精神的企业主。"②

"在洋务派创办官督商办企业的同时，中国社会也出现了一些商办企业。这是中国近代民族资本工商业的发端，也是中国社会经济发生重要变化的标记。自1869至1894年，商办企业只有

---

① 《洋务运动》，上海人民出版社1973年版，第514页。
② ［美］费正清，刘广东编：《剑桥中国晚清史1800—1911》（下卷），中国社会科学出版社1993年版，第483页。

50多个，资本只有500余万元。虽然数量很少，实力甚微，但它却是一种新生的社会经济力量，对中国社会有着不可估量的影响。"[1]一系列现代的工商业法规体系也在清末开始确立，以保障工商业的运作，这些都是中国历史上前所未有的突破。

但洋务运动常被视为一场保守的运动，是清廷在太平天国运动和英法联军入侵双重压力下，采取的两害相权取其轻的策略，是清廷为了获得军事技术而采取的一种自救方式。

作为中国传统式农民起义的太平天国运动，它是中国农业社会的传统问题，和中国史上历次农民起义一样，它们都不能完成中国社会转型的任务。如果没有西方工业列强的出现，为中国农业社会提供了一条新的出路，19世纪的中国社会又是一次新的轮回：有限的土地与人口激增、饥民流动与农民起义、权力角逐者开始逐鹿、新的王朝建立，如此反复。西方工业列强在开拓殖民地的手段上是卑鄙的，但是它们所代表的生产力却又是先进的。

作为对西方先进生产力学习的洋务运动，在主观上是保守的，它试图借助洋务运动来维持清廷的统治，这种统治是中国几千年一脉相承之高度专制；在客观上洋务运动却是进步的，"洋务运动为中国社会提供了前所未有的近代企业，它对社会生产力的发展起了促进作用……洋务运动既是对中国古代封建社会的冲击和破坏，也为向新世界迈进奠定了物质基础"[2]。

但指望洋务运动在短短的几十年中，完成中国社会转型任

---

[1] 吴士英主编：《中国近代史通鉴1840—1949》，红旗出版社1998年版，第35页。
[2] 戚其章：《关于中国近代史基本线索的几点意见》，《历史研究》1985年第6期。

第三章 自强：一体化统治的自我修补

务是不实际的。在树大根深的传统农业社会中，由洋务运动开启对先进生产力的学习，并产生出近代工商业力量，这已是巨大突破。洋务运动是敲开中国传统社会大门的第一块砖，而要完成中国社会转型的任务却有待于以后的长期发展。

洋务运动只是在中国树大根深的农业社会中开启了一道资本主义微小的缝隙，它是星星之火，却不能燎原；几个城市中擦出的工商业火花，并不能蔓延至中国广大的农村；虽然出现了新的资本力量，但是它却没有大到能左右整个社会，还时时处于政治力量的干扰之中。到1894年中日甲午战争时，在洋务运动中创办的近代企业中已有近代产业工人9万多人，其中在外国资本企业中的工人约3.4万人，在民族资本企业中的工人约2.7万人，其余则是在洋务企业中劳动的工人。[①]

洋务运动中，对西方器物的学习，设厂造船、造枪炮取得了一定的成绩，而洋务运动的最高成就，则是北洋水师。但这些成就，却在1895年中日甲午战争的失败中被证明是失效的。一向被中国视为"虾夷"的小邦日本，在陆地，击败了大清国经营多年的新式陆军；在海洋，击败了举国之力打造的北洋水师，这给整个中国知识分子群体的刺激是深刻的。后世再读当时士人得知割让台湾后抒发心境的日记，充斥其中的，皆是"惨哉""痛哉"之语。如果说，1895年以前的中国士人们对中国文化还是充满自信并对西方文化持漠视态度的话，到了1895年之后，这种自信则被彻底击破，当时的口号已是"不变法不能救中国"了。

---

① ［美］费正清编：《剑桥中国晚清史1800—1911》（下卷），中国社会科学出版社1993年版，第631页。

于是一场暴风疾雨的全面变法,在甲午战败后,在戊戌年被光绪帝所推行。光绪帝的咄咄逼人,让保守派感受到了压力,但根基并不稳固的皇帝,却在隐居幕后的慈禧太后的一击之下全面溃败。戊戌变法失败后,保守派全面登场,此前几十年洋务运动所积累的成果,反而成为他们对外强硬的本钱,用来挑战西方列强。至于中国的全面改革、社会的发展,则不是他们所要考虑的。

从洋务运动到清末新政再到辛亥革命,经历了由经济层面到政治层面的变革,但都未能完成社会转型,而这也为先进的知识分子所注意,并在随后发起了"五四运动",希望通过思想层面的变革来彻底重造国人之精神,但社会底层结构的改变仍被忽视。历史上的很多当局者往往忽视中国社会的特征,费正清回忆,他的老师蒋廷黻曾说:"现代中国人对西方外在事务了解明白,而对本国内地的情形反倒瞠目茫然。"

到了19世纪末,中国的人口总数恢复到4亿人,而这4亿人口中的95%以上又都集中在农村,新出现的产业工人在总人口中是不成比例的。虽然工商业有了较大的发展,但整个社会经济结构仍然是以农业为主:"当清朝在1911年覆灭的时候,大约有六百个中国人自己兴办的使用机器的制造业和矿业企业。已经铺设的铁路约5600公里长。中国人在这些现代的商业冒险事业中的投资总额大概达到一亿六千万银圆,这个数目相当大,但只折合农业投资的6%。"①

中国过去的百年史,过于注重上层建筑,很少涉及底层社

---

① [美]费正清编:《剑桥中国晚清史1800—1911》(下卷),中国社会科学出版社1993年版,第478页。

第三章　自强：一体化统治的自我修补

会。民国初年的立宪运动和政党，他们本身对当时社会来说就是一种外来异物。领导人不乏高尚的理想，但他们后面却无支持的选民，满腹经纶却无从化为具体方案以深入民间。[①] 在往后的年代里，凡能注重从中国底层社会着手者，虽是星星之火，却可掀起燎原之势。

[①] ［美］黄仁宇：《资本主义与二十一世纪》，生活·读书·新知三联书店1997年版，第454页。

第四章
变法：顶层设计的老问题

清廷的顶层设计，在同治、光绪两朝遇到了老问题，即皇帝没有后人。皇帝无后，为慈禧操控朝政提供了契机。光绪帝4岁进宫，6岁启蒙，手不释卷，天资聪颖，这本该是有大作为的皇帝，可是他的一生却时刻处于慈禧的操控之下，并不如意。他唯一的优势就是年轻，可以等待，但他发起戊戌变法，引发慈禧太后的警惕，慈禧通过政变，将他软禁。光绪帝无后，而权力的传承则面临问题。为光绪帝立嗣，这个皇室内部问题引发了巨大波澜，最终引发了对外战争。

〰️ 王朝的顶层设计

在古代的政治运作中，皇帝通过对文武官员的任命选调，以及不断地洗牌、打击，使官僚队伍处于不断循环流动之中，避免出现世袭的官僚贵族阶层抱团结成势力。在历史上，皇权能保持官僚队伍流动，已是相当不错了，至于提高官僚体系的效率，保

第四章 变法：顶层设计的老问题

持官僚体系廉洁之类的目标，则是不敢想象了。

皇帝自称孤家寡人，这孤独感是权力上的孤独感，皇权紧握在手，不想与官僚集团分享，可又依赖于官僚集团来帮助自己治理国家。于是乎，为了制约官僚集团，皇帝开始寻找支持，皇室宗亲，大抵是不能用的。历史上，皇室自家内部权力的争夺厮杀屡屡上演，故而历代皇帝对宗亲防范最紧。

皇室一度也曾重用外戚集团，希望协助皇权治理，保障皇权大一统。外戚不是皇室正统，在皇帝看来，构不成威胁；外戚是皇帝最亲近之人，自然可以大用。可权力却是腐蚀剂，外戚沾染之后，也会腐化，也会生出觊觎之心，历史上两汉频现外戚弄权，让后世皇帝汲取经验，不敢再重用外戚。

环顾四周，皇帝发现，自己所能重用的，只有宦官了。宦官常年陪伴在皇帝身边，乃是皇帝的心腹之人；宦官生理被阉割了，没了子嗣，地位低贱，无法威胁江山，这让皇帝很安心。宦官哪怕贪财，在皇权看来也并没什么，怎么也要补偿下自己的忠实仆人么。两汉之后，外戚集团受到历代王朝的制约，可宦官在历史上却是此起彼伏，兴风作浪，乃至威胁皇权，废立皇帝。即使这样，宦官仍不断走向政治舞台的中心，陪着皇帝，呼风唤雨，只因这皇帝太孤独了，除了宦官，无人可用。

宦官专权造成的问题，在历史上此起彼伏，皇帝不得不防。有明一代，对宦官防范最严，宦官为患却最烈。洪武年间立下铁牌，"内宦不得干预政事，预者斩"。可铁牌并无效果，皇权不用外戚，能选择的奴才只有宦官，于是大明王朝，各类权宦频频涌出。最甚之时，成化朝只知有宦官汪直，不知有天子；天启朝则有九千岁魏忠贤直接处理朝政，已有皇帝气势了。如何使用好奴才，又要限制奴才，不让奴才骑到主子头上，这是中国皇权三千年来一直想要处理的棘手问题。这个问题，在清代得到了系统的解决。清廷高明之处在于，它使内外朝都成为皇帝的奴才。

在外朝，清廷设置了军机处。军机处专属于皇帝，军机大臣由皇帝任命，唯皇命是从。军机处效率极高，又具备保密性，但却没有专属府衙，也没有专门官吏。它既能满足皇帝集权的需要，又能高效地处理军政，控制思想，预防朋党。军机处创设后，议政王大臣会议、内阁被彻底架空，皇权一统，乾纲独断。军机处的负责人军机大臣，由皇帝挑选内阁中的满汉大学士、各部尚书、侍郎等亲信大臣担任。虽然名义上到军机处上班是兼职，但基本上军机大臣都在军机处办公。

军机大臣执掌大权，但却是临时机构，所有军机大臣都是兼职，故而没有名分。军机大臣每日在皇帝身边，随时听候皇帝的指示，根据皇帝的心意处理朝政。军机大臣有权无名，又时刻在皇帝的眼皮子之下，每个大臣都战战兢兢，以奴才自居，以奴才为荣，如此就无法弄权，也不敢弄权。军机处创设之前，朝廷还曾有过多尔衮、鳌拜这样的权臣，军机处创设之后，则再无权臣。

在内朝，清廷设置了内务府。内务府上三旗包衣，乃是皇帝的奴才，这些奴才被皇帝重用，一方面外放至各省，主持肥缺，为皇帝执掌天下财政大权；另一方面，也以这些奴才任要职，参与朝政。在科举出身的官僚集团之中，安插进一批皇帝的奴才担任高官，对官僚集团加以监督，并彰显奴才的特权，奴才的荣耀。随着时间的推移，整个文官集团，都以成为皇帝的奴才为荣，人人争先恐后求为奴。此时，想要为皇帝之奴而不得，各种

第四章 变法：顶层设计的老问题

尽显奴性的表演，甚至让皇帝也吃不消。皇帝不得不屡屡训斥：奴才一词，乃是内务府奴才专属，你等大臣，不可轻易使用。

既然外朝的官僚集团，被皇权有意识地塑造成了奴才集团，也就无须使用宦官辅助皇权。中国历代王朝，清廷对宦官的管理是最好的，其根本原因也在于此。皇帝又任用内务府包衣担任内务府大臣，管理宫内事务，并对宦官加以严格管理，由此去除了宦官弄权的弊端。普天之下，莫非王土，朝野上下，皆是奴才，以奴才管理奴才，以奴才治理天下，如此皇权独尊，才能让皇帝心安。

努尔哈赤时规定，凡幼主即位，由顾命大臣来辅佐，后妃不得临朝称制，也不得以外戚辅政。皇太极死后，当时继承制度尚未确立，宗室各王觊觎帝位，经过一番谈判后，最后定福临为嗣，以多尔衮辅政。

多尔衮死后，孝庄太后辅佐福临亲政。至顺治帝死后，孝庄太后又辅佐8岁的孙子康熙帝，至其亲政。孝庄太后匡扶了两代幼帝，辅政而不揽权，也是进退有度。顺治帝时期，规定后宫不得干政。凡后妃在皇帝前干预国政，颠倒是非，从重惩办，绝不宽贷。

中国历代王朝，大多采用嫡长子继承制。在皇帝的各个儿子中，皇后所出的第一个儿子立为太子。当皇后没有生出儿子时，则以众子中的长子为继承人。康熙帝生了35个儿子，11个早夭，成年的有24个。在三藩之乱中，为安定局面，康熙帝改变了满洲人不立皇储的习惯，立允礽为太子。

由于提前确立太子，以允礽为中心，形成了"太子党"。在等待康熙帝死去的漫长岁月中，太子渐渐老去，他已不耐烦于久久等待，屡发怨言，这激怒了康熙帝，最终被废。此后诸皇子各立党羽，彼此争斗。雍正帝执政后，有鉴于此，决定不立太子："万世子孙，有请册立皇太子者，杀无赦。"雍正帝定下传位规则，由皇帝将继位者名字写作两份，一份密封在皇帝随身携带的金盒中，一份藏在乾清宫"正大光明"匾额之后，待老皇帝死后，由指定大臣取出两份名单，宣布继承人。秘密建储制，由此避免了皇位争端，保持皇权平稳过渡。

在顶层权力的设计上，雍正帝堪称集大成者，形成了一套有效的机制，提高了政治效率，避免了权臣的出现、宦官的弄权。但这套机制中，却存在一个巨大的漏洞，这就是皇帝本身。秘密建储制的前提是皇帝能活着等到诸子长大成人，设若皇帝年轻时就去世，身后没有子嗣，抑或是儿子年幼，则皇权如何运作？

咸丰帝去世时，唯一的儿子尚年幼，故而设立八个顾命大臣加以辅佐，由八位顾命大臣代拟圣旨。咸丰帝死前又留下两个印，慈安皇太后拿"御赏"印，慈禧皇太后拿"同道堂"印。日后凡述旨，慈安皇太后盖"御赏"印，慈禧皇太后代皇帝盖"同道堂"印。咸丰帝临终时的安排，貌似周密，却埋下了祸端。他本想以两宫皇太后制约顾命大臣，却开了后宫干政的口子，野心勃勃的那拉氏，更是有恃无恐，借此干涉国政。

咸丰帝一死，两宫皇太后联合恭亲王发动政变，铲除八名顾命大臣，违背祖制，垂帘听政。随着同治帝的成长，至其成年之后，慈禧不得不将权力交给儿子，但仍然对同治帝保持着控制。同治帝亲政不久就去世了，且无子，死后由谁来继承皇位，清室此前并无定例。慈禧选中了醇亲王奕譞的儿子载湉，立载湉为皇

第四章　变法：顶层设计的老问题

位继承人，作为文宗皇帝咸丰的嗣子，由他继位也就成为"兄终弟及"，符合礼法规定，而慈禧则可以继续掌权。立幼主让慈禧尝到了甜头，乃至有"贪立幼主"之说。在戊戌变法后，慈禧又立端王之子溥儁为大阿哥，临死前又立载沣之子溥仪为帝。

不如意的光绪帝

如果他不是一个皇帝，他将是一个出色的学者、体贴的丈夫、孝敬的儿子，作为一个贵公子，过着幸福的生活。造化弄人，却让他成为皇帝。载湉的父亲醇亲王奕譞是咸丰皇帝的弟弟，载湉的母亲叶赫那拉氏是慈禧的亲妹妹。奕譞的第一个儿子早夭，31岁时才生下第二子载湉。

同治十年（1871）六月二十八日，载湉出生。他出生的日子，恰逢清代皇族的祭祖时节。每年七月一日，皇室要祭祀祖先，事前要斋戒三日，载湉出生在斋戒期，无形之中与祖先之祭发生冲突。于是清廷将他的生日提前了两天，改作六月二十六日，以方便庆祝他的诞生。

载湉出生时，他的堂哥载淳（同治帝）还未曾开始御宇。1873年，18岁的同治帝开始亲政。没承想一年之后，同治帝因身染天花去世。同治帝无后，死后由谁来继承皇位，清室此前并无定例。依照当时大臣的看法，应该给同治帝立嗣，且在晚同治帝一辈的"溥"字辈中，也有成年者可供选择。但一旦给同治帝立嗣，同治帝的皇后将成为太后，慈禧必定要退居幕后。她自然不甘如此。

山河变

慈禧看中了年幼的载湉。在御前会议上，她公布了同治帝的死讯，并确立载湉为皇位继承人。同治帝死后不到百日，皇后也绝食而死，被视作节烈的代表，大肆褒奖了一番。

得悉自己的儿子被立为皇帝时，醇亲王奕譞在朝廷上痛哭昏厥。对于奕譞来说，儿子当上皇帝是一把双刃剑。一方面他可以享受无上荣华富贵，另一方面又须如履薄冰，战战兢兢，夹住尾巴做人，以免有身家性命之虞。

此后，奕譞小心谨慎，对慈禧百般顺从。他的书斋叫作"退省斋"，卧房叫作"槐荫斋"，正堂叫作"思谦堂"。他向慈禧提出，解除他的一切职务，以免让人生出天子之父，应居于慈禧之上的感觉。慈禧同意了他的请求，并给了他一个"世袭罔替"的资格，即成为"铁帽子王"。对此封赏奕譞不敢承受，一再推辞，在慈禧的坚持下方才接受。慈禧对这个小心翼翼、没有野心的小叔子还是满意的，让他去监督小皇帝的学习。奕譞对此也尽心尽力，每天到宫内监督载湉学习，并严格要求，不敢流露出丝毫父爱。

载湉4岁入宫，5岁登基。光绪二年（1876）二月十一日，6岁的载湉在毓庆宫启蒙，由大名鼎鼎、饱读诗书的大儒常熟翁同龢主持启蒙仪式，寿州孙家鼐[①]、仁和（杭州）夏同善、钱塘孙诒经及满蒙文师傅等也一起参与。

启蒙典礼很隆重。小皇帝坐在一张小桌子上，看着翁师傅写下"天下太平、正大光明"八个字，然后由翁师傅扶着皇帝的小

[①] 孙家鼐的哥哥是淮北著名的军事领袖孙家泰，被苗沛霖所杀，孙家鼐后为京师大学堂的首任校长。

第四章 变法：顶层设计的老问题

手，用朱笔描下这八个字。翁师傅又给他一一展示了尧、禹等君王楷模的画像，最后，扶着他的手写下"帝德如天"四字，并教他念出。6岁的载湉眉清目秀，性格温驯，顺从地遵循着翁师傅的教诲，对读书写字充满了兴趣，这让在一旁观看的慈安、慈禧欢喜得热泪盈眶。

四月二十日，举行了正式的入学典礼，小皇帝亲临圣人堂。老师们先是向皇帝行了臣子大礼，小皇帝很乖巧地站起来，按照礼仪规定，向师傅们一揖，表示回礼，随后正式开始了读书生涯。

每日一大早，太监们抱着6岁的小皇帝，先是到两宫请安，然后出来学习拉弓等武艺。满人入主中原之后仍然不忘祖先的传统，皇帝虽然不再需要纵横沙场，亲赴戎机，但保留着尚武的传统，以牢记祖先得来江山的不易。

随后小皇帝来到书斋，师傅们已经在此恭候。每天需要学习的科目很多，对一个6岁的小童来说，根本无法理解四书五经，但载湉仍然认真地跟着师傅念诵。让师傅们爱惜不已的是，小小年纪的皇帝，已经显示出了"圣王"的潜质。一日读书时，小皇帝指着"财"字，用稚嫩的童音对师傅说道："吾不爱此！"并说："吾喜俭字！"

入学后，皇帝先学《大学》，后学《中庸》。师傅分段教授，一段段诵读，每段每天皇帝都要诵读二十多遍。载湉还小，又有口吃，读到一些晦涩生疏的字时，常读不出来，就大哭，师傅们只能不断鼓励他。半年之后，6岁的载湉不但能囫囵吞枣地读诵《大学》《中庸》，也能背诵唐诗，且粗通其义。这让翁师傅在日记中不由大加褒奖。载湉有时也显示出幼儿童趣的一面，每听到雷声，他就很害怕。虽在书房之内，也要躲到翁师傅的怀中，让翁师傅爱怜不已。①

载湉的堂哥同治帝倔强有个性，对于读书比较头痛。翁同龢回忆，同治帝曾向他抱怨，当皇帝太苦。同治帝从6岁时开始学习，到16岁时仍然文理不通，害怕读书。载湉则"聪慧而尊师，勤学不好嬉戏，虽在冲龄，已如成人"。②由此也可以看出二人的性格差异，同治帝桀骜不驯，个性反叛；光绪帝则温驯柔弱，内敛好静。

虽然在翁同龢师傅的眼中，皇帝天资聪颖，勤奋过人，但这还不够。皇帝的亲生父亲奕譞听说皇帝读书不顺，不愿意按规矩背书时，就亲自跑到书房告诫载湉，使弱小的载湉颇为"惊悚"。奕譞又向翁同龢师傅提出了更高的要求，当皇帝读书不顺畅时，就"罚书数十遍"。

小皇帝不肯读书时，翁同龢自有办法，他拿出一套套图书如《农耕图》《流民图》《天人交战图》等来哄载湉。小皇帝到底是孩子，对这些图书充满了兴趣，不但爱看，还喜欢提问，从中也能学到各种知识。小皇帝特别喜欢看地图，听见多识广的翁师傅讲着各地风土人情，常常陶醉于其中。

小皇帝刚登基，在华北就发生了蔓延多年的大旱灾。此次旱灾从光绪元年（1875）持续到光绪五年（1879），其中1877—1878年被称为"丁戊奇荒"。由于灾荒空前，死者达千万人，以至于有人认为，光绪帝是一个将经历苦难的皇帝。载湉年龄尚幼，

---

① 《崇陵传信录》，《笔记小说大观》（第12编），新兴书局有限公司1984年版，第317页。

② 柴萼：《梵天庐丛录》（第一册），山西古籍出版社1999年版，第48页。

第四章 变法：顶层设计的老问题

由他的伯父、恭亲王奕訢代替他去大高殿祈祷上天降雨。当天北京大雪，小皇帝走出书斋，在雪里默默祈祷上天降雨。太监要过来给他打伞，小皇帝拒绝了，他一本正经地引经据典说："你们就像长沮、桀溺不懂孔子一样，哪里能理解我的心呢。"

七八岁时，小皇帝已经熟读诗书了。翁师傅讲课时，载湉已能讲出各种典故的出处，并发表自己的见解。爱读书的小皇帝，也让慈禧爱惜不已。每逢节庆，宫里总要演奏热闹的戏曲。慈禧便让小皇帝也放松一下，一起来看。可小皇帝却带着本书，坐在戏台前看书看得有滋有味。

小皇帝喜欢看书，喜欢静，但他也显示出与众不同的一面，那就是喜欢新鲜玩意儿。在书房，看到铅笔，看到眼镜，看到表，小皇帝总是兴致勃勃，有一次竟亲自动手将表拆开。这让翁同龢师傅很着急，不得不摆出师傅的态势，让他不要迷恋此类物件，乃至于"声色俱厉"。一次，小皇帝听另一个老师张家骧说洋人用手抓饭吃，童心大发，也学洋人用手抓饭吃。

外表文静，天生就是读书种子的载湉，基本上都让师傅们满意称颂，但偶尔他也会反叛。12岁时，皇帝不知为何大怒，"拍表上玻璃，手尽血也"[①]。13岁时，载湉因为口疮不愿读书，但孙家鼐师傅却逼迫皇帝照常读书。这让小皇帝很恼火，甚至摔了东西。但不久皇帝就恢复了平静，师傅们看着他坐下开始写字，但就是不肯读书。师傅们不得不搬出太后，小皇帝在太后面前只有发抖的份儿，于是又乖乖地读书了。事后翁师傅心里却一紧，小皇帝恬静的背后，隐藏的可能是汹涌的火山。

---

① 《翁同龢日记》（第四册），中华书局1997年版，第1724页。

转眼间，小皇帝成为少年了。光绪十年（1884）十月初十是慈禧太后50岁大寿，宫内连演十天的戏。各路名角，如谭鑫培、孙菊仙等纷纷登台，但14岁的皇帝却不喜欢热闹，一个人躲起来看书。

渐渐长大的皇帝，也开始显现新的一面，那就是爱看西学书籍。这让翁师傅很困惑，他不无惆怅地记道："兼看西学书，真风气日开耶？"看翻译过来的书让载湉很不过瘾，载湉让奕劻带同文馆师傅进宫，教授他外文。虽然翁同龢不反对载湉学习英文，但对小皇帝极为投入地学习英文，翁同龢总有失落感。翁同龢在日记中记道："洋文彻于案也，伤哉！"[①]

教授载湉英文的有两个人，一个是曾经游历过欧洲的张德彝，另一个则是沈铎。二人轮流给载湉上课，上课时还得到特别的恩典，可以在载湉面前坐着。英文课每天凌晨4时开始，所以必须半夜就进宫等候。大臣们对于载湉学习外语感到极为吃惊，认为堂堂中华帝国的皇帝，学习洋人的"鸟语"，实在有失尊严。[②]

不管翁同龢师傅和大臣们怎么惊讶，载湉已经长大了。

光绪十五年（1889），光绪帝19岁，不久即将大婚。

慈禧亲生儿子同治帝的婚姻，因为她的干预导致同治帝不满，并间接导致了同治帝的死亡。但对于光绪帝的这次大婚，她依然是不会让步的，这必须是她意志主宰下的婚姻。光绪帝个人幸福与否，根本就没有纳入她的考虑。慈禧所考虑的是，通过光绪帝大婚，使

---

① 《翁同龢日记》（第五册），中华书局1997年版，第2483页。
② ［美］丁韪良：《花甲忆记：一位美国传教士眼中的晚清帝国》，广西师范大学出版社2004年版，第214页。

第四章 变法：顶层设计的老问题

叶赫那拉氏与爱新觉罗氏紧密联合，保证她牢牢地控制权力。

清代规定，皇帝可以有皇后、皇贵妃各一，贵妃二，妃四，嫔六，贵人、常在、答应若干，总数70名左右。每三年一次，选八旗秀女入宫，经过挑选，再由皇帝亲自选择后妃。早在光绪十三年（1887）冬，光绪帝在体和殿选后，入选者5人。

首立者为慈禧侄女静芬，她是都统桂祥之女。中间二人为江西巡抚德馨的两个女儿，末列为礼部侍郎长叙的两个女儿。德馨的两个女儿，在当时是出了名的美女。德馨是个大戏迷，两个女儿也是看戏上了瘾的，据云专爱看《翠屏山》《也是斋》之类的情仇戏剧。慈禧的本意是静芬长得丑，额外将德馨家的两个美女给光绪帝作为补偿。

时慈禧上座，公主、福晋等众多贵妇人立在慈禧身后。慈禧面前桌子上有一个玉如意和两个荷包。对于自己中意，并准备立为皇后者，光绪帝赐以玉如意，妃子则以荷包与之。慈禧对光绪帝云："皇帝，谁堪中选，汝自裁之，合意者即授玉如意。"①

光绪帝则称此为大事，请慈禧定夺。慈禧坚持光绪自选。于是光绪帝手持玉如意，直奔德馨长女面前，准备将玉如意给她。但慈禧此时突然大声喊："皇帝！"并颔首暗示首列者。光绪帝无奈，便将玉如意给了慈禧的侄女。慈禧担心一旦将德馨的两个女儿入选宫中，恐为光绪帝所专宠，就将两个荷包赐给了末列的这对姊妹，但未想到后来光绪帝专宠于珍妃。

对于光绪帝的大婚，慈禧相当投入，操办了一场穷极奢侈的

---

① 黄濬：《慈禧为光绪选后》，转引自孙文光编：《中国历代笔记选粹》（上册），华东师范大学出版社1998年版，第188页。

婚礼。《大清会典》中载，光绪帝向老丈人桂祥家送的大婚彩礼包括了二百两黄金、一万两白银、一个金茶筒、两个银茶筒、两个银盆、一千两绸缎、二十匹文马等。

光绪十五年（1889）正月二十七日是光绪帝大婚的日子。依照惯例，皇帝得亲自到桂祥府上迎亲。子夜时分，无数身着红衣的太监抬着各种彩礼，构成迎亲的队伍，如同一条红色的长龙。迎亲队伍到了后，首先举行册封礼，叶赫那拉·静芬被册封为隆裕皇后。

隆裕性格木讷，长得也不是特别可人。据当时出入宫廷的西方人记述，隆裕不爱看书，对宫中礼法也不甚熟悉。光绪帝极为厌恶隆裕，太监李长安回忆："光绪带着一群太监，穿过皇后住处时，便命太监用力踏地作响而过，并以自己养的哈巴狗往皇后的帘子上小便为快事。"因为和隆裕闹别扭，最初光绪帝连带着对珍妃和瑾妃也兴趣不大。只是在后来的交往中，发现珍妃聪慧过人，且长得也过得去，才开始喜欢上了珍妃。光绪帝选后时，瑾妃15岁，珍妃14岁。瑾妃、珍妃同父异母，瑾妃比珍妃年长，虽然是在同一个家庭中成长，但二人个性却殊异。瑾妃性格温和平淡，珍妃则容貌端庄，性格开朗，爱好广泛，善于书画。二人年幼时曾受过良好教育，而珍妃尤喜读书，"颇通文史"。

刚入宫时，慈禧仿佛在珍妃身上看到了自己年轻时的影子，对她甚是喜爱，特意让内廷供奉缪嘉蕙女士教她绘画。珍妃还时常代慈禧书写字画，赏给大臣，字画颇见功力，有青出于蓝之誉。

光绪帝喜欢拍照，将照片赏赐给臣子时，不着墨，不钤印，照片背后有小字"常八九"，意为"不如意事常八九"。受光绪帝

第四章 变法：顶层设计的老问题

影响，珍妃也喜欢拍照。从一张光绪二十二年（1896）的照片中可以看到，珍妃穿粉色长袍，月白色镶有宽边的背心，这是当年最为流行的款式。慈禧认为年轻的宫廷嫔妃不应过于崭露头角，但她自己也极喜拍照，留下的影像颇多。

流产的戊戌变法

就中国历代王朝而言，其主要面临的内部挑战有二：其一是皇权的分散，中央权威的失落，这主要考验王朝一体化体系的维护能力；其二是各地突发的各类天灾、民变等，这主要考验王朝对突发事件的应变能力。其面临的外部挑战，则是草原民族持续不断地进击，这主要考验王朝的军政能力。

在王朝开创之后，都会着手集中皇权，保持对社会的强力控制，提高王朝的维护能力与应变能力。随着权力的高度集中、一体化系统的推行，其带来的弊端随之出现，即王朝很难及时应对广漠疆域内层出不穷的问题。各地此起彼伏的突发事件、日益僵化的官僚机构，则会降低王朝的应对能力，同时消磨王朝的军事能力。由于应对不当，各种小事件也会演变成大事件。在漫长的时光中，高度集权的体系已渐渐僵化，唯一值得称道的是，王朝的一体化统治仍然维持，但也是僵硬地、刚性地维持，所耗费的统治成本更为高昂。

此时王朝会选择变法，为了提高王朝的应变能力，会向下授权，对社会的钳制也会有所松动。放权提高了应变能力，活跃了社会，王朝得到了赋税供给，暂时挽回了王朝的颓势。但向下授权，放松对社会的管控，又会影响到王朝的一体化的统治，分散皇权。在历代王朝历史上，都会有所谓的变法与中兴，昙花一现的变法繁荣之后，则是王朝进一步强化一体化系统的努力，于是变法的成果被消磨，社会再次被纳入管制，王朝依旧靠着惯性维持。直到最后，内外各类挑战齐至，导致王朝分崩离析。

光绪帝亲政后，一度想有所作为，提高王朝的应变能力、军政能力。在光绪朝，京师大臣分成南北两派。北派之领袖，一为李鸿藻，一为徐桐；南派之领袖，一为潘祖荫，一为翁同龢，京中士大夫多拜其门下。甲午战争之后，康有为上万言书，力言变法不可缓。光绪帝也认为变法迫在眉睫，时翁同龢辅政，也赞成变法。御史杨深秀、侍读徐致靖等人也陆续上书，请求明定国是。1895年，康有为联合十八省举人，发动公车上书，请求变法，得到翁同龢的支持和光绪帝的赞同。

一些变革开始出现。1896年3月4日，光绪帝下令设置官书局，翻译各国书籍报刊。13日，准许民间募集股份采矿。20日，设置官邮局，由英国人赫德直接管理，又拟加入在瑞士的万国邮政工会。22日，光绪帝命各省鼓励开矿。

这些行动均遭到慈禧的阻击。1896年3月30日，在慈禧逼迫下，光绪帝的亲信、翰林院侍读学士文廷式被革职永不叙用。6月，慈禧的亲信荣禄被任命为协办大学士，怀塔布为礼部尚书，刚毅为工部尚书。怀塔布是慈禧内侄，少年时与刚毅同学，二人为莫逆之交。

此间，康有为连续上书，请求变法。至光绪二十四年（1898）正月，光绪帝想召见康有为，但被恭亲王奕訢所阻，遂命五大臣召康有为到总署，询问天下大计。

第四章 变法：顶层设计的老问题

6月11日，光绪帝下"明定国是"诏，开始维新变法。7月3日，光绪帝召见梁启超，命梁启超进呈《变法通议》，并授梁启超六品卿衔，办理译书局事务。按照清廷惯例，凡皇帝召见举人，最差也会得个内阁中书。梁启超却只得了六品顶戴，仍然负责报馆事务。传因梁启超不会说官话，被召见时词不达意，遂使光绪帝不快。①

变法在9月达到高潮。

9月4日，光绪帝未征询慈禧意见，解除礼部六堂官职务。

9月5日，光绪帝未征询慈禧意见，直接任命杨锐、谭嗣同、刘光第、林旭等4名力主变法者为军机处章京，参与新政。

军机处是清代独有的机构，源于雍正朝，专为皇帝办理军事事务，因为位高权重，渐渐地取代了内阁，首席军机大臣也成为实际上的宰相。军机处通常由5人至8人组成，由大学士或各部尚书、侍郎兼任，这些人称为"大军机"。另有32名军机章京，分成四班，协助军机大臣工作，称为"小军机"。小军机对清廷的内政外交极为重要，光绪帝不经慈禧许可，提拔4人为军机章京，引起了慈禧的警惕。

光绪帝推行的变法，让很多人大为不满。京城中流传康有为曾进"药水"，光绪帝服后性情大变，急躁异常；又有流言传光绪帝已入了天主教，在宫中设有礼拜堂，等等。变法进行得如火如荼之际，传出消息称，慈禧与光绪帝将于9月到天津阅兵。康有为担忧慈禧借阅兵发动政变，开始积极应对，但他的应对措施却让人失望。后世学者评价道："康有为行事时是演义小说中的

---

① 《戊戌变法》（第二册），神州国光社1953年版，第573页。

那套，与精明干练、深谙政治运作方式的太后相比，他仿佛是个旧小说旧戏文看得太多的土乡绅。"①

为了对付慈禧，康有为抬出了袁世凯。他在年谱中自述，9月11日，他代礼部右侍郎徐致靖起草奏折，奏折中推荐了袁世凯。他认为袁世凯常驻高丽，通晓外事，讲变法。请光绪帝召袁世凯进京，优奖之，以备不测。②

9月14日，光绪帝前往颐和园向慈禧请安，提出开懋勤殿，设议政官，重用维新党人，但被慈禧驳回。懋勤殿是皇帝读书、批阅奏本、鉴赏书画之处。康有为希望能设立一个新的机构，这个机构作为皇帝的智囊，负责一切改革事务。康有为罗列了一份懋勤殿智囊的名单，名单中所列全为汉人。康有为等人的打算是，如果能开设懋勤殿，将在军机处之外出现一个只对光绪帝负责的行政机构，维新党人将能掌握大权。此前光绪帝未经慈禧同意，就废除礼部六堂官任命四章京，现在又想开懋勤殿，在慈禧看来，这是赤裸裸地逼宫了。是故，当日慈禧与光绪帝可能爆发了争执，光绪帝遭到慈禧严厉警告。

9月15日，光绪帝知道事情不妙，让杨锐带出密诏。密诏中称，如果继续变法，光绪帝权力实有不足，如果硬要推行变法，"则朕位且不保"。诏书请杨锐、林旭、刘光第、谭嗣同等人，在不致有拂圣意（慈禧）的情况下，想出一个解决方法以求万全。9月16日（八月初一），光绪帝召见袁世凯，任命他为侍郎，负责练兵事务。袁世凯还获得了直接给光绪帝上奏的权力。在清

---

① 姜鸣：《被调整的目光》，上海人民出版社1996年版，第197页。
② 《康南海自编年谱》，中华书局1992年版，第57—58页。

第四章 变法：顶层设计的老问题

代，总督、巡抚才有密折奏事的权力，可以直接向皇帝汇报。袁世凯这个级别的官员尚没有这样的权力，需要经过直隶总督荣禄才能转交奏折。光绪帝让他直接上奏，是给袁世凯的特殊恩宠，此举常被后世视为光绪帝想招揽袁世凯发动政变。但当日，光绪帝并无兵变之心，召见袁世凯，是在慈禧的许可之下进行。光绪帝所期待的，只是在自己的手中增加一个有力的筹码而已，他从未想过动兵戈。

康有为等人则不这么想，他们想一劳永逸地解决问题，而最大的政敌就是老太后慈禧。同日，夜，康有为等密谋兵变，预备包围颐和园，控制慈禧。据参与密谋的哥老会党人毕永年在《诡谋直纪》中记录，当夜，康有为、谭嗣同邀他密谋，准备以袁世凯新军包围颐和园，并由毕永年带领死士百人，冲入园内，劫持慈禧。毕永年当场推脱，称自己一人不可为，请等唐才常（谭嗣同密友）来京之后共谋。康有为、谭嗣同遂发电报召唐才常入京。[1]

9月17日（八月初二），为缓和与慈禧的矛盾，光绪帝命康有为前往上海督办官报局。

就在双方紧锣密鼓布置之际，发生了戊戌年政治斗争中的最大插曲——已经卸任的日本首相伊藤博文来华。戊戌年，光绪帝一度有联日抗俄的想法，曾命黄遵宪为出使日本大臣。在总署拟定的国书上，光绪帝亲笔加上"同洲同种同文最亲爱"。命王文韶、张荫桓带至日本使馆，交给日本公使矢野文雄，以瞒住李鸿章。李鸿章主张联俄，且仇日极甚也。

---

[1] 毕永年：《诡谋直纪》，《近代史资料》总第63期，第1-3页。

伊藤博文来华访问，以今天的眼光来看，这本是一次寻常的外事交流，却对清廷内政产生了巨大冲击。依照清廷仪制，光绪帝只接见正式的国家代表，伊藤博文此次来华，属于"自行游历"，并不具备官方身份。伊藤博文于9月14日到达北京，并未期待能得到光绪帝接见。但此时维新派准备聘请伊藤出任清政府顾问，主持变法的风声开始在京师风传。维新派将引伊藤为外援的传闻，使"守旧者皆惶悚不安"。

9月18日（八月初三），御史杨崇伊密奏："风闻东洋故相伊藤博文即日到京，将专政柄。臣虽得自传闻，然近来传闻之言，其应如响。伊藤果用，则祖宗所传之天下，不啻拱手让人。"[①]杨崇伊请慈禧重新训政，密拿康有为等人。

杨崇伊此人背景不简单，出击的时机更不简单。杨崇伊是李经方（字伯行）的儿女亲家，李经方则是李鸿章的长子。早在农历七月二十二日，李鸿章退出总理衙门，除了内阁大学士这一虚职外，已无任何实权，此时他也想搅拌一番，从乱局中杀出条血路。杨崇伊与荣禄关系密切，往来频繁，李鸿章、荣禄联合授意，遂有杨崇伊之出击。

就在当日，光绪帝决定召见伊藤博文，这在守旧派看来，仿佛是请伊藤博文主持变法的前兆。聘用伊藤博文主持大清国变法，在慈禧看来无异于胡闹。而此前光绪帝未经她许可就罢免官员，任命四章京，加上康有为四处煽风点火，更让慈禧生出警惕之心。同日，慈禧取消光绪帝独立处理政务的权力，规定一切

---

① 国家档案局明清档案馆编：《戊戌变法档案史料》，中华书局1958年版，第461页。

第四章　变法：顶层设计的老问题

奏章需经她批阅后方可定夺。[①] 当日下午，康有为拜见在京的伊藤博文，请伊藤博文劝说慈禧太后回心转意，将实权归还给光绪帝。夜间，谭嗣同造访住在法华寺的袁世凯，劝其杀掉荣禄，包围颐和园，囚禁慈禧。谭嗣同判断，袁世凯勇猛任气，颇以忠于光绪帝自命，虽为荣禄所提拔，却有不甘居于其下之意。袁世凯则以枪支弹药储存在天津荣禄处，且小站兵营与北京距离二百里为由推脱，并请等待阅兵式时再杀荣禄。

看着躁动的维新党人，慈禧稳坐颐和园，照常看戏玩乐。此时表面平静，惊天大风暴却即将袭来。

9月19日（八月初四），慈禧从颐和园回宫，将光绪帝囚禁在瀛台。此时，慈禧尚未接到袁世凯密报，只是认为光绪帝要在康有为、谭嗣同支持下夺权。"听小人之言谋我"，并不是指"围园劫后"，所以光绪帝次日仍能与伊藤博文会面。依照慈禧性格，如果得悉康、谭等人密谋劫持自己，当日即以雷霆手段对付他们了。

9月20日（八月初五）中午，光绪帝会见伊藤博文，觐见过程仅十五分钟。

是日夜，袁世凯坐火车到天津向荣禄告密，略述内情后正巧有客人来，故先行告退。次日，袁世凯再到荣禄府上，详细陈述了康有为、谭嗣同等策划政变的密谋。袁世凯告密在戊戌政变之后，政变并非因为袁世凯告密而导致。

9月21日（八月初六）早朝，慈禧与光绪帝共同接见朝臣。是日，文武官员黑压压跪满大殿，光绪帝也向慈禧跪拜。慈禧正

[①] 林克光：《戊戌政变史事考实》，《近代史研究》1987年第1期。

式训政后，下令捉拿康有为。①经李提摩太帮助，康有为得以出逃。在英国军舰护送下，康有为从上海逃至香港，辗转至日本。

9月22日（八月初七），袁世凯告密内容到京。此后光绪帝处境更加恶化，慈禧下令抓捕谭嗣同等人。梁启超在日本人掩护下，乘日本军舰抵达日本。

9月28日，为避免各国营救，慈禧不经审判，直接在菜市口诛杀谭嗣同、康广仁、林旭、杨深秀、杨锐、刘光第6人。谕旨中还特意声明："即行正法，此事为非常之变。"②慈禧诛杀6人，实为痛恨康有为等"围园劫后"的密谋。

9月29日（八月十四日）的朱谕中声称："主事康有为首倡邪说，惑世诬民，而宵小之徒，群相附和，乘变法之际，隐行其乱法之谋，包藏祸心，潜图不轨。前日竟又纠约乱党，谋围颐和园，劫制皇太后。"③

杨崇伊在戊戌政变中立下首功，到慈禧再次垂帘，自以为富贵指日可待，没承想却寂然无音，并未得到重用。1908年，杨崇伊在原籍常熟丁忧时，与前江苏县学训导吴韶生争夺妓女。半夜时，杨崇伊手执洋枪，带领家人冲入吴韶生家中，将妓女抢走，又开枪伤人。此事传出后，杨崇伊被革去职务，永不录用。

---

① 茅海建先生认为，在八月初六之前，光绪并未被剥夺权力，慈禧回宫，只是为了防止光绪在召见伊藤时胡来。但到了八月初六，慈禧可能得到报告，康有为未离开北京，准备有所行动，便命令光绪捉拿康有为。光绪抗命，慈禧便出示杨崇伊的奏折，光绪见奏折中有请慈禧训政的内容，只能跪请太后训政。茅海建：《戊戌变法史事考》，生活·读书·新知三联书店2005年版，第122页。
② 《康有为处分方》，日本外务省藏档，档案号A04010043400，第7页。
③ 《在清林临时代理公使ヨリ报告ノ件》，日本外务省藏档，档案号A04010043400，第6页。

第四章 变法：顶层设计的老问题

光绪帝的变法威胁到慈禧的权力，而胆大包天的康有为竟想围园劫后，这更让她迁怒于光绪帝。对光绪帝的恼恨，在慈禧看戏时也表现出来。戊戌政变后，慈禧最爱看的戏是《天雷报》。戏中的张继保，幼时被人收养，成年之后却恩将仇报，导致养父母自杀，最后被雷劈死。在慈禧看来，张继保就是光绪帝的化身。一次演员鲍黑子演张继保演得太好，被慈禧下令重打40大板，打好后再赏赐银子10两。此外，她还喜欢看《连营寨》，戏中倒霉窝囊的刘备，在慈禧看来就是光绪帝。

甲午战争之后，珍妃就已失宠于慈禧。戊戌政变后，慈禧下令杖毙珍妃身边的8名太监，又囚禁珍妃，实因怨恨光绪帝而牵连珍妃。珍妃被囚禁后，慈禧意犹未尽，下令将珍妃寝宫的北门堵死，使她在院内遥望不到瀛台。

请为皇帝陛下立嗣

光绪帝亲政后，慈禧虽然退居颐和园，但仍然执掌权力，"皇上虽有亲裁大政之名，而无其实，一切用人行政皆仍出西后之手"。光绪帝事事受到羁绊，每月要到颐和园请安五六次。到颐和园请安，坐轿每次单程需要3个小时，耗时颇多。每日的奏章，光绪帝阅后也都要送给慈禧过目。朝野大政，重要的人事任命，仍由慈禧控制。

慈禧有着无与伦比的权力欲。无限的权力，可以满足她无上奢华生活的需要。慈禧喜欢享受，喜欢热闹。在光绪帝大婚之前，她就给自己选好了养老的场所，就是建造颐和园。1888年颐和园动工，1891年完工。依范文澜在《中国近代史》的说法，建颐和园花了3000万两银子。据当代学者考证，实际数目当在1200万两至1400万两之间。[①] 此外，慈禧修建陵墓，所耗费用也不在颐和园建造费之下。

大工程费用之外，平日里的开销更是如流水一般。从衣着首饰，到内外赏赐，再到每日饮食，哪样都要用钱。每逢初一、十五，宫内都要演戏一天，端午节、中秋节、七夕节演戏三天，新年自除夕演戏到十六，慈禧生日则演戏七天，这些都需要大把的银子。在用钱上，慈禧绝不心疼，也绝不担心。只要控制住皇帝，把握住权力，天下名义上是光绪帝的，实际上就是她的。全天下人供养她一人，她有什么值得忧虑的？

不单单是慈禧一个人在花钱，她身上还附着了无数"寄生虫"。太监制度是对个体的一种残酷折磨，这些没有了生活乐趣的阉人，他们的人生目标就是狠狠敛财。最后，被统治者所阉割的太监，反过来寄生宫廷之上，成为吸血鬼，疯狂聚敛财富。对于太监们中饱私囊，慈禧也没法管。太监们直接和她说："老佛爷享福，奴才们也得跟着沾点光。"为了皇帝的需要，制造出了太监；可反过来，皇帝又被太监束缚，这也是历史的吊诡。宫廷中的各色陋规，哪怕嫔妃也得遵从，她们也得给太监大量打赏，不然就寸步难行，处处碰壁，被太监们刁难。

为了维持这荣华富贵，慈禧将4岁的光绪帝带入宫中，她为光绪帝安排的命运，就是做一个可以拿捏的傀儡。表面上看，慈禧与光绪帝之间相处和睦。但每逢重大事件，光绪帝必要先禀报

---

① 邹兆琦：《慈禧挪用海军费造颐和园史实考证》，《学术月刊》1984年第5期。

第四章 变法:顶层设计的老问题

慈禧再做决定。慈禧对光绪帝一般也较为和善,只偶尔指责光绪帝脾气暴躁,对下人不好。

光绪帝生平最嗜西洋钟表,凡有新货来华,必遣人购买。驻华使者觐见时,多以钟表相赠。宫中有精室一间,室内置满钟表,大者逾人,小如扁豆,奇形异状,琳琅满目。光绪帝闲暇时就到室中,玩弄钟表,以资消遣。室内有3000余只钟表,一律不准停止,由看守不时上发条。他人入此房中,往往被钟表的滴答声吵闹得心烦意乱,可光绪帝则以此为乐事。

宫女们回忆,光绪帝文静的背后却隐藏着另外一面。他时而大发雷霆,喜怒无常,手下的太监都不敢亲近他。他夜间时常不睡,半夜三更起来批阅奏折,遇到不顺心的事情就拍桌子大骂混蛋。他既胆小,又任性。[1]

1898年,光绪帝突然下定决心推行变法,"志意之坚定勇锐,宫中诸人极为惊骇"。而在戊戌变法中,光绪帝未请示慈禧就任命军机四章京,让慈禧心生警惕,于是准备从颐和园回宫。回宫之前,有御史杨崇伊请求慈禧重新训政的密奏。回宫之后,不久又得袁世凯密报,康有为、谭嗣同准备围园劫后。于是乾坤扭转,时局大变,光绪帝沦为笼中鸟。

"戊戌之变,外人或误会慈禧反对变法。其实慈禧但知权力,绝无政见,纯为家务之争。"[2] 慈禧不是一个保守的人,她没有什么政见之分。她的底线是,只要变法不触动她的权势,她就不干涉。后来有人认为戊戌变法中,维新派如果奉慈禧为中心,渐渐

---

[1] 金易、沈义羚:《宫女谈往录》,紫禁城出版社1992年版,第324页。
[2] 王照:《方家园杂咏二十首并记事》,《戊戌变法》(第四册),神州国光社1953年版,第359页。

过渡，也许历史将会是另一个结局。

血气方刚的光绪帝，碰上了巧舌如簧、牛皮漫天的康有为，以为借助几个年轻臣子的助力，就能力挽狂澜，成就变法之举。变法开始后，康有为四处跳动，奔走游说，想快刀除慈禧。慈禧稳坐颐和园，心中冷笑："你们啊，太天真了。"实如胡绳所言："守旧派看穿了维新派，维新运动的实力不过是一群'不安分'的士大夫和一个小皇帝。"[1]

慈禧轻轻挥了挥手，维新派就被打得体无完肤，逃的逃，死的死，留下一个光绪帝被困瀛台。戊戌变法后，慈禧日益厌恶光绪帝，却又说，光绪帝是个谨慎人，自己断不敢如此胡闹，必是身边人唆使，才闯出这个祸来，因此更加痛恨维新党人。庚子十二月初十的谕旨中慈禧甚至称："康梁之祸，有甚于发捻。"慈禧七十大寿时，一度大赦天下。但对于康梁党人，却绝不宽恕。连带着，老太后开始厌恶新学，厌恶西方。于是乎，保守派大行其道，天下风气也为之一变。"废学堂，禁报馆，偶有谈新学者，指为逆党；习西书者，目为汉奸。"[2]

戊戌政变后，康梁逃往海外，得到洋人保护，慈禧鞭长莫及，但身边的光绪帝总好拿捏。于是便有了废光绪帝的考虑。徐桐甚至请慈禧废光绪帝，且帮光绪帝想了个封号"昏德公"（效法宋徽宗被金国擒获后得此封号事）。

1898年10月15日，慈禧下诏，令各省选进名医，为光绪帝看病。海内外流言纷纷，称光绪帝将被谋害。光绪帝得病的消

---

[1] 胡绳：《康有为与戊戌维新》,《读书与出版》1948年第2期，第8页。
[2] 《原乱二》,《中外日报》1900年12月8日。

第四章　变法：顶层设计的老问题

息传出后，外界风传光绪帝已死，英国公使窦纳乐多次向清廷打探。10月16日，庆亲王奕劻向他表示，光绪帝还活着。窦纳乐则表示，要消除外交界的疑虑，最为有效的办法是请一个外国医生替光绪帝看病。10月18日，清廷请法国使馆医生替光绪帝看病，并出具证明，光绪帝"病势无大碍，惟患血虚之症"。[①]

而在前一天，10月17日，清宫廷医生也为光绪帝做了详细检查，并将结果提供给了各国。日本外务省档案中有详细记录："肝肾久亏，脾胃均弱。有时头晕耳鸣，口渴咽喉干，腰痛腿膝无力麻木。神倦喜卧，小便频数，色白而少，气怯懒言。面色苍白，夜梦闻金声则遗精或滑精。不能久坐或久立，不耐劳。"[②]中西医诊断大致相符，光绪帝身体并无大恙。

光绪帝得病后，外界不知其病情如何，而光绪帝身体状况又牵涉到权力之争，一时流言四起，猜测纷纷，在湖北甚至还发生过戏子冒充光绪帝进行诈骗的事件。面对外界沸沸扬扬的议论与猜测，光绪帝体虚及无后成为清室最头疼的问题。刚毅、徐桐、启秀等大臣乘机谋划废黜光绪帝，另立新君。徐桐是文化上的保守主义者，曾做过同治帝的师傅，不把光绪帝放在眼里，暗地里称其为"汉奸"。光绪帝也对徐桐大为不满，从光绪十三年（1887）到光绪二十四年（1898）间，只召见过徐桐一次。

启秀是同治进士，以孝闻名，备受徐桐赏识。慈禧欲引徐桐入军机处，徐桐转而推荐启秀。刚毅、徐桐、启秀之外，隐居多年的崇绮也参与了此次密谋。崇绮是赛尚阿之子，同治皇后之

[①]《戊戌变法》（第三册），神州国光社1953年版，第548页。
[②]《光绪二十四年政变》（第一卷），日本外务省藏档，档案号B03050090700，第27页。

父。自从女儿自杀之后,崇绮一直很低调,长期称病在家。据恽毓鼎记载,崇绮在野多年,蠢蠢欲动,徐桐想进一步成为政坛核心,启秀则追随徐桐,三人联为一体。

徐桐、崇绮等人联名请慈禧废光绪帝,慈禧让他们先去找荣禄商议。戊戌政变之后,荣禄入军机处,管理兵部事务,并兼练兵大臣,节制京津直隶地区所有军队,其权势之重为清廷所未有,有"前有和珅,后有荣禄"一说。荣禄掌握军权,又为慈禧所宠信,如果他表态支持废光绪帝,则此事必成。

荣禄是个大滑头,时人曾评道:"刚毅狠而愎,荣禄险而狡。"① 十一月二十八日,启秀先来拜访,荣禄得知他的来意后大惊,急忙将启秀打发走,又让家人不要接客。荣禄虽是慈禧一党,但他有自己的政治判断力。他对慈禧忠心不二,却又不盲目附和,常根据现实进言,因此才更得慈禧信任。荣禄知道,光绪帝得到西方各国支持,且他已和汉人实力督抚如李鸿章、刘坤一、陈宝箴等探过底,知道督抚们反对废黜光绪。如果硬来,内外阻力太大。

荣禄年轻时一度落魄,到了神机营之后,经醇亲王奕譞提拔,才能在官场上崛起。荣禄在官场上的行动,必然以自己的利益为考虑,但其中也有情义成分。荣禄与换帖兄弟翁同龢闹翻,彼此成见极深。当翁同龢去职返乡,路过天津时,荣禄特意派依附于自己的袁世凯前去赠送银两。对于恩人奕譞,荣禄一直心存感激,对奕譞的儿子光绪帝自然也要有所回护,故而坚决反对废黜光绪帝。

---

① 《论荣中堂》,《鹭江报》1903年第30期,第8页。

第四章 变法：顶层设计的老问题

在军机大臣被召见时，荣禄将内外反对废黜光绪帝的情况告诉慈禧，称如果强行废黜光绪帝风险太大，不如改立皇储，减少压力。荣禄之外，军机大臣王文韶也力主不可废立。最终慈禧接受荣禄建议，不再图谋废黜光绪帝，而改为另立储君。所立皇储，乃端王载漪的二子溥儁。

光绪二十五年（1899）十二月二十四日，慈禧以光绪帝名义，命溥儁入宫为穆宗同治帝嗣，为大阿哥。命其在弘德殿读书，以大学士徐桐为师。早先官场内风传将要废黜光绪帝，内廷太监也传出消息："今日换皇上矣。"不承想诏书颁布之后，却是立溥儁为大阿哥。

光绪帝被逼立皇储，且这皇储不是过继给自己，而是过继给同治帝。还得说自己生不出儿子，对不起同治帝，不得已再三恳求慈禧帮忙选一个人过继给同治帝。最后还得表示"仰承懿旨，感幸莫名"，[①] 各种悲屈、无奈、辛酸、痛楚，可谓千古皇帝之未有。

立嗣之争与仇洋

因为内外反对，废光绪帝阻力太大，慈禧于是改行他策。1900年1月24日，在慈禧主持下，清廷立溥儁为大阿哥。

立大阿哥的消息传出后，候补知府经元善，在上海联络唐才常、章炳麟等人，致电总理衙门，反对废黜光绪帝。慈禧下令

[①] 《德宗景皇帝实录》（卷六），中华书局1987年版，第1025–1026页。

缉拿，经盛宣怀密电告警，李提摩太掩护，经元善逃奔澳门。此时流亡海外的梁启超，则在《清议报》上以文学化的笔调丑化慈禧，美化光绪。《清议报》是以康有为为首的保皇会于1898年在日本横滨创办的刊物，以梁启超为主笔。《清议报》的宗旨是"主持清议、开发民智"，同时反对慈禧，力求归政光绪帝。

在刚毅唆使下，这些报纸被进献给慈禧，导致慈禧大怒。1900年2月8日，慈禧颁发谕旨，命令盛宣怀在一个月内将经元善交出，否则唯盛宣怀是问。2月11日，命两广总督李鸿章挖康有为、梁启超祖坟。2月14日，又悬赏10万两银子捉拿康有为、梁启超，不论生死，不愿领银者可以破格为官。但李鸿章回禀，西方各国对康、梁保护极为周到，难以得手。慈禧闻知后大怒道："此仇必报！"又将一个玉壶摔碎，曰："所以志也。"

慈禧掌国40年，在内政上从未受过干涉。不承想废光绪帝时却遭到西方各国的牵绊，不得不暂立大阿哥作为过渡。而在慈禧看来，立大阿哥、废光绪帝，这是皇室内部的家事，外人不该插进来干涉。更让她愤怒的是，康、梁在海外得到洋人包庇，并对她进行攻击，心中的怨气越发不可抑制。以慈禧的强硬个性，受此屈辱，怎肯善罢甘休。

而光绪帝不废，在列强支持下，在朝内帝党拥戴下，早晚势必生出变数。拥戴大阿哥溥儁的"大阿哥党"，乘机煽起慈禧仇视洋人的情绪。于是对天朝大国的眷恋与对西方的敌视两种情绪，与现实的权力斗争结合在一起，"仇洋之说，由此起矣，遂有庚子之变"。

载漪是惇亲王奕誴的次子，咸丰帝的侄子，道光帝的孙子。在道光帝的几个儿子中，他最不喜欢的就是第五子奕誴。奕誴的

第四章 变法：顶层设计的老问题

几个兄弟都长得眉清目秀，只有他长得高大粗莽，喜欢舞刀弄枪。年少时，道光帝召集兄弟几个谈话，其他人都能子曰诗云。只有奕誴不分场合，胡言乱语，气得道光帝拿起一个痰盂将他砸得头破血流。奕誴后来过继给了惇亲王绵恺，才得到王爵。奕誴的儿子载漪，也是过继给端王府才得到郡王王爵。没承想他的儿子溥儁竟然又要过继，这次过继的结果，却是皇位。对载漪来说，这是可以一洗父子两代人多年的委屈（奕誴的长子是载濂，二子载漪，三子载澜，四子载瀛，五子载津）。

载漪和他父亲奕誴一样，生性莽撞，善弓矢，精枪法，尤好太极拳术。1893年，他被授御前大臣。1894年，任总理各国事务大臣，同年兼管满洲虎神营。载漪本人嗜好拳术，曾以高薪请太极拳名家杨露禅、杨班侯等来教练。载漪又好京剧，名角谭鑫培和孙菊仙等也在府中教戏，载漪能操琴，善唱皮黄。载漪的大儿子溥僎认为练拳学戏耗资过多，载漪则认为"无君子不养艺人"，花些钱无所谓。

载漪原配是慈禧的侄女，与隆裕皇后是姊妹。载漪丧偶之后，慈禧出面，将蒙古阿拉善罗王的妹妹嫁给载漪，续为正房。阿拉善罗王很会讨好慈禧，其妹也常在慈禧身边，深得宠信。所以慈禧出面做媒，将她嫁给载漪。载漪为人虽莽撞，却极怕慈禧，每次见到慈禧时都汗流浃背，被慈禧认作是忠厚可靠的表现，"太后谓为忠诚者，盖以此也"。基于亲戚关系及认为载漪忠厚可靠，慈禧确定立载漪之子溥儁为皇储。

当立溥儁为皇储的消息传出后，"人心大为震动"。上海各界绅商千余人联名抗议，他们认为光绪帝励精图治，深得人心，现在名为立皇储，实为废光绪帝，如此作为，实属不当。湖北各地官绅53人经上海北上，愿请一死以示抗议。海外保皇党发起华侨，号称10万人，通电反对。

为了此次建储，事前慈禧特于宫中设宴招待各国公使，礼遇优渥。宴会上，各国公使把酒言欢，大拍慈禧马屁，极尽推崇之意。依照中国人习惯，这帮老外吃了慈禧的饭，怎么也得给点面子吧。不承想老外却不理会中国这套规矩，吃饭归吃饭，做事归做事。各国认为对西方持开放态度、主张变法的光绪帝更符合西方利益，对保守派端王载漪之子立为皇储反应冷淡。

儿子被立为储君后，载漪心情大悦，一度想改善与西方的关系，命仆人准备好茶点，以备西方各国驻京公使来贺。结果等了三天三夜，却无一个洋人来贺，让载漪丢尽脸面，气得半死。自此载漪痛恨西方各国极甚，几成不共戴天之势，时人曰："载漪之排斥外人，非公愤，盖私仇也。"① 可笑的是，载漪竟发奇想，四处打探哪里有剑仙侠客，可以招募来杀尽洋人。有人告诉他："汝欲杀洋人，不必求诸剑仙侠客也，但求诸义和团可耳。"

以载漪为中心，一批保守派大臣与王公形成了"大阿哥党"，包括载勋、刚毅、赵书翘、徐桐、启秀、毓贤、李秉衡、董福祥等中央及地方大员。载漪的左膀右臂，一为徐桐，一为刚毅。徐桐从翰林起家，同治、光绪两朝，备受慈禧信赖，官至体仁阁大学士。对于载漪的看重，徐桐极为感激，称"何以报高厚耶"②。

徐桐曾师从理学大师倭仁，学养深厚，名重一时，本该对西方科技文明持开明态度，却排斥西方到了极端地步。在洋务运动

---

① 《综论义和团》，《义和团史料》（上册），中国社会科学出版社1982年版，第196页。

② 《庚辛记事》，《义和团》（第一册），神州国光社1951年版，第313页。

第四章 变法：顶层设计的老问题

初兴起时，曾一度出现过"同治中兴"的景象。但徐桐对此不满，认为在京外国人过多，违背了祖先成法。到戊戌变法时，徐桐攻击康有为，称其多行不义必自毙，又称"宁可亡国，不可变法"。徐桐家在东交民巷使馆区，其宅院上贴有对联云："望洋兴叹，与鬼为邻。"徐桐视新学如仇敌，门人有谈新政者，即不许入见。

载漪的另一推手刚毅早年任过满文翻译，却不怎么认识汉字，外号"白字先生"。刚毅为刑部尚书时，刑部每天要上报在监狱中瘐死者人数，刚毅不认识"瘐"字，就提笔将它改为"瘦"字，并斥责属下不识字。诸如将"刚愎自用"读作"刚复自用"之类笑料更是不胜枚举。

因受到慈禧赏识，刚毅被提拔进入军机处，任军机大臣兼礼部侍郎。时光绪帝在朝议上每谈及改革，刚毅必极力反驳。光绪帝被激怒，一次对左右云："朕每召见大臣言变法，刚毅独盛气言不可。朕他日事事改旧制，行西法，看刚毅更作何语。"刚毅知道后，又怒又惧，不敢再多言。

1898年戊戌变法时，刚毅痛恨康有为废八股、学西方等建议，扬言宁可违背旨意受罚，也不愿变法。至戊戌变法失败后，刚毅力主将变法措施全数废除，并大力提拔保守势力。对于刚毅排斥变法，京师流传着一个讥讽段子。说一日刚毅见荣禄，荣禄谈起清军装备的旧式步枪笨重且不合用，颇是心烦。刚毅建议采用德国产小口径毛瑟步枪，说此枪快捷，练兵必定要用它。刚毅的随从听了之后，出门惊呼："不好了，我们这个刚中堂[①]也要讲

[①] 唐、宋置政事堂于中书省内，为宰相处理政务之处，中堂因宰相在中书省内办公而得名，后称宰相亦为中堂。清代内阁大学士是名义上的宰相，故称中堂。

起维新来了。这班维新党人又要用起来了！"[1]

李提摩太曾与山西巡抚任上的刚毅打过交道，记载了他的荒唐事迹："刚毅是山西最顽固反对改革的官员。刚毅同江湖术士打得火热。许多个夜晚，他孜孜不倦地观察星象，以判断其对命运的影响。每当接到军队购买演习用子弹的申请书时，他总是说，子弹太贵了，并命令士兵用土块演习。"[2]难怪当刚毅建议用德国步枪时，手下会惊呼。

刚毅曾参与审理杨乃武与小白菜一案，使该案真相大白，由此名噪一时。对于刚毅，当时人评价不一，有人认为他为官清廉，重视操守。翁同龢在日记中就记道："此君清廉明决，特沾沾自喜耳。"实质上刚毅"阳为公廉"，暗中收纳无数，他捞足了银子，仅在京城就开设有三间当铺。

荣禄、刚毅担任军机大臣之后，二人却结下梁子。据军机章京高数在《金銮琐记》中载，一日，刚毅在军机处直庐中喝了几口酒，满脸怒容，拿了酒杯不停敲打桌面。荣禄问他这是干什么？刚毅怒道："刚才考录笔帖式时，你录取了人，为什么我不能录取？"荣禄笑道："既然你不爽，何不用毒药，将我毒毙。"此后二人水火不相容。[3]

这种不满与纷争，在庚子年，借着义和团运动最终爆发，帝党、后党、大阿哥党，相互之间展开竞争。

---

[1]《刚毅维新》，《知新报》1900年第118期，第4页。
[2]［英］李提摩太：《亲历晚清四十五年——李提摩太在华回忆录》，天津人民出版社2005年版，第240页。
[3] 阿英编：《庚子事变文学集》，中华书局1959年版，第141页。

第五章
开战：内部撕裂的外部表达

为实现大阿哥早日登基的目标，大阿哥党扶持义和团，使之得到飞速发展，并主持了对西方各国的开战。开战后，大阿哥党又操控诛杀主和派大臣，最终局势溃败不可收拾。清廷内部权力争斗所导致的撕裂，通过对外开战的形式表达出来。战端一开，清廷节节败退，陷入了更深的危机之中。

◎ 保守派的回击

费正清认为，20世纪以前："大批有才能的人并没有致力于真正的革命或改革。在此制度下，没有人具有真正改变这一制度的坚定信念。中国国内变革力量的弱小，与其归咎于西方帝国主义，倒不如归因于中国的社会秩序、国家和文化之强大。阻碍中国对西方的威胁做出迅速反应的抑制因素，主要是中国文化的坚强内聚力和稳固的结构。"①

第二次鸦片战争之后,在内外压力之下,清廷内部出现了洋务派,并做出了一些实事,如创办了一大批洋务企业,设立新式学堂,翻译西方书籍,派遣留学生,编练新式海陆军,派遣外交使节,等等。西方的新思维也随之开始传播。当新的事物、新的思维出现之后,执着于往日文化辉煌的保守主义分子,也开始在各个领域进行反击。

塞西尔在《保守主义》中认为:"所谓一般的守旧思想,实质上是人们心灵的一种倾向,是一种厌恶变化的心情。它部分产生于对未知事物的恐惧以及相应的对经验、而不是对理性认知的信赖,一部分产生于人们所具有的适应环境的能力。"②在很长一段时间内,中国人认为,西方世界是洋鬼子的领域,科学发明是魔鬼的妖法,地下的采矿机器会激怒龙,火车或者电报会触犯鬼神。对陌生事物的恐惧,对陌生外国人和他们生活习惯的恐惧,对陌生精神世界及新奇事物的恐惧,共同影响着保守主义者们的头脑,这些恐惧阻碍着中国的进步,并引发了系列冲突。

鸦片战争之后,面对着船坚炮利的西方,大部分中国知识分子仍然恪守中国文化无比优越的观念,将西方的技术斥为雕虫小技,认为西方各国根本没有什么文化。这种根深蒂固的认知,使得保守士人眼中西方之强大,之领先于中国的,只是、仅是它的科技;而中国的文化,却仍是、并将一直是优于西方,且是西方所不能比拟的。在当时保守士人眼中,西洋列国只是依靠科技之

---

① [美]费正清、赖肖尔:《中国:传统与变革》,江苏人民出版社1992年版,第398页。

② [英]塞西尔:《保守主义》,商务印书馆1986年版,第4—5页。

第五章 开战：内部撕裂的外部表达

力而勃兴，在文化上却是远远落后于中国的蛮夷番邦。

鸦片战争之前，在欧洲形成了保守主义，其代表人物如柏克，其主要观点是反对激进的暴力革命，主张渐进的改革，尊重财产权、法治与宪政，主张有限政府，尊重自由。在西方的语境中，保守是中性词。但在鸦片战争之后的中国，保守主义的含义与欧洲截然不同。清廷内部的保守主义者，主张的是皇权的至高无上，强调对名教礼法的坚守，排斥对西方的学习，抵制各类科学技术，至于财产保护、言论自由、有限政府等，更与他们丝毫不沾边。

华夷之辨，自古以来深入人心。"中国有礼义之大，故称夏；有服章之美，谓之华。"更由于文化体系的成熟，形成了中国高高在上的优越感，并排斥异类文明。管仲就直斥戎狄为豺狼："戎狄豺狼，不可厌也；诸夏亲昵，不可弃也。"班固认为："夷狄之人，贪而好利，披发左衽，人面兽心……是故圣王禽兽畜之。"此种思维，一直持续到清末。在与西方打交道时，琦善就认为英国是蛮夷之国，犬羊之性，不知礼义廉耻。

开明知识分子如王韬，肯定西方的物质文明，却坚守中国文化的优越感，并忧虑："华风将浸成西俗，此实名教之大坏也。"郑观应随传教士学习英语，对于西方有较多了解，却也坚持卫道观念。此种卫道观念，其核心乃是华夷之辨，坚持华夏文明优越论，维护纲常名教。在保守派的呐喊中，又以广东番禺人刘锡鸿为最。他作为郭嵩焘的副使同去英国，也是出洋开过眼界，见识到工业革命带来的巨大改变者，可偏偏最为保守，他高呼"夷狄之道未可施诸中国"，排斥工业革命后的各类产物。

保守主义的知识分子们，高举义旗，重义轻利。如刘锡鸿认为:"金、银、煤、铁等矿,利在焉,害亦存焉,非圣天子所贪求也。"当西方各国以重商主义来到中国,并展示了以商业立国,及所带来的富裕之后。中国的保守派大声疾呼,反对重商,主张重农。如刘锡鸿高呼:"或见英人来中土者之富,遂以商贩为可裕民而欲效之,此浅近之见也。"强汝询认为:"夫四民生计皆仰给于农,国家正供亦专取于农,此真所谓财之源也。"

倭仁认为:"王道之外无坦途,仁义之外无功利。"由重义轻利,进而引发重农轻商,进而反对一切能带来工商业发展、能带来社会变革的新元素。在戊戌变法之前,保守主义者所发动的、反对洋务的主要争论前后有三次,分别是同文馆应否招收科甲正途人员入天文、算学馆、海防应否停造轮船、是否修建铁路。

第一次争论发生在同治五年(1866),恭亲王上奏请在同文馆内增设天文、算学馆,招收科甲正途士人及五品以下京外各官,学习天文、算学。让士人入同文馆,被视为关系到"天下人心",作为理学的领袖人物,倭仁如何能避居幕后。倭仁对士人进同文馆学习天文、算学极其忧虑,将它上升到立国之道的高度,认为此举断不可行。倭仁以"圣道卫士"的姿态上阵对抗恭亲王,他的措辞极其堂皇:"立国之道,尚礼义不尚权谋;根本之图,在人心不在技艺。"

第二次争论发生在同治十三年(1874),日本在台湾琅乔(今恒春半岛)强行登陆,引发清廷海防之争。11月,总理衙门提出练兵、简器、造船、筹饷、用人、持久等六条应办急务,由沿海沿江督抚、将军讨论。丁忧在籍的江苏巡抚丁日昌上《海洋水师章程》六条,提出六条建议:一、组建外海水师;二、沿海择要修筑炮台;三、选练陆兵;四、精选干练官员;五、北东南

第五章 开战：内部撕裂的外部表达

三洋联为一气；六、设机器局。

保守主义者强烈反对学习西方技术乃至造轮船、火炮，王闿运甚至认为："火轮者，至拙之船也。洋炮者，至蠢之器也。"刘锡鸿认为"练兵之道，练心为上，练胆次之"，决定战争的不是武器，应对西方列强的关键不在于战船，而是人心与胆识。刘锡鸿举俄国和美国为例，认为美国战胜英国，并不是得益于海军，而俄国仅拥有一支象征性的海军，却能挑战英国的霸权，故而有人心、胆识足矣。王闿运认为，采用蒸汽动力的军舰依赖于煤，只要切断煤的供应，军舰也就无用。更有反对采用机器者，说道："有以机器胜者，即有以机器败者。有以机器兴者，即有以机器亡者。"

保守主义者更将学习西方技术上升到关系社稷安危的高度，并进行论证。通政使于凌辰、大理寺少卿王家璧等分别上奏，重申名教立场，认为礼义廉耻方是立国根本。他们反对造洋船，因为要造洋船，就要学习洋人；进而取才的标准，也要变为是否通晓洋学；人人都去学洋学了，礼义廉耻的国本也就丧失，中国将彻底沉沦。在他们看来，人如果不明大义，不知礼义廉耻，哪怕学习洋学富国强兵了，也不利于社稷，只会造就乱臣贼子。

第三次争论发生在光绪六年（1880），淮军干将刘铭传提出，以北京为中心，在中国全面修筑铁路，也遭到保守派的强烈反对。御史余联沅乃至提出铁路五大害，一害舟车，二害田野，三害根本，四害风俗，五害财用。周德润认为，火车一开，沿途旅馆、民车全部歇业，天下贫民之利被铁路尽数搜刮。更有顽固派认为，修建铁路，要拆迁坟墓，会惊扰风水，并且多年古墓棺木腐朽，子孙见祖上枯骨，能不伤心？

刘锡鸿曾出使欧洲，见识到火车之便利，但他却认为，火车可以在外国推行，不能在中国仿行，并解释说："火车铁路不可行者八，无利者八，有害者九。"刘锡鸿认为，乾隆之世，中国没有火车，然而廪溢库充，民丰物阜，西方各国纳贡称臣，故而国家富强，不在于修铁路，而在于修政刑、勤民事。原本刘铭传计划修建的清江浦至北京的铁路，因为保守派的反对而告吹。光绪七年（1881）正月，清廷发布上谕称，铁路断不宜开，刘铭传所奏，著毋庸议。

而在晚清的各类与西方列强的冲突之中，保守派一以贯之，表现出了强烈的求战情绪。王炳燮断言，对外的上策是同夷人进行总体战，完全消灭他们；中策是以夷制夷；下策是采取守势。王炳燮认为洋务于事无补，可以在中国各地挖沟渠，如此可以阻止西方骑兵的流窜。而李鸿章等洋务派，则对外主和，不轻易言战。在中法战争、中日战争等系列冲突中，主战派都摇旗呐喊，大力主战。恰如曾国藩所云："自宋以来，君子好痛诋和局，而轻言战争，至今清议未改此态。"

同治十年（1871），倭仁死后，李鸿藻成为保守派的中坚。李鸿藻利用清流势力，继续影响朝政。光绪二十三年（1897），李鸿藻患重病，精神颓废，行走困难，遂在家中养病，至六月二十五日病故。李鸿藻逝世后，保守势力主将的则是徐桐、刚毅，其排外之激烈，胜过倭仁、李鸿藻不知几何，保守之音，一时大嚣。

在被动地纳入全球体系之后，中国不得不面对走向现代化的过程，这个过程需要全面地学习西方的政治、经济、科技等，并调整社会的群体心理，这是一个漫长而艰难的过程。可越是成熟

第五章 开战：内部撕裂的外部表达

的社会体系，越是强大的文化，对于现代化的排斥越是激烈，中国传统社会体系发展成熟、文化优越感强大，故而也是最排斥现代化的社会。

郭嵩焘将从上海到伦敦途中的所见所闻记录下来，抄寄给总理衙门，以《使西纪程》为书名刊行。书中称赞西方各国："立国二千年，政教修明，具有本末，与辽金崛起一时，倏盛倏衰，情形绝异。"不承想却激起了保守人士的怒火，如李慈铭指责道："嵩焘之为此言，诚不知是何肺腑。"何金寿认为，郭嵩焘"有二心于英国，欲中国臣事之"。最终导致《使西纪程》一书毁版，禁止流传，郭嵩焘被撤去驻英公使之职。郭嵩焘于光绪十七年（1891）病逝，至庚子年义和团运动中，还有官员上奏，请戮郭嵩焘之尸"以谢天下"。

中日甲午战争后，深受刺激的光绪帝与维新派官僚大刀阔斧地搞起了改革，变更成法，希望能学习西方，求富求强。这在保守派官僚集团看来，是无法接受的，这不但冲击了他们对儒家文化的信仰，更会影响到他们的权力与地位，夺去他们的特权与荣耀。保守官僚集团依附于慈禧太后，联手颠覆了这场短命的变革，打击了一体化系统内部的变革力量。

戊戌政变后，保守势力向慈禧建议，废除新法，取缔"西学"，大多数变法措施被废。但保守势力犹不满足，试图废掉赞成维新的光绪帝。在废帝无望之后，转而拥戴端王载漪之子为大阿哥，形成"大阿哥党"。此时借助立大阿哥、义和团运动的兴起，保守派从往日的"反洋排外"，发展为"灭洋排外"。内部政治权力争斗、对西方列强的仇视、中西文化的碰撞等，最终引发了1900年的清廷向十一国开战。

向十一国开战

1899年2月，意大利驻华公使马迪讷向清总理衙门递交照会，要求租借浙江三门湾为海军基地。谈判期间，许景澄多次"建言驳之"，丝毫不给意大利面子。最终总理衙门拒绝了意大利的要求，并故意违反外交惯例，照会不拆封，原件退回。清廷指示两江总督刘坤一备战，如意大利敢登陆强占，当以武力回击。面对清廷的强硬态度，意大利服软，撤换公使，放弃租地请求。三门湾事件使清廷整个心态为之一变，强硬派更以为清廷可以无视乃至挑战西方列强。

己亥建储之后，清廷内部在政治上出现了一个对峙的局面。戊戌政变后，"帝党"虽失势，但仍有一定实力。东南的汉人实力督抚、地方上的士绅阶层、新式知识分子、海外奔走的保皇党、财力雄厚的华侨均是光绪帝的支持者，西方各国也表示支持光绪帝。"大阿哥党"则结合了清廷内部的保守派势力，并得到慈禧支持，与"帝党"对峙。

对"大阿哥党"而言，要夺取权力，就必须增强自己一派的团结，加大成员的参与度。而紧密的团结与更深的参与，则来自冲突，规模越大的冲突，越能团结力量，使其陷于其中不能自拔。至于敌人，则是现成的，那就是支持光绪帝的西方各国。对西方各国的敌视，既有清廷内部的权力争夺因素，也包含了与外敌的价值体系冲突的因素，即保守主义的排外性。

1900年的义和团运动中，"大阿哥党"发现自己与义和团有着诸多共同点。借助义和团，"大阿哥党"既可以壮大自己的势力，又可以打击光绪帝和洋人，实现溥儁早日登基的目标。义和

第五章 开战：内部撕裂的外部表达

团则迎合载漪、刚毅、徐桐等人的心理，适时地打出口号云："必斩一龙二虎十三羊。"一龙为光绪，二虎是荣禄与李鸿章，十三羊则是朝廷中持温和态度的大臣。

"大阿哥党"与义和团的联合，在1900年5月得到表现机会。当月下旬，义和团在涞水击杀清军副将杨福同，随后焚烧芦保铁路，占据涿州。依照清廷惯例，这是严重的叛乱行为，是要严厉镇压的。但此次事件后，6月初，慈禧却下令控制军队的荣禄，不得孟浪从事，草率镇压义和团。

慈禧的心态相当微妙，她与"大阿哥党"有着千丝万缕的联系，双方的共同点是，都痛恨洋人，都想废掉光绪帝。但双方也存在分歧，"大阿哥党"的目标是使溥儁早日登基，慈禧的目标则是让溥儁成为她操控下的傀儡。

慈禧无疑是玩弄政治权术的高手。她玩政治平衡术，扶持"大阿哥党"与"帝党"斗争，她则站在中间作为仲裁者，任何一派都必须臣服于她。但"大阿哥党"与义和团结合后，势力日振；随着众多保守大臣与王公的卷入，慈禧发现，义和团运动乃至"大阿哥党"已经超出了自己的控制范围。这场民间运动，如野火一般开始燎原，整个北方到处是燃烧着的火焰。现在慈禧玩出了"致命的平衡"，她自己也必须谨慎从事，否则一不小心就会引火烧身。

在各类政治运动中，当群体人数众多之后，便会觉得拥有强大的力量，可以战胜一切，无所不能。义和团运动发展起来后，曾经至高无上的皇权，也不再被敬畏。慈禧后来描述了当时的情形："人人都说拳匪是义民，怎样的有纪律有法术。京内外的人心一伙儿向着他们，满汉各军都与他们打通一气了，因此更不敢轻易说围剿了。宫内外纷纷扰扰,满眼看去都是一起儿头上包着红布进出的,太监们连着护卫的士兵真正同他们混在一起了。"慈禧进而描述了载澜等王公迷信义和团的情景:"他们一身义和团短衣窄袖,腰里裹上红布,气势汹汹,呼呼跳跳,好像狂醉一般,全改了往日的样子。一次载滢(恭亲王奕訢次子)竟然抬杠,险些把御案都掀翻过来了。"①

慈禧默许了义和团的活动,同时也想借义和团的力量,打击一下洋人的嚣张气焰,出出往日的恶气,让洋人吃点苦头,吸取教训,今后不要插手清廷内务。于是底层社会与统治集团的矛盾、统治集团的内部矛盾、中国与西方列强的矛盾,汇集一处。

6月6日,就义和团抚剿问题,慈禧召集大臣会商。会上,"大阿哥党"如载漪、刚毅、启秀、赵舒翘等,均主张招抚义和团,荣禄、王文韶这两名军机大臣,则力主围剿。当日会上决定派刚毅、赵舒翘前往涿州考察,以判断义和团的法术是否灵验,能否利用。

当时义和团运动在京津间疯狂蔓延,竟至不可收拾之势。英国公使窦纳乐得到消息:"慈禧太后在召见大臣时公开表示,她希望把外国人驱逐出京城,同时,董福祥军队只等待发动总进攻的命令。"面对着愈演愈烈的义和团运动,加上清廷难测的态度,在京各国公使感到恐惧,遂电告在大沽口外海上的各国海军,请求援助。西摩尔在得到求助电报后,星夜率领军队从大沽口赶往天津。

6月10日,西摩尔联军乘火车准备入京,由此拉开了八国联

---

① 吴永口述:《庚子西狩丛谈》,中华书局1985年版,第128页。

第五章 开战：内部撕裂的外部表达

军侵华战争的序幕。在西摩尔联军发起进京军事行动之后，清廷连续朝议四次，最终决定对西方列强开战。

6月16日（五月二十日），第一次御前会议。

北京对外联系有三条电报线路，一条由北京经通州接往天津，再经海底电线连接上海，称"东线"；一条由北京经卢沟桥通往保定，再经太原至西安，称"西线"；一条由北京经张家口、库伦，连接中俄边境的恰克图，再绕道海参崴，经海路至上海，称"京恰线"。其中"东线"，是清廷对外联系的最重要线路。

5月底6月初，义和团将卢沟桥至保定的"西线"电报线路遭破坏，此时京津之间的"东线"虽仍然保留，但其间电线杆一度被拆，清廷命令迅速修复，并派兵保护。到了6月16日，京津之间的电报线路完全中断。之后清廷的电旨，由早先总理衙门直接发送，改为六百里加急，送到天津电报局发送，至天津电报线路中断后，又改为送至保定电报局发送。

会议在仪鸾殿举行，大学士、六部、九卿数百人参与，殿内殿外挤满大臣。会议一开始，光绪帝严厉指责诸臣镇压乱民不力。翰林院学士刘永亨奏请派董福祥镇压义和团。载漪伸出大拇指厉声呼道："好！此失人心第一法！"

大理少卿张亨嘉力主剿灭义和团，但他是福建人，一口土话，又气又急，哼唧了半天不知所云。

侍读学士朱祖谋急了，问慈禧："太后要打洋人，靠谁？"

慈禧说："靠董福祥。"

朱祖谋直接回应："董福祥老奸巨猾，断不可恃！"

慈禧大怒，问："汝何姓名？"

朱祖谋也很硬气，对道："臣翰林院侍读学士朱祖谋。"

慈禧道："你说董福祥不可靠，那你举荐几个可靠的人来！"

其他人赶紧接口，说山东巡抚袁世凯、两江总督刘坤一均可重用。争论了大半天，毫无头绪，遂退朝。朱祖谋下殿时，慈禧仍然怒冲冲地盯住他。庚子事变之后，朱祖谋高升，上朝时慈禧还记得他，笑道："你就是当年那个瞪眼高声和我争辩的家伙。"①

当日，清廷责成董福祥、刚毅将义和团中的精壮编为义勇，同日义和团在北京纵火焚烧闹市大栅栏。大栅栏被焚烧，人心惶惶，各行各业，不论生意大小，均暂停买卖。正在京师同文馆求学的齐如山回忆，京师中人纷纷避难，回南方的、回家乡的很多，同文馆自然就停办了。

面对联军的步步紧逼，慈禧不得不考虑备战问题，但此时她还未下定决心开战。对西方各国驻京人员，慈禧也接受荣禄劝告，命令护送东交民巷内的各国在京外侨出京，不得妄加攻杀。荣禄则预先调集旗兵二千，准备将驻京使团与侨民送去直隶总督裕禄处，免生他变。

但当日联军对直隶总督裕禄发出最后通牒，限于17日凌晨交出大沽口炮台，不然则以武力解决。直隶总督裕禄收到最后通牒之后，因当时京津间电报通信已中断，遂以"八百里"加急，向北京递送奏报。

6月17日（五月二十一日），第二次御前会议。

慈禧首先说："皇帝意在和，不欲用兵。今日朝议可以放开尽论。"

光绪帝说："西方不是不能打，但中国积弱，兵力不足，用

---

① 陈赣一：《睇向斋谈往》，上海书店出版社1998年版，第87—88页。

第五章　开战：内部撕裂的外部表达

义和团能抵抗住吗？最终只怕会祸害国家。"

载漪反驳道："义和团起自乡间田野，不远万里，赴汤蹈火，愿一死以赴国难。今若以乱民诛之，人心一解，国将难保。"

户部尚书立山认为："义和团妖言惑众，所谓的法术根本不靠谱。"

载漪指着立山鼻子说："你是何用心？你既然说义和团不靠谱，你就去劝退洋人军队。"

慈禧想将烂摊子推给光绪帝，就道："国家大事，应当问皇帝。"

自从戊戌政变之后，光绪帝上朝不发一语，这次却激昂起来，侃侃而谈，认为不可围攻使馆，更不可与各国同时开战。

军机大臣王文韶附和光绪帝，认为皇帝能想到这点，实在是国家的福气。

载漪当即大骂王文韶，认为他在关键时候说混账话误国。

立山建议派人去公使馆沟通，慈禧当机立断道："派你去。"

立山道："受了国家的厚恩，不敢推辞，但是臣不通洋务，请徐用仪陪我一起去。"

会后，慈禧让兵部尚书徐用仪、内阁学士联元、户部尚书立山到美国公使馆拜访。

晚9时，徐用仪等人与美国公使康格会面，请康格阻止西摩尔联军进京，无果。

当日，列强向中方发出最后通牒，要求清军交出大沽口炮台，不然就以武力攻占。

6月18日（五月二十二日），第三次御前会议。

当日，慈禧收到裕禄的奏报，各国发出通牒强索大沽口。大沽口具体情况如何，是否已被攻下，清廷中枢尚未得到信息。看着列强的最后通牒，新仇旧恨顿时涌上慈禧心头。她恨之入骨的康有为、梁启超，由于西方各国庇护，在海外呼风唤雨，并通过报纸对她进行攻击。现在各国派遣西摩尔联军入京，又强横地发出通牒强索大沽口，慈禧胸中怒气一发不可收拾。

列强强索大沽口炮台，乃是导致清廷对外开战的重要因素。当日清廷在致各国公使照会中指出："中国与各国向来和好，乃各水师提督遽有占据炮台之说，显系各国有意失和，首先开衅。"

御前会议上，载漪请派军攻打各国公使馆，慈禧表态同意。内阁学士联元坚称不可，言如果各国使馆不保，"洋兵入城，鸡犬皆尽矣"。军机大臣王文韶认为，中国自甲午战争之后，财力枯竭，已无力再战，请慈禧三思。

慈禧大怒，道："你们所说的，我都知道。你们要是有本事，就让洋兵不要入城，不然就不要再说！"端王载漪、贝勒载濂、庄王载勋、大学士刚毅、刑部尚书赵舒翘、大学士徐桐等人一起附和慈禧，极力主战。

6月19日（五月二十三日），第四次御前会议。

上午会议，刚毅建议，招募义和团攻打使馆。徐桐建议，知照各国公使请其出京，如果不从，则以武力手段解决。此建议得到慈禧许可，遂起草"限二十四小时内出京"的照会。此照会，是对西方各国强索大沽口炮台最后通牒之反击。当日气氛紧张，特加调护卫守卫宫墙，中午所有大臣留在御膳房吃饭。

下午会议，决定由许景澄将照会送交十一国公使馆。许景澄出发前，光绪帝紧握住他的手，哭着叮咛道："要好好商量。"许景澄也放声大哭。慈禧怒斥道："皇帝放手，不要误事。"内阁学

第五章 开战：内部撕裂的外部表达

士联元头上直冒汗，哭着劝说不要和十一国开战。又建议，法国是在华天主教的保护国，可以单独向法国宣战。但其建议无效。[①]

下午4时，12份照会被分别送交十一国公使及总税务司赫德，限24小时内离京。在发布照会时，为大清王朝创造了无数收入的总税务司也被纳入，主要是因为总税务司中雇用了很多西方人，故而一并通知；令其离京，前往天津。

6月20日上午，德国公使克林德在前往总理衙门交涉的路上被杀。

下午3时40分，在最后限期前20分钟，清军与义和团联合攻打东交民巷使馆。

6月21日，清廷正式发布了与西方一决雌雄的宣战诏书，并嘉奖义和团。宣战缘由，在于西方列强强索大沽口炮台，"昨日公然有杜士兰照会，令我退出大沽口炮台，归彼看管，否则以力袭取"。

当日，慈禧先召集满人大臣至仪鸾殿会商，彼时光绪帝不在殿内。荣禄力主不可围攻使馆，慈禧则称已不能制住义和团，命荣禄退下，并由启秀将宣战诏书呈阅。随后在勤政殿内再次开会，光绪帝与汉人大臣参与。光绪帝主张采纳荣禄建议，不要进攻使馆。袁昶列举了开战的诸多弊端，力争不可轻率言战。载漪怒骂袁昶为汉奸，并对慈禧说："汉奸之言不可信。"

最终主战派占据了上风，发布了"宣战诏书"。开战之后，保守派扬眉吐气，以为能一战挫败洋人，扬大清国威。刑部郎中左绍佐在一封信中兴奋地说："佐生五十有四年，目睹洋务之坏，

[①]《义和团史料》（上册），中国社会科学出版社1982年版，第45—47页。

幽忧愤郁，以迄今日。幸得圣武天断，为匹夫匹妇复仇，豁然如沉疴之得苏也，此本朝臣子吐气之时，千载一遇也。"

原先与慈禧太后怒目对视，反对开战，认为董福祥老奸巨猾、断不可恃的朱祖谋，此时也改变了立场，不敢再开口反战。当朱祖谋听闻董福祥的甘军在东交民巷挖地道的消息后，上书建议："倘日内得手，攻克使馆，洋兵必应悉数歼戮，使臣则宜设法生擒。并非借此施恩，实可挟以为质也。"对于多数大臣而言，慑于主战派得势，不得不改变立场以自求平安。

庚子之战前的系列国际冲突，如两次鸦片战争、中法战争、中日战争等，其触发主要是因为西方列强试图强加给清廷系列不平等的贸易、政治、文化协定等，而清廷固守天朝思维，排斥抗拒，遂引发战争。庚子年的战争，清廷已经历了几十年的洋务运动，国内出现了系列新的元素，天朝思维也开始渐渐淡去，对西方的了解加深了，也知道西方列强的军事实力；保守派之所以大力主战，在他们看来，对外开战将能改变权力结构，将军政权力及行政事务的管理权，强制性地集中到保守派的手中。但保守派没有意识到，在清廷官僚体制内部，仍然存在着诸多羁绊的力量，如京师内部的主和派、东南一带反对开战的督抚等。当对外开战不能达成权力集中的目标时，屠刀将挥向同属体制内的、持不同观点的派别。

五大臣之死

人类在历史的发展中，总会分为不同的群体，有各类的冲

第五章 开战：内部撕裂的外部表达

突。为了维持与增强团结，必须持续不断地对敌人发动攻击，这敌人，既有外敌，也有内敌。与外敌的冲突，更多时候停留在宣传上，不到关键时刻，不会发生实质性冲突，故而对外敌的鼓吹，是利益最大，风险最小。而内敌的出现，从来都是无声无息的，突然之间，往日的忠臣就被定义为奸恶无比的内敌，视其为心腹大患，认为其危害胜于外敌，然后施以雷霆手段，加以打击。当对十一国宣战，却不能达成预想中的集权之后，大阿哥对"内敌"果断出手，诛杀五大臣。

随着西方各国联军进逼，7月14日，天津陷落，裕禄败退北仓，京师震动。清政府急电东南各省督抚派兵进京勤王。长江巡阅使李秉衡积极响应，从扬州率军北上。途经直隶景州时，李秉衡部下还参与了义和团围攻教堂的战事。据盛宣怀告诉日本驻上海总领事小田切万寿之助，"法国传教士一人，清国人信教者千人被杀"[①]。

一说以为，李秉衡入京时，受端王之托，沿途严搜间谍。在清江浦拘获为袁昶、许景澄送信给东南大员的家丁二人。书信只述京师近日情形，并无与洋人交通事。李秉衡即将二人押解北上，往诉端王，诬以与洋人沟通之罪。

7月26日，被翁同龢赞美为"良吏也，伟人也"的李秉衡抵达京师。李秉衡个人操守较好，廉洁俭朴，敢于直谏，在官场上广受好评。"其声名足以服众，其威望足以慑敌，其公正无私足以信赏而必罚。"更难得的是，他在广西取得过击败法军的骄人

---

① 《保定府及山西省等に于ける虐杀》，日本外务省藏档，档案号C08040789100，第3-4页。

战绩。当此危难之际，朝廷迫切地期待着他北上一展身手，挽救危局。

自天津之败后，慈禧正彷徨间，闻李秉衡来京，大喜过望，三次召见，大力嘉奖；并命李秉衡统率江西、山西、山东、江苏四省援军出战。李秉衡请义和团数千名助战，自己则"以红布幂首，短衣红带，一如大师兄装束"①。义和团持引魂幡、混天旗、雷火扇、阴阳瓶、九连环、如意钩、火牌、飞剑等宝物跃然出京，准备歼灭八国联军。

出战前，在主战派支持下，李秉衡上奏，认为以袁昶、许景澄为首的京官与李鸿章、刘坤一等地方督抚遥相呼应，影响与洋人作战，请朝廷将之铲除。大学士徐桐对此奏极为满意，认为杀了这些汉奸，后再无敢妄言者。李秉衡26日到京，27日许、袁被捕，28日就被杀。徐桐夸赞，杀汉奸，"秉衡有力焉"。

五六月间，袁昶两次上疏。第一疏，言义和团宜剿不宜抚。团民能避枪炮兵刃之说，万不可信。第二疏，言春秋之义，不斩行人。此次乱民肇衅，攻击使馆，激怒各国，自古为戒，请旨保护使馆。袁昶二疏，站在了保守派的对立面，是其被杀的原因。

7月28日，清廷处决总理衙门大臣许景澄、太常寺卿袁昶。由徐桐的儿子、刑部侍郎徐承煜监斩。杀许、袁当日，荣禄再三跪求慈禧收回成命。"皇太后挥之使出，荣相退而复进，长跪乞恩。皇太后怒曰：'汝亦不遵旨乎？'"②许、袁押赴菜市口行刑之时，围观者充塞道途，无不拍手大笑。端王、刚毅等

---

① 吴永口述：《庚子西狩丛谈》，中华书局1985年版，第22页。
② 《荣相国事实记略》，《近代史资料》总第56期，第43页。

第五章　开战：内部撕裂的外部表达

人相贺于朝。

杀许、袁二人，端王载漪的目的是警告东南督抚及京师内主和派。当对列强开战之后，东南各省督抚与各国达成互保协议，并请迎銮南下，而慈禧一旦南下，则权力必将归于光绪帝，这让慈禧愤怒。作为此番的主要决策者，端王未能得到东南督抚的支持，反而看到了督抚们与各国眉来眼去，这让他不满；而东南督抚的目标，则是归政光绪帝，这意味着端王的儿子当不了皇帝，这让他愤怒。不满与愤怒交织，于是端王向慈禧建议，杀袁昶、许景澄等主和派，以壮士气，团结人心。慈禧郁结在胸，也就顺水推舟同意。

许、袁被杀后，从广东出发北上，已到上海的李鸿章大为惊愕，遂向清廷请假20天在沪养病。京师内部的主和派如庆亲王奕劻等人，也被吓得不敢再言和。中日甲午战争之前，奕劻以御前大臣身兼总理衙门、海军衙门大臣，位高权重，地位显赫，原因就在于他会奉承慈禧。在海军衙门任上，奕劻将大笔款项挪给慈禧兴修颐和园。赫德在一封信中写道："最近十年来，每年都给海军衙门拨去一笔巨款，现在还应当剩下三千六百万两。可是你瞧，他们说连一个制钱也没有了，都被那个慈禧太后任意支用去满足她那些无谓的靡费了。"[①]

奕劻与荣禄同岁，一直称荣禄为"二哥"。戊戌政变之后，荣禄执掌军机处，主内；奕劻执掌总理衙门，主外。在军权上，二人也彼此制约，荣禄掌握着武卫军，奕劻执掌神机营。以奕

---

① 中国近代经济史资料丛刊编辑委员会编：《中国海关与中日战争》，中华书局1983年版，第63页。

勖、荣禄二人控制政局，互相制衡，也是慈禧的权术。

从奕勖多年主持总理衙门的经历来看，他对外交事务有所了解，在处理各种教案时，以妥协忍让为主。庚子年，当义和团发展到京畿后，奕勖上奏，认为义和团是"奸民"，在京散布谣言，想拆毁教堂，除灭洋人，应该迅速加以镇压，免生事端。奕勖控制的步军统领衙门颁发了《禁拳章程》，称拳民为奸民。在与英、俄两国公使见面时，奕勖表示清廷已经采取了最严格的措施，逮捕和惩罚首要分子，保证使馆安全。

奕勖亲近洋人，敌视义和团，自然被视为汉奸。天津的一张义和团揭帖警告他："你若不改过，悔之晚也。"在对待义和团上，荣禄、奕勖初期都力主镇压。当慈禧逐渐转变心意，开始支持主战派后，荣禄消极抗拒，奕勖明哲保身，在御前会议时不再发言，神色沮丧。当主战派逼他表态时，他"支吾其间，嗫不敢言"①。虽然奕勖态度含糊，可载漪对他这种"墙头草"还是不满，甚至将他列入铲除对象，只是由于八国联军入京，让他得以逃过一劫。

许景澄、袁昶二人被杀后，清廷以光绪帝名义，颁发谕旨，列数其"罪状"："声名恶劣，平日办理洋务，各存私心，每遇召见时，任意妄奏，莠言乱政，且语多离间有不忍言者，实属大不敬。"

许景澄是浙江嘉兴人，袁昶是浙江桐庐人，二人于1867年同科中举，彼此关系良好。许景澄深谙时事，曾担任驻外多国公

---

① 李希圣：《庚子国变记》，《义和团》（第一册），神州国光社1951年版，第18页。

第五章 开战：内部撕裂的外部表达

使，并接收过"定远""镇远"等军舰。在海外多年的许景澄，细心考察各国军事，为中国海军建设提出了诸多切实可行的建议。他曾根据中国海军的实际情况，从英国订购海军军舰，壮大北洋水师。归国之后，在与俄国的领土谈判中，许景澄有力地捍卫了中国利益。

袁昶虽未到过国外，但他思想开明，主张根据中国国情学习西方。戊戌变法期间，他上万言书，提出系列变法主张。其中一些主张，如官制改革、财政改革、练兵等，切中时弊，被光绪帝采纳。许、袁二人均为当世良臣，国家栋梁，可惜被保守派所杀。

8月8日，李秉衡在通州城外迎战八国联军，所部数万。李秉衡出京时自信满满，他曾在中法战争中与冯子材一起取得过胜绩。在四川总督任上时，因为巨野教案牵连而被罢职，后虽被起用，不过是长江巡阅使而已。此次进京勤王，备受恩宠，得到慈禧三次召见。若能击败洋人，必留名青史，成为千古名臣。

出京师之后所看到的一幕幕景象，却让李秉衡目瞪口呆。他沿途所见到的都是从天津、北仓败退下来的清军，"军队数万，充塞道涂"。这些装备着新式步枪的士兵，"见敌辄溃，实未一战"。李秉衡从少年时就历经战阵，老于战事。但此次清军之溃败，让他不由哀叹："实所未见！"而李秉衡所依赖的义和团、勤王军，在洋人的枪炮下，能发挥神力吗？

当日，李秉衡军与八国联军交锋，清军一触即溃，退守马头镇。10日，马头镇失守，再退至张家湾，此时败局已定。极力主战的他难以接受惨败的结局，11日，70岁的李秉衡吞金自杀。

李秉衡素有"青天"之美誉。担任山东巡抚时，李秉衡性喜俭朴，属下不敢奢华，多着破旧衣衫，若乡间农夫。众官聚会时，破衣者济济一堂，李秉衡每见大喜，云皆清廉士也。不料这一年李秉衡大力主战，最后战败自杀，留下颇多非议。有人曾做对联讽刺道："秉节赴青斋河海盐漕无一不稀糟稀烂；衡才悬黑镜智愚贤否全都是糊里糊涂。"①

就保守派而言，在与列强军队的交战失败后，他们便在内部寻找仇恨目标以此来维护团体的团结。被拖上刑场的清廷主和派高官，保守派试图用他们的头颅来洗刷失败的耻辱，并以鲜血刺激起勇气，鼓励信心，维持团结。李秉衡战败自杀当日，在主战派操作下，清廷又杀了户部尚书立山、兵部尚书徐用仪、内阁学士联元三人。谕旨称："兵部尚书徐用仪，屡次被人参劾，声名甚劣，办理洋务，贻患甚深。内阁学士联元，召见时任意妄奏，语涉离间，与许景澄等厥罪惟均。已革户部尚书立山，平日语多暧昧，动辄离间，该大臣受恩深重，尤为丧尽天良，如不严惩，如何整饬朝纲。徐用仪、联元、立山均着即行正法。"②

在战和之议中，立山、联元、徐用仪等与光绪帝一起，极力主和，遭到慈禧猜忌、"大阿哥党"痛恨，此乃被杀之主因。半月内连杀重臣五人，为清末所未有，一时震动朝野。③庚子年被杀的五大臣中，袁昶是浙江桐庐人、许景澄是浙江嘉兴人、徐用仪是浙江海盐人，被誉为"浙江三忠"。④

载漪、刚毅等还不肯罢休，又上奏弹劾洋务派重臣李鸿章等15人，奏请"即行正法"，后因八国联军攻入北京而作罢。杀徐

---

① 《嘲李秉衡联》，《真光》1927年第26卷第6期，第3页。
② 《德宗景皇帝实录》（卷七），中华书局1987年版，第119页。
③ 1900年底，清廷再下谕旨，为五大臣平反。
④ 《庚子拳祸与浙江三忠》，《越风》1935年第2期，第24—27页。

第五章　开战：内部撕裂的外部表达

用仪等人之前，荣禄曾请徐桐找慈禧说情，徐桐道："我曾弹劾徐用仪，怎能为他说情？且诛杀此等内奸，可以肃清朝廷，岂不正好！"

杀五大臣前，联军已破天津。杀五大臣后，联军在通州城外击败了李秉衡。载漪、刚毅等人惊惶失措，开始紧急布置北京的防御。此时，他们手中最后的王牌，则是号称要将洋人扔到大海里去的悍将董福祥。

臣唯能杀洋人

依照中国历来的观点，不论文臣武将，凡对外坚决主战者定会被视为民族英雄，主和者则被视作汉奸。但"战"的前提是能战，发动一场不能战的战争，所满足的只是那些充斥着理想主义与英雄情结者的虚荣心理，这种虚荣的代价是巨大的。

当清廷在御前会议上讨论是战还是和时。光绪帝道："朝鲜之役创巨痛深，且诸国之强十倍于日本，今合而谋我，何以御之？"

端王载漪、大学士刚毅等言道："甘军董福祥善战，可御敌。"[①]

董福祥靠得住吗？真能御敌吗？

董福祥，1839年出生在甘肃固原县（今原州区），当地连绵的黄土高原，沟壑纵横，莽莽苍苍，一望无垠，造就了西北人的血性与刚强。年轻时董福祥因对清政府苛捐杂税不满，聚众反

---

① 毓运：《端王载漪与义和团》，《文史资料选辑》（总第133辑），中国文史出版社1999年版，第203页。

抗，被安化县把总王葛臣捕获，囚于站笼中，施以开水浇顶酷刑，后因禁卒谎报董福祥已死而得救。康复后董福祥又聚众起事，其部皆精锐敢战之士，官兵畏惧，称之为"围围贼"（陇上土语）。

1862年，董福祥以甘肃安化一带为据点抗清。董福祥起兵时，西北各地回民也组成军队反清。董福祥既反清廷，也反回民；后在清军的压力之下，他与回民首领马化龙、白彦虎结为同盟，划界分治，并于1865年合作击败清兵。

1869年，董福祥与进入陕甘的左宗棠部刘松山交战失利。当时甘肃又遭遇大饥荒，董部缺少军粮，遂率全军投降刘松山。对于此类先造反再招安的，清廷虽乐意接受，但只是偏好于招安"巨匪"。董福祥号称聚众30万人，符合了"巨"这一条件，自然可以招安。董福祥被招安时，左宗棠认为他桀骜不驯，跋扈难制，不可重用，朝廷如果重用董福祥的话，"必流血千里"。

董福祥投诚之后，所部大部分被裁减，留下的精锐5500人被编为董字三营，帮助清军进攻他曾经的盟友马化龙。在攻打马化龙老巢金积堡的战役中，刘松山战死，死前遗命董福祥辅佐侄子刘锦棠。刘锦棠依靠董福祥的支持得以掌控湘军，因而赖其为膀臂。1870年，金积堡被攻克，董福祥将金积堡占为自己的据点。

之后，董福祥参与了西北的一系列战事。在新疆追剿阿古柏、击败白彦虎；在河西剿灭马占鳌、攻占玛纳斯，收复北疆；后进军南疆，克达坂城、托克逊、吐鲁番。《清史稿》载，"无役不从，战功威望，为诸将之冠"，因功绩先后被提拔为阿克苏总兵、喀什噶尔提督、乌鲁木齐提督等职，在新疆驻守19年。1895年，董福祥部被调回甘肃。

第五章　开战：内部撕裂的外部表达

1897年，清廷为加强京师军力，调董福祥入京。董福祥入京时，清廷派李鸿章到卢沟桥为他举行"凯旋"礼，并赐以紫禁城骑马肩舆的待遇，这是武臣的最高荣耀。但董福祥嫌整套仪式烦琐，当场表示不满，并对李鸿章发了一通脾气。入京后，长期在西北的土包子董福祥，看到了京师高官的腐化，大发感慨："我以为京师贵人，不啻天上神仙，今乃知不过欲得吾辈几文钱耳。"[1] 之后他藐视一切，骄横跋扈，眼中更无一人。

董福祥所部皆高大强壮之汉、回、东乡族健儿，勇猛善战，军容雄壮。慈禧召见时，董福祥自夸："臣无他能，唯能杀洋人耳。"[2] 董福祥入京后，旋即被编入直隶总督荣禄所节制的北洋三军（董福祥甘军、聂士成武毅军、袁世凯新建陆军），1899年又被编入武卫军。1898年9月，清廷检阅董福祥的甘军，以其治军严整，教练有方，各营兵勇一律精壮，奖励他白玉翎一枝、白玉扳指一只、白玉小刀一把、火镰一把（因董福祥反洋，拒绝使用火柴，坚持用火镰）。

经过刚毅联络，形成了载漪、董福祥、徐桐的政治同盟。1900年，驻京的董福祥部下残杀外交使节，攻打驻京各国使馆，在庚子事变中起着关键作用。

董福祥对义和团"刀枪不入"的法术根本就不信，但对义和团持同情态度。初期，清廷对义和团持围剿政策，曾令董福祥镇压。董福祥不肯，声称"不忍杀那些老百姓苦娃娃们"，认为作为军人，他的任务只能是抗御外敌。

---

[1] 《纪客述董福祥事》，《北京新闻汇报》1901年9月，第3088页。
[2] 《清史稿》（卷四五五），《董福祥传》。

董福祥与义和团领袖李来中过往甚密，"团匪头目李来中，系陕西人，闻未滋事前，曾由董军门引至内廷经召见两次。"据传李来中是李秀成部下。天京陷落，李秀成败，李来中痛哭，欲赴死。李秀成安慰他道："现在天国已无可挽回，清室气数也不过几十年，你尚年轻，当自重，待机而起。"之后李来中远遁西北，潜入董福祥甘军中充当军官，隐姓埋名30余年。

至义和团运动爆发后，有南方故人，见李来中已成为北京义和团首领，便说道："现在联军来攻，你说扶清灭洋，不过自取灭亡。"李来中答："我蓄志报仇三十年，名为扶清灭洋，实为借洋灭清。"李来中参与了甘军围攻各国使馆的战斗，又在天津北仓对抗八国联军。义和团失败后，李来中逃遁，不知所终。①

值得注意的是，有证据表明，1891年长江流域针对基督教会的骚乱袭击，部分原因是秘密会社成员煽动起来的，但目的不是要伤害基督徒，而是要迫使清朝与西方列强冲突，以推翻清政府。在义和团运动的初期，其口号乃是"扫清灭洋"，而官方有时不得不顺应此一立场，以免引火烧身，将排外的情绪指向自己。在义和团运动中，难免混杂有仇恨清廷者，通过仇外，激起清廷与西方各国的冲突。

1900年6月11日，董部甘军奉命开入永定门，随即生出是非。当日，日本使馆书记官杉山彬，行至永定门时，被甘军所杀。董军营官先断其四肢，又剖腹取其腑脏，塞入马粪弃于路旁。

杀日本外交官的次日，慈禧召董福祥入宫询问。董福祥抵赖，说这不是甘军所为，即使真有此事，请杀他董福祥偿命，如果杀甘

---

① 《李来中》，《太平天国轶闻》，山东友谊出版社2000年版，第35页。

第五章 开战：内部撕裂的外部表达

军一人，必然要激起兵变。面对强硬的董福祥，慈禧也无可奈何。

当时荣禄下令将董部调往南苑，以便控制。但董福祥出宫后，立刻命令部下拔营，移驻马家堡，一夜之间结成营垒，严阵以待。气势汹汹的董福祥表明了态度，即如果清廷坚持要追究，他就造反。

光绪帝对董福祥倒是了解，认为其极难驾驭，对荣禄说："董福祥恐非尔所能节制。"

荣禄则自信满满地说："董若不遵调度，臣可请旨杀之。"[1]

董福祥移师结营之后，荣禄命他回南苑驻地，董福祥拒不受命。荣禄再三威胁，若不听命就以军法从事，董福祥这才回到南苑驻地，而杀杉山彬一事也就不了了之。事后董福祥再去端王载漪府上时，载漪轻抚其背，伸出大拇指谄媚地赞道："汝真好汉！"

6月16日，清廷下令刚毅、董福祥将义和团征募成军，并将董福祥甘军从南苑调入北京城内。甘军大队人马进京后杀气腾腾，欲灭东交民巷的外国人而后快。

6月17日，慈禧尚在战和之间摇摆不定。在御前会议上，载漪等人慷慨激昂，极力主战，认为董福祥"御夷，当无敌"！

6月20日，奥地利使馆听到清军吹号之声，忽扬而高，忽抑而低，或如横笛之悠扬，或如怒牛之鸣吼，似挑战，似示威。随着号声渐近，只见大批甘军士兵涌入城内，旗帜鲜明，刀枪闪亮。有两名骑马者，手执马枪，狂驰马集合队伍。被董福祥甘军骇人声势所慑，奥地利使馆竟然放弃了临街的防御阵地。

---

[1] 路遥主编：《义和团运动文献资料汇编》(卷下)，山东大学出版社2012年版，第575页。

山河变

英国记者普特南·威尔见满汉军队在紫禁城外布阵阅兵，有骑兵、步兵、炮兵等兵种，着各色军服，从中可见满汉军队之差异。从武器上看，满兵有手执大刀、弓箭者，甘军则负新式步枪于背上。从外表上看，满兵由于长期养尊处优，皮肤白皙，外表平和；董福祥甘军则身体高大雄壮，杀气腾腾，受日光久晒，皮肤也被染成可可色。

董福祥本人身高体大，声响如雷，性烈如火，率军作战时凶残无比，其名言便是"以血染红顶子"。自6月21日清廷对西方宣战后，甘军参与了围攻使馆区的战斗，各国军队一致认为"董军凶悍，且为惯战之兵"。

不承想这惯战凶悍之兵，却久攻使馆区不克，而各国联军在攻陷天津后，又急奔北京而来。当败局已现时，董福祥也开始早做准备，他将30万两银子汇回甘肃老家，随身又携带了10余万两银票，"旦夕备走"。

清军在天津北仓战败之后，主战派知道大事不妙，开始害怕了。开碰头会时，刚毅主张西逃。辅国公载澜（载漪弟弟）跳起来指着刚毅大骂："信了你的话打洋人！现在可好，洋人马上就要打进来了，这次大家身家都难保了。现在有刀，我一定和你拼命。"骂着不解恨，载澜又冲过来要抽刚毅耳光。刚毅也顾不上和载澜辩解，拔腿飞奔逃去。

8月14日下午，在北京外城的防御战中，甘军被八国联军击败，退到内城后到处焚杀，各处店铺均遭荼毒。载漪部下营官哈吉成及士兵多人，也被甘军击毙。京官出城有坐车者，均被董军将车抢去，致北京城内无车可坐。为了逃避这些乱兵，北京城内居民及商铺纷纷出逃，"手雨伞，肩包袱，数里间络绎

第五章　开战：内部撕裂的外部表达

不绝。菜市摊肆亦停"①。这就是徐桐所夸赞的"他日强中国者，必董福祥"？②

董福祥这样的强硬派人物，在中国历史上一直备受推崇。当时董福祥也被民间目为偶像，乃至事后西方列强在追究"肇祸大臣"时，都不敢过度追究他的责任。董福祥被免职之后，返回固原家中。

五个暖心鸡蛋

8月14日，联军于夜间攻城，董福祥与载漪联合阻敌，以使两宫出走。城外密集的枪声响了一夜，枪弹飞过的声音像是夜间猫儿嘶叫一般，吵得深宫中的慈禧一夜无眠。载澜得悉联军攻城后，便急忙入宫禀报。

8月15日，天未亮，慈禧早早起床。梳妆时，她突然看到帘子外跪着一个人，一看，原来是过来报讯的载澜。载澜颤抖着奏报："洋兵已入城，老佛爷还不快走！"慈禧急问："皇帝在哪儿？"载澜道："在殿上行礼呢，已着人通报了！"一身礼服的光绪帝正持香准备行祭祀礼时，突然听到有人大叫："皇帝！"光绪帝一看，是慈禧。慈禧道："洋兵入城了，我们快走！"③

光绪帝一听，撒腿就要跟慈禧出逃。慈禧对逃跑很有经验，

---

① 《义和团史料》（上册），中国社会科学出版社1982年版，第62页。
② 《清朝野史大观》（卷四），上海书店1981年版，第148页。
③ 《慈禧西逃怀来》，《怀来文史资料选辑》（第1-2辑），政协文史资料工作委员会1995年版，第364页。

1860年就已经逃过一次了。遂对光绪帝道:"你这样服色哪里好走出去,快把朝珠缨帽一起儿扔了。咱娘儿俩就此一同出走。"

逃跑前,慈禧将宫中嫔妃集合,说因事态紧急,众人暂时不必同行。珍妃跪请慈禧云:"皇上不必西行,应请圣驾在京,裁度议和各事。"慈禧闻听之后大发雷霆,命令将珍妃推入井中处死。光绪帝求情,慈禧不肯,云:"我事甚迫,谁肯多废闲话。尔等仍遵前命,将珍妃处死。"①

珍妃之死,是因为她触及了慈禧的大忌。对慈禧而言,她最重视的是手中的权力。戊戌政变后,慈禧从光绪帝手中收回了权力。如果将光绪帝留在北京,西方各国必然鼎力支持他,东南各省督抚向来也倾向于光绪帝,必然要借此机会拥戴光绪帝重掌权力,那么慈禧只能黯然淡出政治舞台。而一旦光绪帝再掌权力,珍妃必定能改善处境。在狼狈不堪、正准备出逃之际,突然听到珍妃有此建议,慈禧勃然大怒。也正因为是在仓促狼狈与勃然大怒之中,才没有依清宫规制,只是草草将她投入井中处死。珍妃死时,年方二十五岁。

如果依照珍妃建议,将光绪帝留在北京,既可以及时收拾局面,不至于出现联军入京后的混乱不堪。且在与西方各国议和时,有能被各国所接受的光绪帝,必可减少各国要价。慈禧出于一己之私,不准光绪帝留京。而当此风云变幻之际,珍妃挺身而出,请将光绪帝留下,勇气堪嘉。

对于珍妃之死,辛丑年慈禧回宫之后,清室以"珍妃从亡不

---

① 景善:《景善日记》,《中国近代史资料选辑》,生活·读书·新知三联书店1954年版,第504页。

第五章 开战：内部撕裂的外部表达

及，投井殉国"来掩饰其行径，追赠珍妃为贵妃。慈禧命珍妃的娘家人进宫下井打捞尸体。打捞尸体前，先在宫内焚香做法事，由萨满跳神，将灵魂召回。打捞时，因为井口过小，不得不将井口拆掉。先捞上来的是一个破席子，据说是将珍妃裹着扔下去的，然后才是尸体。后来光绪帝要了珍妃被囚禁时挂过的一顶旧帐子，常常对着那顶帐子出神。

当天出逃时，载澜安排的骡车已在宫门等候，慈禧改着蓝布衣如乡间农妇，光绪帝则穿青纱便衣，拿了个赤金水烟袋，神色沮丧。乘车出西直门时，天下着细雨，更让出逃者心意凄凉。出逃的最初三日，没有携带被褥，无替换衣服，也无热饭吃。慈禧和光绪帝坐在车内，冻得牙关发抖，为了逃命，只能忍受。出京三日，均睡火炕，饭食只有小米粥。

8月17日，大雨弥漫，天色越发灰暗，怀来知县吴永正为地方上蔓延的义和团而犯愁。天气也日益寒冷，塞外的冷空气密密地压来，空气之中涌动着不安的气息。当日吴永突然接到通知，太后、皇上、大阿哥要来了。

吴永冒雨前去迎接，他将一处骡马店改为休憩场所，并熬好一锅小米粥等候。两宫抵达之后，吴永亲自在集市内挨家挨户寻找，总算找出5枚鸡蛋，自己取水点火煮熟，进献给慈禧、光绪帝。不久李莲英出来夸奖道："老佛爷很受用，所进五卵，竟食其二，余赏给万岁爷。"一锅热乎乎的粥，再加上吴永亲自寻找到的鸡蛋，让慈禧、光绪帝顿时恢复了热量。到了怀来县城之后，吴永又翻出几件厚衣服进献给衣着单薄的两宫，两宫才稍有点体面。慈禧对吴永的招待极为欢喜，提拔吴永为道员，随同西行。

山河变

一路上狼狈不堪，颇多凶险。途中的收获是，慈禧、光绪帝总算可以看到真实的民情了。衣衫褴褛的农民，面无表情，一脸菜色，看到太后、皇帝车架路过时，也不知道避让。光绪帝对此很是好奇，慈禧则道："咱哪里知道百姓如此困苦！"

逃亡路上，慈禧决定以庆亲王奕劻为总理大臣，令他返回京师议和，两宫则继续西行。庚子年，庆亲王奕劻的状况颇为尴尬。因为主和，他得罪了主战派，不得不闭嘴以明哲保身。私下交谈时，奕劻不时挖苦义和团，并认为与八国对抗的下场必然是失败。但在公开场合，他极其谨慎，从不发表任何反对义和团的言论，所以有人评价奕劻："外虽端谨，内实精明。"在慈禧召见时，他必然也对慈禧分析过利害关系，也只有得到慈禧的默许，他才能在清军攻打各国使馆时，与各国公使眉来眼去，传递信息，送吃送喝。

慈禧出逃时，忠心耿耿的奕劻一路随行，走到怀来时称病停留，实际上也是留下来继续观望事态发展。各国公使多年与奕劻打交道，都认可他这个人，甚至派人到王府内寻他。留在京师负责谈判的崑冈就奏请让奕劻回京，与各国公使洽谈。总税务司赫德认为："必须庆王爷急速回京，李中堂来与不来均可。"为何必须奕劻回来，因为"各国素与庆亲王奕劻办事多年，最为信服"。① 李鸿章也提议让奕劻立刻回京，参与谈判。

慈禧太后狼狈西狩，路上令奕劻求和，奕劻战战兢兢，盖此前五大臣主和被杀，导致京中大臣不敢言和，"岂以一出言和，将与许、袁同罪欤"。庚子年八月初十，在联军护送下，奕劻到京谈判。

---

① 王彦威纂辑：《清季外交史料》（第九册），湖南师大出版社 2015 年版，第 4657 页。

第五章 开战：内部撕裂的外部表达

庚子年九月初四（1900年10月26日），慈禧一行到达西安。当日西安下暴雨，无数民众在雨中跪着"接驾"。为了迎接慈禧、光绪帝的到来，陕西官方做了充分的准备，先是准备将陕西巡抚衙门用作行宫，并占用了旁边的陕西中学堂。至慈禧入陕西时，仍未竣工。此时陕甘总督已搬往兰州，总督衙门空着，就紧急装修，用作行宫。慈禧到达西安后，嫌总督衙门房屋太少，仍住在巡抚衙门。

到了西安，慈禧倒节省起来了，每日膳食费200两银子，喜吃面筋。慈禧自云："向来在京膳费，何止几倍！今可谓省用矣。"光绪帝则素食，爱吃豆芽菜。数万人的流血，无数家庭的破碎，半壁江山的沦亡，不过换得慈禧、光绪帝一次不愉快的旅行及片刻的节俭，这代价太过高昂。

到了西安后，载漪极力反对议和，建议迁都西京（西安）。并请董福祥、陕甘总督升允等，在3个月内调甘肃、新疆等地勤王军10万到西安，再令"杀夷勇将"姜桂题在陕、晋、豫等省募兵20万以备再战。但慈禧已无心再战，只想求和，并准备废掉大阿哥溥儁。消息灵通的太监们，已经开始在私传："可惜一候补皇上，将来恐成开缺太子。"①待慈禧、光绪帝返京，行至开封行宫时，传旨撤去溥儁大阿哥名号，并令其立刻出宫，赏给俸禄。在荣禄搀扶下，溥儁哭哭啼啼地出宫，太监们则在两旁拍手称快。

1942年，有人去拜访58岁的溥儁，发现他生计艰难，双目失明，"他老人家每日的三餐，几乎每日都不能得一饱。"1948年，

---

① 《慈禧传记资料》（第一册），天一出版社1985年版，第54页。

溥儇仍然在世，寄居在什刹海某王公处。他生前每与人谈及50年前的往事，"辄引颈长号，谓太后待我恩如山岳重也①。"慈禧恩重如山，果真如是？

战败之后，清廷与西方各国和谈。各国以载漪纵容义和团攻打教堂，杀害教民为由，要求加以严惩。因载漪系清室皇族，被"议贵"得免一死，发配新疆戍边。载漪本来是发配新疆的，但他选择了去内蒙古投奔阿拉善罗王，因为他的福晋是阿拉善罗王的妹妹。对于载漪改道内蒙古一事，慈禧也没反对，只是让其注意保密，以免西方各国知道，生出外交事端。到了阿拉善之后，载漪得到阿拉善罗王的照顾，日子过得还可以。

当时已去职回到宁夏的董福祥，知道载漪客居阿拉善，一大家子生活不易。每三个月派他最喜爱、也最会办事的第三子董恭，携带自己的问候信及白银1500两去看望载漪，作为董福祥对于载漪的一点私人帮助。载漪在阿拉善生活得十分惬意。他好马，在这里可以尽情选择良马；他好酒，这里有上好的烈酒。有阿拉善罗王陪他，他也不感到寂寞。他的盟友董福祥，此时正在毗邻阿拉善的宁夏灵州金积堡，不时会疾驰百里来看望他。二人见面，总要不平于庚子年之败。

载漪晚年和阿拉善罗王有着很多交流，对慈禧、光绪帝各有评价。载漪对慈禧相当感激，只要提及慈禧，一概称之为"老佛爷"。对于慈禧挪用海军费用建造颐和园，载漪也很不满，曾说："即使不建海军也可以精练十万军队，先可保国泰民安，后可以平定天下。"并认为慈禧只想求和，北京战事失利后可以迁

---

① 《今犹未死之大阿哥》，《申报》1947年12月6日。

第五章 开战：内部撕裂的外部表达

都，然后调动全国兵马整军再战。他懊恼地说："太后错在只知道有北京，只想回皇宫。大清国坏就坏在了一个'和'字上。"晚年的载漪认为，光绪帝如果不受康、梁影响，要比慈禧强多了。对于光绪帝搞维新变法，励精图治，载漪认为这是为了强国，是对的。但他反对将满人王公大臣的特权去掉，乃至满人旗兵钱粮也要停掉之举。满人亲贵激烈反对康、梁变法之关键，即在于此。

在西北20年后，载漪的长子溥儁去世，载漪决定送灵柩回京。一别北京二十余载，途中的一切都让载漪感到新奇。尽管排斥"洋"，载漪还是坐着"洋玩意儿"——火车回京了。回到北京后，他感叹道："北京变了，什么东西都洋起来了！"坐汽车时，载漪惊讶地说："这个车怎么没有骡子拉就跑了？"再次回到北京，一切都让他不习惯。停留了一些时日后，载漪决定还是返回西北养老，1927年终老于宁夏。载漪死后，他的几个孙女，全部嫁给了将溥仪从宫中赶出来的西北军高级将领，不知他九泉之下做何感想。

在义和团运动的发展过程中，载漪起着关键性的作用。为了确保儿子溥儁能登上皇帝宝座，载漪通过各种手段促使慈禧决定利用义和团对抗西方列强。此外，载漪还将朝中保持清醒态度、熟谙国际事务的大臣加以诛杀，甚至欲除光绪帝而后快。载漪等保守派仇视西方到了极端的地步，梦想重归闭关锁国的状态，又迷信于义和团的所谓法术，纵容义和团在京焚烧教堂、杀戮无辜民众，最终造成了内外交困、不可收拾的局面。

西方列强的到来，使三千年守成未变之农耕中国，面临着前所未有的危机，是为"千年未有之变局"也。西方列强以诸多不平等条约，从中国掠夺甚多。在此种耻辱与压迫之下，回归过去，守着祖宗制定的一切已经不可能了。只有"变法"才能自强，才能维护国家独立。在遭遇西方列强侵略凌辱的同时，保守主义者也将对西方的学习视作羞耻，斥责学习西方者为汉奸，并呐喊着要捍卫传统体制，要驱逐胡虏。

　　口号的呐喊是痛快的，也可以让人热血沸腾。但这些口号，具有现实意义吗？没有现代化的工业体系，没有完善的人才选拔机制，没有培养现代人才的教育机制，拿什么去抗拒西方列强？悲哀的是，保守派们认为，"刀枪不入"的义和团"大师兄"足以抗击西方列强，可以杀尽洋人，可以让中国重新回到闭关锁国的状态，去捍卫他们所珍惜的天朝大国。今天的人们，回首再看这一切，悲哀者有之，不可理解者有之，赞同欲效法者亦有之。

第六章
烽火：战争背后的政治运作

1900年，京津爆发了激烈战事。东交民巷使馆区被清军围攻56天，未克。义和团以血肉之躯，在廊坊拦阻下了西摩尔联军的进军。而大沽口炮台近两百门火炮，却未能挡住6艘小炮舰的进攻。天津紫竹林租界，爆发了第一次世界大战之前最为激烈的炮战。但10余万清军、几百门新式大炮，却没有打退联军的进攻，京师最终沦陷。

炮口抬高了一寸

早在1894年，赫德就曾经预言："两千年的经验，虽把中国磨炼得非常冷静，但如果照现在这样下去，我想很可能有一天绝望情绪会以最激怒的方式爆发出来，在北京的外国人也许通通会被杀光。每个中国人将说，如果没有这帮番鬼，我们会闹到今天这般地步？在我们毁灭之前，且让他们先尝尝滋味。"赫德的预言，在6年之后应验。

北京东交民巷是各国使馆聚集区，庚子之乱前，有荷兰、美国、德国、西班牙、日本、法国、意大利、英国、奥地利、比利时等国使馆在此。1900年义和团运动爆发后，从6月20日至8月14日，在京各国使馆被围困在东交民巷，前后历时长达56天。

1900年5月29日，丰台车站被毁，在北京的西方人十分紧张。在华公使们害怕京津铁路中断带来危险，一致同意"不失时机地调卫队来保护各国使馆"。各国公使遂向总理衙门提出，要求同意各国调卫队进京保卫公使馆，但被总理衙门拒绝。

之后，各国公使联合向总理衙门交涉，称如果不同意各国调卫队进京，中国需要承担一切后果。5月31日总理衙门妥协，同意各国调遣卫队进京，但每个使馆不得超过30人。各国没有理睬清廷所定的人数限额，决定将已到天津的军队调到北京，并自行规定各国进京军队最高人数为75人。

当日各国调往北京的部队人数如下：英国75人、俄国75人、美国63人、意大利42人、日本26人、法国75人，合计向北京派遣了356名官兵，以保护使馆。各国军队携带了大批枪械进京，其中英军还携带了一挺"努登费尔"机关炮，美军携带了一挺"柯尔特"机枪，意大利军携带了一门炮。

为了面子，清廷通知各国军队，如果在城门关闭前不能到达，将不允许入城。各国军队在下午6时到达北京火车站。当时的北京火车站尚在城外，各国军人急行军11公里，抵达城门时已过了关门时间，但清政府并没有关闭城门。此时，北京天主教北堂大主教樊国梁在公使馆中已苦等了一天，要求派水手25人到北堂守卫。

6月2日，50名德军和30名奥地利军人进入北京，日本随

第六章 烽火：战争背后的政治运作

后又增派了30人入京。随着各国军队的进入，京师沉浸在紧张气氛之中。6月11日，发生了一件大事。当日驻京各国公使派人前往火车站迎接西摩尔联军，久候不至就各回公使馆。午后3时，日本公使馆书记官杉山彬回使馆途中，在永定门遇到董福祥甘军骑兵。

杉山彬马车所用的是红帏（帘子），依照清廷规矩，只有董福祥这个级别的官员才能使用。甘军官兵看到后感觉奇怪，就拦下问他是什么人，杉山彬如实相告。甘军士兵听了后哗然道："你个小小书记官，怎可僭越使用红帏车？"就拎着杉山彬耳朵，将他拖下车。杉山彬知道形势不妙，赶紧求饶道："僭越之罪，诚不敢辞，愿见大帅谢罪！"甘军官兵一听，更加群情激愤，怒道："吾大帅乃天上人，岂是你倭子所能见？"杉山彬不断告饶，甘军官兵也不再和他多话，一拥而上，将他击杀。①

杉山彬被杀后，"荣相（荣禄）闻报，急将杉山彬尸身具棺掩埋，并飞札董军开赴南苑"②。在京师的紧张气氛中，杉山彬之死倒没有激起各国激烈反应，日本公使西德二郎也只是要求归还尸体。③

6月12日清晨，德国公使克林德见两名义和团成员乘坐骡车从公使馆前经过，并在车上摆弄匕首。克林德认为这是公开挑衅，就用手杖攻击，其中一人逃跑，另一人被擒。克林德性格

---

① 《日使署书记杉山彬遇害记》，《笔记小说大观》十编（第五册），新兴书局1975年版，第6105页。
② 《荣相国事实记略》，《近代史资料》总第56期，第41页。
③ 战败之后，光绪二十六年（1900）八月初三，清廷赏杉山彬葬银五千两，并由礼部右侍郎那桐致祭，另派侍读学士李盛铎前往日本赔罪。《義和団事変関係各国人ノ遭難雑纂》，日本外务省藏档，档案号B08090178400，第71页。

暴躁，勇敢而自负。英国公使窦纳乐称他为"暴躁冲动的阴谋家"，这种暴躁的性格为他埋下了杀身之祸。6月14日，义和团大规模进城，京中民众竞相逃难。英国记者惊讶地记道："从来没见过北京大街上有如此乱跑者，也从来没有见过中国小脚妇女能跑得如此之快者。"义和团入城之后，涌向公使馆，遭到联军机枪射击后退却。

此时公使馆中的男人均身负枪支，年迈体虚的海关总税务司赫德也在身上背了一把柯尔特大号手枪，在臀后挂着另一把手枪。当天，克林德带领水手在内城城墙上巡视，见城下有义和团在练拳，就再次挑衅，下令开枪射击，团民死伤20余人。这激起了城下义和团的愤怒，他们咆哮到深夜，要求清军士兵打开城门，让他们入城杀死洋人。克林德则为他的杀人之举得意扬扬，向各国公使吹嘘他的勇敢。

自6月16日始，各国开始布置使馆区防御。使馆的联合部队共有21名军官，400余名士兵。传教士也加入使馆区卫队的行列，如贾腓力牧师是名优秀的工程师，被围困期间，由他负责使馆区的工程事务。逃入使馆区的3000多名教徒，则成为构建工事的主力。

此时在京的教堂，除了北堂之外，东、西教堂均已被焚。北京北堂四周均有高墙，有卫队50人防守，又有少壮教民一二千人助战，故而暂时无忧。此时京津之间，交通、通信业已断绝，各国使馆尚不知大沽炮台已被攻陷。

6月19日，整个京师一片乱象。大批官员乘马车、骡车逃离北京，途中被义和团揪出，官员们跪在地上向这些泥腿子磕头苦求饶命。

第六章 烽火：战争背后的政治运作

当日下午，总理衙门送来12个红色信封包着的外交文书，交给十一国公使和海关总税务司赫德。外交文书称此后中国不能再保护使馆，要求从此日下午4时起，各国驻京公使在24小时之内离开北京。

在京的十一国公使推举西班牙公使为代表，在西班牙使馆会商。德国公使克林德建议，所有公使应一同前往总理衙门，逼迫中国政府让步，但其他各国不愿响应。讨论至晚7时，时已天黑，各国修书回复总理衙门，称24小时太过紧迫，来不及收拾行装，请宽限时间。又称前往天津的交通已经断绝，途中盗匪出没，中国政府应当保证他们安全，并请中国政府在次日上午9时前回复。

修书完毕后，各国公使派人打探乘车前往天津的价格。一些车夫乘机开出3天100两银子的高价，并且要求途中须由清军保护方才出车。有使馆准备不惜一切代价雇车50辆，但最后只雇到数辆。在京的清廷官吏也纷纷出逃，由于车马价格昂贵，一些穷京官欲出走而不能，只能困在家中自嘲道："家贫显忠臣。"

6月20日上午9时，各国公使再次聚集，等待清政府回复。但并无消息，这表明清政府拒绝了各国公使的请求。克林德又建议集体前往总理衙门，但各国公使均不想去。克林德自告奋勇，表示愿意前往总理衙门。随后克林德和翻译乘坐绿红呢两顶轿子前往总理衙门。因为气氛紧张，轿中的克林德将轿帘打开，以便观察情况。出发后不久，克林德就被清军枪杀。

克林德被杀之后，庆亲王奕劻知道大事不好："谓此事关系极大，以前所杀洋人，不过是传教的。今系使臣，必动各国之怒。"而端王等主战派则不以为意。

克林德之死，扑朔迷离。当时情况是，克林德坐在轿中，沿途看到清军手执枪支巡逻，自然也持枪在手，以作自卫。没想到一时紧张，手枪走火。清军虎神营士兵恩海听到枪声，就开枪射击，一枪命中克林德，克林德当场毙命。翻译中枪受伤后逃走。恩海击毙克林德后，将其银表取走卖掉。八国联军进京之后，以银表为线索查出恩海，并将恩海擒获处死。

克林德被杀，使各国公使断了前往天津的念头，认为横竖都是死，遂相约不再出京，并全力备战。在此种紧张气氛之中，中国商家纷纷关门停业。停业之前，西方记者去采购物资时发现，店内伙计仍然满面笑容，价格也一如平常。待客人采购完毕，方才关门，贴上一个"福"字之后离去。

当日下午，在最后通牒前20分钟，清军联合义和团发起了进攻，旋即被击退。清军围攻使馆的战斗打响后，军机大臣刚毅、赵舒翘二人到城楼上饮酒观战。看着东交民巷内硝烟弥漫，杀声震天，刚毅痛饮一杯，豪情万千地道："使馆破，夷人无种矣。天下自是当太平。"① 赵舒翘赶紧站起来大拍马屁，称刚毅驱逐洋人，确立大阿哥，功劳第一。

6月21日，清廷宣战，全面围攻使馆区。使馆区以英国使馆为中心进行防御，外围的奥地利、比利时、荷兰、意大利使馆人员也撤到英国使馆中。英国使馆区域很大，里面有5口淡水井、2口咸水井，淡水可以饮用，咸水用来洗衣服。所有在北京的西方人都逃到了英国使馆中，同时还带来了150匹马和骡子，以及一小群牛、羊等。英国人做了充分准备，储存了大量葡萄酒、

---

① 李希圣：《庚子国变记》，《义和团》（第一册），神州国光社1951年版，第16页。

第六章 烽火：战争背后的政治运作

200吨白面和大米。①小孩可以饮用牛奶，必要时可以屠宰马和骡子，以提供新鲜肉类。

使馆区周边的道路都被沙袋和路障给堵上。沙袋是用床单、窗帘、衣服、枕套等制成，一切可以装土的东西都被用上。使馆内的几台缝纫机此时派上了大用场，日夜赶制急需的沙袋。不会使用缝纫机的中国女教民则手工缝制沙袋。

肃王府由日本人和意大利人负责防守，肃王府与英国使馆只隔着一条河，如果王府失守，则英国使馆将直接处于清军打击之下，故而防守肃王府对整个战线至关重要。负责攻打肃王府的清军有近4000人，但他们的攻击方式让意大利人和日本人觉得不可思议。某日，清军用一门大炮在肃王府的围墙上轰开了一个缺口。意大利人觉得形势紧急，急忙去找英国人求援。但随后的进攻却充满了戏剧性，一根长长的竹竿从缺口处伸了进来，竹竿上捆了一块浸透了油后点着的破布，清军希望以这个方式将肃王府点着。但墙内的人很轻松地将这块破布扑灭，清军也没有再发起攻击。

清军又花了极大工夫，在肃王府外修建了一个和王府围墙一样高的平台，并围绕着平台修筑了工事。平台上安置了一门老式大炮，对着意大利使馆猛轰。为了拔掉这个钉子，意大利人发起了一次鲁莽的攻击，他们举着马刀呐喊着冲锋，结果被清军打得落荒而逃。意大利公使朱塞佩·赛尔瓦拉·拉吉在回忆录中大肆赞美了意大利军人的勇敢无畏。但使馆区中的记者却指出，每

---

① ［意］阿德里亚诺·马达罗：《1900年的北京》，东方出版社2006年版，第116页。

逢清军进攻，意大利人总是胡乱发枪。日军则更有耐心，不为所动，每开枪必能命中。

6月25日，在收到李鸿章、刘坤一、张之洞等督抚请"保护使馆"的电报后，清廷暂缓用兵，进行商讨。虽然保守派得势，可东南督抚手握重兵，不得不加以重视，决定在东交民巷北边的桥上竖起"奉上谕保护使馆"的木牌，又向督抚解释，此番开战"朝廷万不得已之苦衷"。

6月26日，清军火攻英国使馆，并在英国使馆北面的翰林院点起大火。但放火时风向突然改变，火在翰林院蔓延开来。英国人冲入翰林院，将大批珍贵书籍抢出，并在地上挖了一个大坑，将书扔在坑里面用土盖上。

美国、德国公使馆在城墙脚下，城墙自然也成了美国人和德国人的防守区域。城墙被沙包分割，德国人防守东面，美国人防守西面，清军则从两侧城墙上不断逼迫进攻。随着清军在城墙上不断地逼近，清军可以直接将石头扔进美军的防御工事。清军甚至将一门大炮搬上了城墙。在开火时，第一炮打得太高，第二炮炸了膛，将清军的工事摧毁。不甘心的清军陆续又搬了几门大炮上城墙，对着英国使馆轰击。但和此战中的大多数清军炮手一样，他们对于新式大炮如何使用尚不熟练，多数炮弹打得太高，落到了其他地方。

使馆被围后就与外界断绝了联系，外界对使馆区内情况如何不得而知，这让各种猜测充斥于报纸。欧洲各大报纸不惜以头版来报道各种小道消息，"所有的欧洲人都被斩尽杀绝了""头颅被挂在竹竿上""太后皇上已经疯了"，意大利的报纸开始"为所有在北京遇难的意大利人哀悼"。复仇的情绪也在欧洲弥漫，德皇在远征军出行时鼓励道："战士们，水兵们，我们

第六章 烽火：战争背后的政治运作

要惩罚他们！"

就在欧洲报纸小道消息横飞的同时，京师内的战事越发激烈。使馆区屡攻不下，主战大臣忧心忡忡，纷纷献计。山西巡抚毓贤请引北京玉泉山的水，水攻使馆区。更有大臣请派出水师，从水门攻入使馆。可是如何能让水师从天而降，这是个无法解决的难题。这些不现实的提议只能让大臣们过过嘴瘾，前线军队发现可行的方法是挖地道。

7月11日，18名清军试图挖地道埋设炸药，以将法国使馆炸毁，却又被擒获。为了节约子弹，他们被用刀处死。7月13日夜，清军将地道挖通，埋在法国使馆下方的炸药爆炸，有5名法国人被炸伤。其中二人被炸伤后性命垂危，被自己人用枪击毙，以减轻其痛苦。

疲惫不堪的使馆守军将希望寄托在援军的早日到来上。一名携带信件准备冲出重围的教徒被清军抓获。总理衙门大臣袁昶7月12日记录："昨夕我军在外玉河桥水门盘获吃教旗弁一名，为窦纳乐送信与英水师提督，云七日内必绝命，望援甚急云云。"这名叫作金四喜的教民，被荣禄要了过去，随即利用他传递信息给英国公使，"荣相即授意于金四喜，令其致意英使窦纳乐商办和局"①。

7月14日，金四喜携带信件返回使馆。信中要求使馆人员在清军护送下前往总理衙门，待时局平稳之后再去天津，各国公使对此予以回绝。清廷此举，与天津战事吃紧有关。7月13日，联

---

① 佚名：《荣相国事实纪略》，《近代史资料》1984年第1期（总第56号），第43页。

军对天津发起全面进攻，14日凌晨天津陷落。当日清廷虽未得到天津失陷的消息，但知道局势紧张，因此从当日起放松了进攻，并让信使带信给各国公使，以备议和。

7月15日，金四喜再出使馆，进行沟通。得悉天津失陷后，清廷遂在7月16日全面停止进攻。当日，一名清军信使打着白旗过来，请公使们命令各国士兵停火。对于清军突然停战，使馆区内众人虽然摸不着头脑，但判断外界一定发生了重大事件。事实正是如此。7月16日，金四喜高举白旗，随身携带庆亲王奕劻领衔署名的回信，返回使馆区。奕劻的信中，许诺将保证使馆区的安全，请使馆区人员至总理衙门，可以集中予以保护云云。

7月17日，清军与使馆区守军达成了临时停火协议，这让守军得以喘息，荣禄、奕劻等也大大松了一口气。现在美国人可以大大咧咧地坐在城墙工事上，与清军士兵聊天。停战期间，荷兰使馆的一名工作人员，跑到城墙上参观清军阵地，发现阵地上已没有人，他捡了200余发子弹带回，送给子弹匮乏的日本士兵。

7月18日，奉荣禄之令，总理衙门章京文瑞进入使馆区，"奉命慰问，并申明极力保护"。7月19日，总理衙门照会，劝说使馆区人员前往天津，并将保护他们的安全。此后荣禄派人给使馆区送了一车西瓜、南瓜和面粉。使馆区的一名法国人跑入荣禄军中，荣禄以糕点招待，并取桃子、西瓜让其带回，又言部下可保护使馆云云。此举让被围困的西方人大为不解，被视作清政府胡乱决策的表现。

殊不知，1900年，手握兵权的荣禄处在风口浪尖上。荣禄知道，与西方各国开战的下场必然是惨败。自当年三月（阴历）

第六章 烽火：战争背后的政治运作

起，荣禄以肝病为由，请假60天，但他没能避开风波。[1] 荣禄虽一再反对开战，但主战派已成气候。在给李鸿章的电报中，荣禄描述了义和团在北京的影响："两宫、诸邸左右，半系拳会中人，满汉各营卒亦皆大半。都中数万，来去如蝗，万难收拾。"[2]

在清军、义和团发动围攻之前，赫德还充满乐观，在给李鸿章的电报中称："这一震惊世界的悲剧可能以喜剧结束，历史上从来没有整个外交团被消灭的事。"这场战事中，赫德确实看到了一些喜剧画面。7月27日，慈禧命总理衙门给东交民巷送来食物15车，有白面2000斤及大米、果蔬，其中一份送给赫德："送阁下蔬菜一挑，西瓜十个，冰块两方，白面百斤，聊佐清暑之需，即希阁下查收可也。"

8月10日，战火重新燃起。清军发起了更为猛烈的攻势。这时使馆区也得到了一些好消息，一名从天津赶来的信使称，联军已经开始出发，几天之内将到达北京。

8月14日，使馆区内的被困者们听到了城外隆隆的炮声和马克沁机枪的射击声。到了下午3时左右，美国士兵看到了前来解围的印度士兵，激动地给他们引路。使馆区内一片欢腾，人们换上盛装来欢迎援军。使馆解围之后，据统计，共有66人死亡，其中6名婴儿死于营养不良，其他均是战死的男人，没有一名妇女死亡。

8月15日（七月二十一日），荣禄与崇绮在紫禁城内相见，两人大哭一场。荣禄看着城内火光四起，杀声震天，就带着崇绮

---

[1] 《荣禄存札》，齐鲁书社1986年版，第410页。
[2] 《荣禄存札》，齐鲁书社1986年版，第404页。

从西直门出逃。沿途都是逃难的官员及其家眷，荣禄一路狂奔，先逃至保定，再奔走西安。

庚子事变后，清廷众多大臣被牵连处罚。荣禄统帅武卫军，其部队直接参与了攻打使馆区的军事行动，照理说，他应该被西方各国以元凶论罪，但荣禄的狡黠使他逃过了此劫。庚子年，在御前会议讨论向西方各国开战时，他极力反对开战。在调兵围攻使馆区时，他又择机向各国公使示好。当其他亲贵被革职、被逼自杀、被放逐新疆时，只有荣禄不倒，并被视作保护使馆的功臣加以褒奖。从庚子年清廷亲贵及重臣的表现来看，荣禄的见识、手腕、权术，均高于载漪、刚毅等人一筹。

血肉之躯逼停火车

1900年6月7日，英军找了一列火车准备进京，想要救援在京的各国使馆人员。出发时还携带了一门马克沁机关炮，这是维克斯父子－马克沁公司送来的销售样品，精明的军火商不会放过任何展示武器的机会。但这门机关炮炮弹很少，英军自己动手，用铁皮包裹上礼炮炮弹的火药，再用铆钉钉好，做成炮弹。走到铁路被毁路段后再折返。此次行动没有发生冲突，可以视为一次成功的军事侦察。

当时的电报尚为有线电报。6月9日，义和团到达杨村，焚烧车站，拆毁电报杆，将通往北京的通信切断。电报杆被认为会动摇地脉，破坏风水，最为民众所痛恨。义和团揭帖中借天神发出誓言："我极为震怒，大发雷霆，命汝等先拆电线，次毁铁路，

第六章 烽火：战争背后的政治运作

最后杀尽洋鬼子。"[1]

在通信被切断前，英国公使窦纳乐发出电报给英国海军中将西摩尔："我必须报告，目前情势十分危急。"在大沽口的西摩尔接到电报后，当即召集各国海军举行军事会议。军事会议上，各方一致认为局势危急，应立即从各国舰队派遣水兵和海军陆战队，组成联军向北京进发。

在几个小时之内，各国军队集合完毕。联军的构成人数分别是：英军915人、德军512人、俄军312人、法军157人、美军111人、日军54人、意军42人、奥军26人，总计2129人。[2]军队集结完毕之后，分别乘坐炮艇和鱼雷艇，于10日凌晨三四点在塘沽登陆，随后从塘沽乘火车向天津进发。

6月10日清晨，联军到达天津。当日上午，西摩尔率领各国联军分乘3列火车向北京进发。沿途都是平坦的地势和密集的村庄，不远处可以看到在烧枕木的义和团。路过北仓、杨村据点时，可以看到聂士成统领的清军正酣然入梦，联军最大的担忧就是火车开过的声音会惊醒他们的美梦。

由于沿途铁路被义和团破坏，联军只能边修路边前进，行程缓慢。从天津到北京的铁路，是由英国工程师金达设计建造的。设计时，清政府本来只准备修建单线，但金达自作主张，修成了双线。义和团破坏铁路时，往往只破坏掉一条线路，所以联军可以将另一条线路上的铁轨与枕木拆过来使用。

6月11日，联军到达落垡车站。为了保持与天津的联系，防

---

[1]《近代史资料》编辑组编：《义和团史料》（下），中国社会科学出版社1982年版，第541—542页。

[2]《中国与联军》，《八国联军侵华纪实》，中国文史出版社1990年版，第116页。

止铁路被切断，落堡车站由30名英军防守。6月12日，联军继续边修路边前进。当日，1500名义和团向联军发起了进攻。义和团包裹着红头巾，缠着红腰带，部分人拿着老式火绳枪，大多数人拿着剑、叉子和棍棒，迎着马克沁机枪冲锋。联军惊讶于他们的勇敢，义和团将自己赤裸的胸膛暴露在洋人的步枪、机枪子弹之下。战斗持续了一个多小时，马克沁机枪的扫射，打退了义和团的多次冲锋。根据西摩尔的报告，义和团有35人战死。

傍晚，联军到达廊坊。廊坊车站外的铁路全部遭到破坏，沿线铁路枕木被撬开烧毁。联军决定在廊坊建立防守据点。德国人将机枪架在水塔上，可以俯视周围的平原。随后联军以廊坊为基地，向前修路，计划3天内将铁路修复。

6月14日上午，在廊坊外修路的联军遭到攻击。衣衫褴褛的义和团在请神附体之后发起了冲锋，但被联军的排枪击退。随后联军主动撤退，但一时大意，忘记通知5名在野外站岗的意大利士兵。结果，这5名落单的意大利士兵被砍成了肉泥。

在廊坊火车站的联军也遭到猛烈袭击。几日奔波之后，疲惫的联军士兵躺在列车上休息或洗衣服。义和团这次吸取了教训，采取松散队形，利用隐蔽地形接近联军。直到还剩200码距离时，几百名装备了梭镖、剑和大刀的义和团，呐喊着向联军发起了攻击。

还有六七十码距离时，架设在水塔上的一挺马克沁机枪开始扫射。前面冲锋的义和团倒下后，满地是哀号的伤员、血肉模糊的尸体，这让后面冲锋的团民感到惊惧。刀枪不入的神话被打破之后，他们扔掉了刀、叉与各种棍棒，四散逃跑。此轮进攻，义和团战死18人。查验战死的义和团尸体时发现，其头顶间均有神像，外以红巾裹之，项悬红绳，系青铜钱7枚。用朱砂染作红

第六章 烽火：战争背后的政治运作

色衣襟，有一小口袋中贮符箓，并书"红君老祖"四字，束腰以及裹腿均以红布为之，由此以为能防御枪炮，故而不畏死，于枪林弹雨之中冲锋。

后方的落堡车站也遭到了猛烈攻击，西摩尔不得不从廊坊调出军队前去解救。在机枪和步枪打击下，义和团损失惨重。从6月11日义和团对联军发起首轮袭击开始，至6月14日，义和团先后出动上千人作战，但联军损失的不过是5名意大利人，义和团战死的则有175人。[①]

6月16日，西摩尔的处境极为困难。后方的落堡车站不时遭到义和团几千人攻击，不得不调兵回援，而天津租界已经被义和团和清军包围，后援难以抵达，向前走又极为困难。此时正值酷暑，修路工程进展缓慢，一天也修不了一二里。弹药消耗很快，食物越来越少，各国士兵开始到附近村庄抢劫鸡鸭猪之类来弥补军粮的不足。

更不利的是，廊坊附近又出现了清军马队。据西方士兵观察，这些部队来自强悍的董福祥部队。短暂交火之后，马队退却。可以肯定的是，这些是侦察部队，董福祥的主力已经在前方严阵以待。

此种困境之下，西摩尔决定放弃向北京进军，乘火车退回天津。退到杨村时，联军发现铁路桥已经被彻底摧毁，无法在短期内修通返回天津的铁路。作为先遣队的德军到达杨村铁路桥时，发现义和团在桥下白河边用船只装运枕木。经过交火，德军先遣队夺取了4条平底帆船。

[①]《英国蓝皮书有关义和团运动资料选译》，中华书局1980年版，第57页。

6月19日，西摩尔决定放弃从铁路回到天津的计划，改沿白河撤退。德军缴获的4条平底帆船被用来装载伤员、给养、枪支弹药等。先前战斗中缴获的义和团旗帜、武器等都被联军扔掉，火车附近布满了遗弃的物资。联军撤退之后，义和团蜂拥而出，抢夺战利品，并将火车焚烧。

撤退时，联军主力沿着白河两岸前进，以护卫河中的4条平底帆船。白河河水很浅，4条帆船装满了伤员和物资，时常搁浅，需要等水涨上来后再前进。一条船上装满了大炮、机枪，以致船将要沉没，只好将大炮放弃，保留下马克沁机枪。

撤退途中，联军不时与清军、义和团爆发战斗。白河两岸遍布村庄，每占领一个村庄都要经过激烈战斗，然后联军可以抢夺到他们急需的物资——大米、鸡、猪等。熟悉地形的义和团潜伏在树林、草丛之中，随时准备出击，但他们的袭击对联军威胁不大。极具战斗力的清军，才是联军所畏惧的。清军炮兵用马牵引着克虏伯野战炮，随时变换着地点，对联军开火。但紧张的清军炮手忘记将保险丝拧开，这些炮弹落地后并不会爆炸。

战斗中，联军发现清军使用了当时最为先进的无烟火药，无法侦探他们从哪里开枪，而联军手中的还是老式火药。清军利用华北平原上的村庄进行战斗，联军感叹中国的每一个村庄、每一个院落都是一个坚固的堡垒，具备良好的防御效果。村庄外的坟地，则为联军提供了天然的掩体。

6月23日，经过连续几日战斗，联军退到天津以北的西沽，这里有清军一座大型军火库。联军希望与看守军火库的清军达成和议，以尽快回到天津，清军士兵则以猛烈的射击回应。

英国海军陆军战队从军火库后方发起攻击，守卫士兵落荒而

第六章 烽火：战争背后的政治运作

逃。这座军火库被占领让联军喜出望外，仓库中存有奥地利制曼利夏步枪近1万支，还有大量子弹。德国人发现了德国制造的绷带和药品，以及附带的德语使用说明书。此外，军火库中还存有几吨大米及干净的水源。现在饥肠辘辘的士兵可以饱食，伤员得到了救治，弹药消耗殆尽的士兵拿上了新枪和足够的子弹，最新式的克虏伯大炮被拖出来进行防御。

次日，清军聂士成部联合义和团，准备攻下这个重要的弹药库。清军出动了最少20个营作战，总人数在7000到10000人之间。清军的进攻极为猛烈，依赖于弹药库中武器的支持，联军尚能坚守，但已疲惫不堪，战斗减员严重。联军派出了几名中国人做信使，但都被抓住杀掉。一队英国海军陆战队在夜间突围求救，但没走出一英里就被包围，不得不退回。

6月25日，一名中国信使总算走出包围圈，前往天津租界求救。租界派出2000余名军队，以俄军为主力，在希林斯基上校统领下前去营救西摩尔军。26日，两军会合，突围回到天津租界内。在义和团和清军联手阻击下，西摩尔联军未能进京。此战中，联军战死62人，伤238人，义和团和清军死伤更多。

战后，联军承认义和团的勇敢无畏，但也指出，义和团的战术相当简单，他们排成横排出击，<u>丝毫不会掩护</u>。义和团也有火器，但在冲锋之前就拼命地开枪，结果消耗尽了弹药，而且射击技术相当糟糕。此外，义和团缺乏具备战术素养的领袖和有效的组织。与义和团的鲁莽勇猛相反，清军作战显得小心谨慎。如果没有足够的优势，清军不会发起进攻。进攻时清军很少靠近肉搏，骑兵常在两翼虚张声势，炮兵的射击技术很好，但炮弹落下后不会爆炸。

西摩尔联军入京失败,鼓舞了清军。直隶总督裕禄在奏折中大肆吹嘘了这次战事的胜利。裕禄的这份捷报夸大了清军和义和团的作用。慈禧阅后很是欣慰,对亲信大臣道:"不将义和团匪剿除,因该团实皆忠心于国之人,如与以上等军械,好为操演,即可成为有用劲旅,以之抵御洋人,颇为有用。"①

炮台对决炮舰

大沽口是京津直隶门户,白河经此直达京津,北京到山海关的铁路也经过此地。1859年,僧格林沁在大沽口击败英法联军,这是近代中国少有的一次对外战争中的胜利。此后清廷不断扩建,增强大沽口的防御力量。

1874年12月,李鸿章采购了克虏伯大炮50余门,分别安置在大沽炮台和天津防营。其中最大的两门火炮口径为八寸,威力巨大,"然每尊价约二万元,苦于无力多购"②。李鸿章所说的"八寸"实际口径应为240毫米。③大沽口炮台装备的英国阿姆斯特朗炮更先进,此炮俗称"地阱炮"。炮平时藏在工事之中,战时利用水压升到平台上发射,发射之后利用后坐力重新回到工事中装弹,然后再升起发射。

至1900年,大沽口已建成一个强大的防御体系。大沽口南

---

① 中国史学会主编:《义和团(一)》,上海古籍出版社1957年版,第124页。
② 《中国近代兵器工业档案史料(一)》,兵器工业出版社1993年版,第506页。
③ 大沽炮台上的240毫米口径的克虏伯大炮,在清廷战败之后被德国人当作战利品,用船运到了胶澳租借地,装备到要塞炮台。

第六章　烽火：战争背后的政治运作

北两岸共建有4座炮台。南岸主炮台有火炮56门，装有放电机、探照灯等；主炮台旁边为西南炮台，有火炮21门。北岸有炮台2座，北炮台有火炮74门，西北炮台有火炮26门。4座炮台合计有大炮177门，均系德制克虏伯及英制阿姆斯特朗大炮，此外尚有新购买的"海容"号巡洋舰及4艘鱼雷艇助战。

西摩尔被困廊坊，且与天津的联络被切断，在大沽口外海上的联军觉得形势不妙。大沽口外各国兵船云集，计英国9艘，俄国8艘，德法各4艘，日本3艘，意大利2艘，美奥各1艘，共32艘。

各国商定后认为必须攻占大沽口，以获得可靠的前进基地。6月15日，在海上的联军得到情报称："防守大沽口的中国水兵正积极备战，并准备在北白河口安放水雷，中国陆军则准备夺取大沽口车站，拆毁铁路。"

次日，联军发现中国守军果然在白河口安放水雷。一艘联军炮舰触到水雷，但没有爆炸。联军便向大沽口守军发出最后通牒，限于17号清晨2时前退出炮台。同时派出联军900人携带大炮登陆，以备进攻大沽炮台。

大沽口外的海面水浅，故而联军22艘大吨位的军舰都停泊在10公里以外的海面上，只有吃水浅的10艘炮舰驶入大沽湾。10艘炮舰中，用于进攻大沽炮台的有6艘，其余4艘用以对付中国海军。负责攻打炮台的是英国"阿尔杰林"号、德国"伊尔提斯"号、法国"莱昂"号、俄国"海龙""基立亚克""朝鲜人"号，其中英、德负责攻打北岸炮台，法、俄负责攻打南岸炮台。

在最后通牒之夜，联军炮舰在大沽口外的波浪中荡漾。两岸是清军黑沉沉的炮台，如同巨人一般死死地盯着辽阔的渤海湾。大炮在夜色下映着青黑的光芒，如同巨人的利爪，随时会发出雷霆闪电，劈碎炮艇。空气中弥漫着火药的味道，联军士兵紧张地窥视着岸上，焦急地等待着炮台的消息。深夜时分，在炮舰上观战的俄国记者记录："距离决定性的时刻还有两小时，炮台上闪了两下探照灯，灯光照准停泊的各炮舰，随即又暗了下来。""只剩一小时十分钟了。炮台上闪了一下火光。大炮轰隆一声，各个炮台火光迸发，一发发炮弹接连不断地掠过军舰上空。"[1]

在最后通牒之前70分钟，大沽口守军抢先开炮。但联军炮舰都没有被击中，因为战斗开始时刚好碰到退潮，炮舰的位置低了下去，炮弹都飞过了目标。大沽口守军在白天就已经测定了各国炮舰的位置，开火前还特意用探照灯进行了确认。但当日凌晨1时是潮落时间，所以各国炮舰暂时躲过了一劫。由于各国炮舰位置已被掌握，随后清军及时调整射击角度，提高了命中率。

德国炮舰"伊尔提斯"号被18枚炮弹击中，这些炮弹来自德国制造的克虏伯大炮，造成8名德国官兵当场死亡，17人受伤。法国炮舰"莱昂"号被击中起火，造成47人受伤，1人毙命。俄国炮舰"基立亚克"号被击中弹药库，甲板被掀掉，引发大火，但存有136枚炮弹的弹药库侥幸没有发生爆炸，只烧死了士兵5人，烧伤38人。凌晨3时，俄舰"朝鲜人"号被击中，"被弹击穿其身，现出五孔，亦被火焚"[2]。战死2名军官、9名水兵，另有

---

[1] ［俄］德米特里·扬契维茨基：《八国联军目击记》，福建人民出版社1983年版，第150页。

[2] 中国新史学研究会主编：《义和团》（第三册），神州国光社1951年版，第289页。

第六章 烽火：战争背后的政治运作

20人受伤。

炮战正酣时，凌晨4时30分，早先就已登陆的联军，从后方向西北炮台发起攻击。5时，联军攻进炮台。清军守将封得胜发起反攻，击毙联军多人，日军指挥官服部上校也被当场击毙。但炮台守军最终未能抵挡住联军的进攻，封得胜阵亡，西北炮台失陷。

联军攻占西北炮台后，立刻用该炮台的大炮轰击北炮台，并出动步兵对北炮台发起攻击。攻下北炮台之后，一名奥地利炮手用北炮台上的120毫米克虏伯大炮轰击南炮台，第一发炮弹发射后，南炮台传来了惊天动地的爆炸声。这发炮弹刚好击中南炮台的弹药库并引发了爆炸，清军伤亡惨重。在南炮台的主将罗荣光见弹药库被摧毁、部下伤亡殆尽、后路又被切断，吞金自杀。

炮战开始后，英国炮舰"鳕鱼"号和"声誉"号偷偷摸入，准备偷袭中国鱼雷艇。经过中弹的俄舰时，英舰指挥官罗杰·凯伊斯还组织船员为俄国人打气。靠近中国鱼雷艇后，英军手持短刀、手枪，登上鱼雷艇发起攻击，中国士兵象征性地抵抗了一阵子便逃之夭夭，"海华"舰管带饶鸣衢在枪战中阵亡。随后，凯伊斯拖带4艘战利品逆水而上，驶向塘沽。

日本炮舰"爱宕"号和"游丝"号则负责监视中国海军巡洋舰"海容"号。"海容"号是德制巡洋舰，排水量3000吨，有22门大炮，战斗力极强，但该舰毫无战斗意向。开战之后，指挥官叶祖珪按照联军的命令，将军舰开到大沽口外，接受联军扣留。至1901年清廷与各国议和之后，"海容"号被归还给中国，4艘鱼雷艇则被英、法、俄、德四国瓜分。

大沽口炮台在防御上存在着致命的弱点，炮台的防御设施极其简陋，防护能力太差。炮台的所有防御工程均面向大海，陆地一面则没有完善的防御工事。"该堡垒均系硬土筑造，前面仅有一无堤之沟道，在华人视为最佳之预备，在联军视为无用之藩篱。"①

更为严重的是，炮台的弹药库没有采取伪装措施，也没有任何防护设备，联军战前就已刺探到了清军炮台弹药库的详细情报。联军攻下北炮台之后，利用大炮，一炮便击中了南炮台的清军弹药库。此外清军在战略上也没有重视大沽口，大量军队被部署在天津和北京。如果有一支有战斗力的陆军担任炮台后方的防守任务，也不会使联军900人的小部队如此轻松地抄了炮台的后路。

战后根据条约，中方需将大沽口炮台一律拆毁。1901年，都统衙门邀请英国工程师主持拆毁工程。因为大沽口炮台工程浩大、用工颇多，费时半年方才拆掉。

天津大炮战

紫竹林租界在天津城外东南约3公里处，位于白河南岸。白河北岸是当地人居住的区域，火车站也在此间。义和团运动爆发后，5月，先是25名英国海军陆战队擅自进入紫竹林租界驻防，随后又有十几名法国军人化装成商人进入。此后各国军队以保护侨民为名，陆续涌入紫竹林租界。

---

① 《庚子中外战纪》，《义和团》（第三册），神州国光社1951年版，第287页。

第六章 烽火：战争背后的政治运作

自6月10日西摩尔军离开天津之后，局势更为紧张。在西方人的指挥下，中国教民利用一批价格昂贵的羊毛、骆驼毛，成袋的大米、大豆，成箱的肥皂、炼乳和各种商品，建成了一道超过1.6公里长的防御工事。

6月14日，从旅顺经大沽口来了一支1700人的俄国军队，虽然他们未能加入西摩尔联军，但他们的到来增强了租界的防守力量。

6月15日白天，义和团开始在天津焚烧教堂。此时天津租界的防守力量是1700名俄军，560名各国海军陆战队成员，以及由各国侨民组成的义勇队队员，共计2400人。[1]

当日夜间，月光皎洁，无数义和团团民手中拿着火把、刨花和油，围攻租界和火车站。火车站遭到了最为凶猛的攻击，此处由俄国人把守，义和团在机枪和步枪的打击下撤退。天亮之后，西方人查点战果时却发现尸体都已被收拾干净。为了"刀枪不入"的神话不被击破，义和团在夜间将尸体全数移走，并称他们将在几日之后复活。

对联军威胁最大的是租界南边天津武备学堂中的一门75毫米口径的克虏伯大炮。天津武备学堂在开战之后便将学生解散，但仍然有近100名学生留在学校，协同清军一起战斗。德国军队攻下了武备学堂，但德国的一艘小汽艇因为故障而被抛弃。

6月18日，天津城内外一片乱象。码头上轮船招商局所存的米粮被抢劫一空，米栈也被焚烧干净，天津所有教堂均被焚烧。当日上午，清军对租界发起炮击，因为使用的都是无烟火药，联

---

[1]《八国联军在天津》，齐鲁书社1980年版，第311页。

军不能确定炮的位置。但这些炮弹落地后很少有炸开的,故而威胁不大。

当日下午,清军联合义和团向租界发起进攻。在白河对岸,一大片义和团排成的密集队形汹涌而来。一名义和团"大师兄"单独向俄军阵地前的浮桥走了过来,充满了英勇无畏的气概,在桥头作法。待神灵附体之后,他如小说中的英雄一般,孤身一人冲向俄国人的阵地。俄国人在一阵惊愕之后,开始射击。大师兄的法术并没有生效,他随即死在枪下。其他义和团看到大师兄倒下后,开始冲锋,准备报仇,联军机枪雨点般地扫射驱散了他们。

6月19日,天津官场与义和团达成协议,凡是天津官绅眷属,有逃离避难者,无论人口行李,义和团一概不得抢劫。但义和团认为,京师官员不在保护行列,不许出逃。此时天津地方上做零工的都已逃散一空,官员要登舟船逃离,出高价也找不到人搬运行李。义和团在天津看到着西方服饰,或从事洋务相关工作的人员,均以兵刃相向,大批在天津经商的华人涌入租界避难。这些华人多为南方人,怕被义和团当作"二毛子"击杀而逃入租界。

租界也不是平静的港湾。6月20日,一名西方军官在租界内被中国仆人用枪击毙。随后西方人禁止租界区内的华人外出,并击毙了几名在街上行走的华人。一名广东人被困在家中,存有数石米,不致饿死,但没有蔬菜,只能用盐下饭。

后来的中华民国第一任总理唐绍仪,当时也避居在租界内,因为不能出门,全家人饥饿极甚。而后来的美国第31任总统胡佛当时也正在中国闯荡,义和团运动爆发后躲在天津租界内。唐绍仪的寓所与胡佛对门,胡佛就每日携带面包给唐绍仪果腹。

第六章 烽火：战争背后的政治运作

之后多日，清军与联军展开激烈炮战。对于天津炮战之激烈，西方军事史学者甚至认为，这是第一次世界大战之前最为激烈的炮战，但在军事史上却被忽略。

租界两边的东机器局和西机器局中清军的猛烈炮火，给租界造成了极大威胁。联军一度出击，想攻下东、西机器局，但均告失败。虽然面临清军的猛烈攻击，但租界内的联军稳住了阵脚，并得到了大沽口军队的增援。至27日西摩尔军返回租界，联军在租界的总兵力已达8000人。

6月27日，联军集中兵力向东机器局（北洋机器局）发起攻击。东机器局位于租界外三四公里处，是中国北方最早的军工厂，能制造各种炮弹、火药、毛瑟枪、水雷等。东机器局有很多世界领先的技术，如无烟火药等。但很遗憾，这些先进的技术与武器，在战斗中并未能为清军加分。

东机器局内有2000多名工人，由1000多名清军防守。此前德国人曾经发动过一次进攻，但被清军击退。此次联军以近3000人的兵力，在清军正吃午饭时发起了突然攻击。东机器局外被水淹过的路上满是泥泞，俄国人穿着长靴子冲锋不便，便将靴子脱掉赤脚行军。在密集炮火掩护下，联军冲到了东机器局前，此时突然听到清军阵地上发出惊天动地的射击声。每个联军士兵都心叫不妙，以为自己难逃一劫，结果却没有一个人受伤。

冲入东机器局后联军才发现，原来是清军在撤退前燃放爆竹，虚张声势，作为掩护。联军还发现，机器局内所有机器和仪表都完好无损，刚刚停止运转。锅炉、机器旁边都供着神像，神像前还燃着香，机器和锅炉上贴有写着"开机大吉""开炉如意"字样的红纸。

6月30日，清军与义和团联合攻打租界，未克。由于与在京各国公使馆通信断绝，天津各国领事请求各国政府，如果在京各国公使被害，则将清皇室所有皇陵一概焚毁，不留一柱一木。

7月1日，天津清军得到了原驻山海关的毅军马玉昆大部队增援。直隶各地义和团也在向天津汇集。7月4日，老先生汪桐采到静海避祸时看到："自上游来多船，满载义和团，皆以黄布包头，黄布束腰，各持刀枪。鼓仿洋式，以洋铁为之。半属幼童，衣多褴褛，面有菜色，真是一群乞丐。以此欲平洋人，令人绝倒。"①

7月6日，清军炮队于天亮时用大炮6门，从租界东北方向发起进攻。联军随即用从英国舰艇运来的12磅大炮及法、日两国大炮数门回击。两边炮声不绝于耳，互相射击了12个小时。因为开炮过多，联军的两门大炮损坏，改用两门小炮助战。

7月8日，清军再次开炮，此次操炮的炮手技术精湛，联军炮火被压制住。由于清军炮手技术老练，以至于联军怀疑有西方人在指导清军开炮。

7月9日，各国联军6000人及日军骑兵500人，攻击租界西南的跑马场，遥见聂士成部4000人扼守营中，有6门克虏伯大炮助战。交战时，联军以日军骑兵迂回攻击。战至下午2时，聂士成部炮声停止，无力抵抗，四散逃窜。聂士成军营内的6门克虏伯大炮也被联军抢走。此时日军骑兵已绕到后方，聂军退路被截，死伤颇多，残部逃回城内。日军马队战死6人，步兵死者寥寥。

---

① 董作宾：《庚子轶事》，《逸经》1937年第22期，第8页。

第六章 烽火：战争背后的政治运作

当日的战斗中，聂士成战死在天津城外八里台地方。当日聂士成全身着朝服，甚至把清政府赐给他的官服官帽穿戴好，骑在一匹高头大马上以吸引联军火力。德军指挥官库恩曾担任过聂士成军的骑兵教练，认识聂士成。库恩知道不把聂士成打死，战事就不能结束，于是命令集中火力攻击聂士成。聂士成先是两腿受枪伤，"又被敌枪漏穿两腮、项侧、脑门等处，脐下寸许被炮弹炸穿，肠出数寸，登时阵亡"①。聂士成战死后，库恩用红毛毯把他的遗体盖上，随后聂军一名随军学生将遗体背了回来，战后聂士成遗体被运回安徽原籍下葬。

聂士成之所以求死，义和团起着很大的作用。因聂士成效法德国军制练兵，义和团称聂士成为"聂鬼子"，称其所部为"洋兵"。聂士成所部士兵着西式军装，外出时常被义和团击杀，导致聂军与义和团的仇隙更深。有士兵愤愤不平，请求聂士成与义和团开战，但被聂士成阻止。众士兵见义和团一直与聂士成军作对，军中人员出营即被杀，而直隶总督裕禄却放任义和团作为，绝不拦阻，便愤然道："与其束手待毙，不如学义和团焚杀，既得银物，又得'义民'之称，朝廷及制军犹有赏，何乐不为？"②于是聂士成军中5营士兵哗变散去，并效仿义和团沿路抢劫。

聂士成率军攻打天津租界前后10余次，义和团却乘机在天津四处焚掠。聂士成派兵镇压，招致义和团痛恨。因为此事，御

---

① 故宫博物院明清档案部编：《义和团档案史料》（上册），中华书局1979年版，第282页。

② 中国新史学研究会主编：《义和团》（第四册），神州国光社1951年版，第353页。

史郑炳麟上奏弹劾聂士成,称"聂士成骄悍恣纵,擅拔全军,置海防于不顾,包打义和团拳民,玉石不分,烧杀抢掠"。随即清廷发布上谕,将聂士成革职留任,以观后效。对此处罚聂士成非常气愤,称"上不谅于朝廷,下见逼于拳匪,非一死无以自明",此后每次战斗均亲赴前线以求一死。[①] 故而当日聂士成全身着朝服,吸引联军火力,以求一死。

聂士成死后第五年,即光绪三十一年(1905),经袁世凯等奏请,聂士成被追赠太子少保,并由国史馆立传,谥号"忠节"。他阵亡的桥命名为"聂公桥",在桥南修起一座纪念碑,由袁世凯手书"聂忠节公殉难处",题楹联一副。

聂士成是个悲剧人物,作为最早创办新式军队,并与法军、日军交战过的将领,聂士成对西方工业文明之威力,有着切身的体会。故而他采用新式方法操练军队,在军中装备了先进的西式武器,并将儿子聂宪藩送到日本学习军事。面对义和团的盲目排外、破坏铁路及电线杆等举动,聂士成自然不能无视,他督兵严厉镇压。但吊诡的是,在镇压排斥西方器物的义和团的同时,聂士成又要领兵抵抗由西方列强所组成的八国联军。聂士成既开罪于义和团,为朝中的顽固派所敌视,却又得拼死捍卫这个体系,哪怕他知道对西方器物的极端排斥是逆历史而行。悲哀无奈之下,他只能选择死在西方的炮火之下。聂士成死节了,也被立碑铭志了。刀枪不入的义和团弟兄们,在西方的洋枪洋炮下,最后也做了鸟兽散。曾重用他们的清廷则将这些当日的"义民"唤作"拳匪"。聂士成之死,既是殉葬一个已经落伍的、保守的时代,

---

① 罗惇曧:《罗瘿公笔记选》,山西古籍出版社1997年版,第33页。

第六章 烽火：战争背后的政治运作

又昭示着在一个新的时代之中，开放、进取、包容方是进步强盛的不二途径。

7月13日，联军决定攻击天津城，以日军为攻城前锋，有大炮45门助战。攻击了一天，等到日军将城门炸开时，天已黄昏，联军遂决定次日入城。天津之役，英军死40人，伤75人；日军死59人，伤60人；俄军死107人，伤100人；美军死36人，伤70人；奥地利军死6人。清军战死者则数以千计。

联军攻下天津后，发现从天津南门到北门，大街两旁的房屋全部被焚毁。天津城内，大街上满是义和团红色揭贴，几乎所有的衙门都成了义和团的据点。在衙门里还发现了大批用红布裹住的旧式抬枪和新式步枪，以及各式长矛、刀剑、旗帜等。留在城里的少数居民最初相当害怕，后来他们打着小白旗，送鸡送西瓜给联军，以求安全。

入城之后，联军开始了一场抢劫比赛。美国军官认为，印度人虽是各国军队中最擅长抢劫的，但城内的天津混混则更胜印度人一筹。这些混混被称为"抢哥儿"，在此次战乱中通过抢劫发了笔横财。但由于赌博、抽鸦片等恶习，一二年后他们又沦为赤贫。一些精明的中国商人则涌入天津，收购西方士兵劫掠的财物。西方人对于抢来东西的价格并不在行，卖多卖少也不在乎。那些中国商人因此发了大财，被称为"六月十八财主"（农历六月十八）。

在联军占领直隶总督府之前，天津的混混就已将它洗劫一空，但联军在总督府里还是有所发现。文件之类对于混混们来说毫无价值，被留了下来。联军在文件中发现，清政府对于斩获的联军人头，每颗赏银50两，缴获大炮则赏银25两。清政府对战死的义和团也发给抚恤金，每名死者给100两，伤员给30两。

对于在前线作战的部队,只要有行动就要打赏,连挖战壕这样的行动,也要"奖给300两"。最多的一笔开支是给毅军统领马玉昆的4万两赏银。总督记事册的最后一项开支,是给义和团首领张德成的1万两银子,这发生于联军攻入天津的前一天。①

自6月19日开始,天津租界被炮击了25天,但只有5名居民被打死,这要感谢租界内修筑良好的地下室。此战中,清军展示了较好的军事素质。天津初开战时,清军有一门大炮,极为隐蔽,接连数日炮击租界,后来被联军偶然击中。清军战术上的短处在于:其一,开枪射击时士兵不专注,故而携带的子弹虽双倍于联军,但多为虚发之弹;其二,清军炮手技术虽然精湛,但发炮时不知选择机会和目标,不重于轰击联军的有生力量,而专攻租界中建筑,降低了炮击对联军的杀伤效果。

占领天津后,各国召开联合会议,决定创办都统衙门,管理天津地方。都统衙门下设有警察、库务、军事、司法、卫生等机构,甚至还设有法庭,以法官主持审判。都统衙门残酷镇压团民,被抓到的团民一律就地处决,同时严禁天津民众私藏武器,凡私藏者一律斩首。都统衙门还拆毁了天津及周边的军事设施,如天津城墙、天津机器局及各处炮台等。

京师大门被轰开

中日甲午战争之后,清廷尚武图强,改练新军。1897年,

---

① 《八国联军在天津》,齐鲁书社1980年版,第224-226页。

第六章 烽火：战争背后的政治运作

清政府决定将袁世凯的新建陆军、聂士成的武毅军、董福祥的甘军合并，称为北洋三军，由荣禄任统帅，以充实京师防御力量，加强中枢控制。之所以称为北洋三军，与清末的官制设置相关。咸丰十一年（1861），清廷设总理衙门（总署），总理衙门下设南、北洋两大臣，南洋大臣由两江总督兼任，北洋大臣由直隶总督兼任。此三支军队受荣禄节制，荣禄兼北洋大臣，故称北洋三军。

1899年，清廷决定建立武卫军，以荣禄为总统领，以聂士成武毅军为武卫前军，董福祥甘军为武卫后军，马玉昆毅军为武卫左军，袁世凯新建陆军为武卫右军，每军各1万余人，荣禄自己统领武卫中军。武卫军全军共6万余人，编有步兵、骑兵、炮兵、工兵等兵种，这是清廷最具战斗力的军队。

武卫军中，以袁世凯军最为精锐，因为它是全新训练的军队，不似其他各军由旧式军队改编而成。袁世凯军队的基本装备如下：步兵全部为奥地利制造的曼利夏步枪，军官配备六响左轮枪与军官刀，炮兵一个营配备有新式57毫米格鲁森山炮42门、75毫米克虏伯大炮18门。袁世凯这支部队的薪水在当时部队中也是最高的，普通步兵一个月薪饷为4两5钱白银，扣去一个月1两的伙食费，余下3两5钱，能够养家糊口。武卫军组建之后，其他各军在薪饷方面均向袁世凯军看齐。

聂士成军系从淮军中分立而出，其建制仿照德国陆军，分设步兵、骑兵、工程兵、辎重兵等兵种，军中士兵在军中学堂学习兵法、格制、测绘、对垒。聂士成军经过严格操练，全部使用新式武器，步兵装备有1万支旧式德国造毛瑟步枪（11mm）为训练用枪，以曼利夏步枪1万支为作战用枪；炮兵装备有克虏伯大炮32门，格鲁森五七炮32门。聂士成军中甚至有当时最为先进的马克沁机枪两挺，因为极为稀少，所以列在炮队中使用。由于聂士成军全盘西（德）化，被当时人认为是"假洋鬼子"。

董福祥军长期驻扎西北，武器装备陈旧，自光绪二十一年（1895）起开始逐步更新。到改编为武卫军时，已全部换装为新式的德国毛瑟步枪（7.92 mm）和奥地利曼利夏步枪，此外还有汉阳兵工厂制造的五七快炮12门。但董福祥军也保留了很多旧传统，如没有采用西方信号系统，而是用传统的"胡笳"指挥部队，庚子之战中给西方军队留下深刻印象。

毅军也是淮军分支，长期驻扎旅顺，守卫北部边疆。毅军的装备一部分来自清廷配备，如毛瑟步枪等，另一部分则由该军自己采购，然后报销，所以毅军装备复杂，各国武器都有。

至于荣禄组建的武卫中军，因系临时组建，战斗力上不如其他各军。在武器装备上，因为荣禄主张采用国货，故以国产步枪为主，也无火炮装备。①

装备统一之后，各军在训练上也趋同。训练最为精良的是聂士成军和袁世凯军，此两军以日本为假想敌，曾在天津、大沽口、山海关一带长期进行训练。

在庚子之战中，直隶、京津地区共有清军11.4万余人，包括了武卫军、练军、淮军、八旗兵、绿营、神机营、虎神营等。

北京地区有荣禄的武卫中军30余营1.3万人，武卫后军董福祥部6800人，庆亲王奕劻神机营1.4万人，端王载漪虎神营

---

① 《光绪二十四年政变》（第一卷），日本外务省藏档，档案号B03050090700，第46页。

第六章 烽火：战争背后的政治运作

8640人、八旗、绿营兵2万余人。

天津有武卫前军聂士成所部1.5万人，淮军7000余人，练军2500人。山海关地区有武卫左军9806人，淮军2500人、八旗兵1000余人。在保定、正定、大名府、宣化、永宁、古北口、热河等地也有练军约8700人。

无论武器的数量还是军队的数量，北方清军相对西方各国军队都占有压倒性的优势。但这种数字上的优势，并未带来多少战场上的收获。如同前几次对外战争一样，清军一触即溃，不堪一击。

攻占天津之后，联军开始了第二次向北京进发。作战兵力在1.8万人以上。《美军在华解围远征记》中提供的数字为1.86万人。其中，日军约8000人、俄军约4800人、英军约3000人、美军约2100人、法军约800人、奥地利军58人、意大利军53人。《庚子中外战纪》中认为，联军的兵力为1.83万人。①

此次攻势以日军、俄军为主力，奥地利、意大利等国象征性地派出了一些兵力。对于德国是否参与了此次进军，众说纷纭。英军将领戈登说："德军到华既迟，猛烈战事如救援使馆之役均未及参加。"② 据此可以判断，德军并未参与向北京的进军。③

联军出发当日，天空阴云密布，骡马牵引着各色大炮从天津城中出发。身材魁梧的美国士兵，与个子矮小的日本兵形成

---

① 中国新史学研究会主编：《义和团》（第三册），神州国光社1951年版，第304页。

② 《庚子各国联军之回顾》，《国闻周报》1924年第1卷第6期，第23页。

③ 德国军舰参与了攻占大沽口炮台的战斗，德国水兵130人也加入了各国联合登陆部队，战死6人，伤15人。

鲜明对比，美军自由散漫的性格与严谨肃穆的日军也是截然不同。俄国士兵粗壮彪悍，体质过人，行军时大幅度的动作也显出他们的野蛮之气。意大利军队人数虽然不多，但佩戴着各种装饰品、服饰华丽的他们，在行进的队伍中显得分外"妖娆"。英国军官一派绅士气息，衣着讲究，头戴黄色遮阳帽，身着黄色热带服，加上他们大多有过游历各国的经验，在各国军官中以善于交际著称。法军由各殖民地士兵组成，有非洲军团、越南兵团等，法国军官在殖民地久经战阵，对即将到来的战事相当从容。

由于铁路被毁，联军只能从白河沿水路向北京进发。出发之前，联军谍报部门已经制作出了精确的地图，地图上绘有沿途的每个村庄和道路，以及清军大炮、战壕的具体位置。为了侦探军事情报，两名中国教徒自愿混入难民队伍，前往北仓。到达北仓后，他们详细记下了大炮的数目、壕沟的宽度。这些自愿刺探情报的中国人，很少有成功活着回来的。

根据作战计划，日军、美军、英军从河右岸行军，法军、俄军从左岸行军。8月5日，联军与清军在北仓爆发战斗。北仓在杨村之南，日军先将火药局及韩家树占据，然后攻入北仓，并占据王庄、茶棚两处，随后分军与清军鏖战。其时清军兵力多至2万余人，清军败北后，遗弃尸骸200余具。战后联军清查，发现联军将校以下阵亡者300余人，其伤亡主要来自联军炮火误伤。

此战中，联军的大炮误伤了颇多己方士兵。在清军看来，联军的误击是清军设计所致，并沾沾自喜地将此作为战功。清军的一名军官留下了详细日记，记载了在北仓、杨村等地的战事。从

第六章 烽火：战争背后的政治运作

日记中可以看到，一方面清军底层士兵缺乏战意；另一方面，大概是看多了演义小说，清军军官在作战时喜欢搞各种所谓的计谋，如设伏、夜袭之类。[①] 而这些计谋，在现代战争机器面前就是笑料。

从北仓败退后，清军退守杨村。杨村是铁路和水路的交汇处，当地有3000户人家，其中有300户是回民，他们经营着各种生意。从杨村许多牢固的砖房，联军判断此地很富裕。清军沿着铁路路堤修筑了工事，并在铁路后面的村庄修筑了大炮阵地，存储了足够的弹药。

在联军看来，杨村虽为战地，这一带却风景如画。清晨，晓风拂面，空气清新，到处是柳树、杨树、小河，一派安宁景象。放眼看去，广阔的华北平原上，精心耕作的田地里，黄瓜、西瓜、玉米、高粱编成了美丽色谱。村庄小院落中，农民精心栽培了各种果树花卉，散发出沁人香味。四周通风，浓荫遮蔽的大树下，一口清凉井水，是酷夏纳凉的绝好去处。华北平原上，到处是这样宁静安谧的小村庄。

双方的交战，打破了这种宁静。为了防止联军从左岸发起进攻，清军放水淹没了左岸。在清军放水之后，法、俄军也转到右岸行军。杨村一带地势平坦，泥土松软，不利于部队快速行军，联军只能依靠一些坟包作为掩护慢慢前进。当时正值酷暑，附近也没有水井，白河里满是浮尸，河水根本无法饮用。联军有很多人中暑，2人死亡。

8月6日凌晨4时，联军发起进攻。美国军队攻打右翼，俄

[①] 《庚子从军日记》，《北京新闻汇报》1901年9月，第3129–3150页。

国军队攻打左翼,英国军队攻打中间。开战后,美军进展迅速,很快就攻占了铁路堤上的清军阵地,随后又向后方村庄中的清军炮兵阵地发起攻击。由于美军进展过快,俄军猛烈的大炮轰击打到了进入清军阵地的美军,一些美军被撕成了碎片。11时左右,清军撤出战场,并将他们的大炮顺利带走,但是留下许多炮弹。在联军占领阵地之后,一些大胆的清军士兵返回阵地,准备取走炮弹,结果或被打死,或被俘虏。

逃至杨村的直隶总督裕禄,见杨村失守,在一家棺材铺中自杀,死时仅穿一只鞋,因仓皇出逃,另一只鞋跑丢。

戊戌政变后,裕禄继荣禄后出任直隶总督。曾有人设想,如果仍由李鸿章坐镇直隶,历史或将会改写。只是李鸿章虽然在直隶影响巨大,手握北洋雄兵,与各国关系较好,可他不能改变一切。朝廷内部的纷争,主战派的叫嚣,涌入京津的万千民众,恐将让李鸿章也目瞪口呆,无可奈何。尤其是以他的个性、他的老辣、他在重要历史关头的表现,他的选择将是装聋作哑,静观局势发展,而不会主动与主战派发生冲突。君不见,同年变乱中,老奸巨猾如荣禄、王文韶、奕劻者,明知主战派不可为,却明哲保身,事后出来收拾残局。

至于裕禄,时人评说他心中并非不明白,只是因为主战派得势,他不敢少拂其意,于是华丽转型。1899年时,对于直隶境内爆发的各类民间运动,裕禄一直力主镇压。到了1900年年初,裕禄尚提醒清廷,以严禁教门的祖制来镇压义和团。可到了6月中旬,当清廷内部主战派占据上风,决定招抚义和团后,裕禄的态度发生改变。他开始主战,默许义和团的各种活动,他邀请义和团领袖张德成到衙署中,大摆宴席,唱喏把盏,极尽谦恭。他

第六章 烽火：战争背后的政治运作

给义和团发放马匹军械，甚至将各衙门的马匹送给义和团使用。奈何，义和团并未能挽回局面，清军也连战连败，裕禄只有选择自杀。

北仓、杨村两场战役中，清军死伤3000人，联军俘获了大批俘虏。英国人组建的威海卫军团负责看守英军抓到的俘虏。该军团是英国在1899年组建的一支部队，设有7个连，共有军官和士兵534人，士兵以威海卫当地人为主，这支部队也被称为"华勇营"。在庚子年，这支部队被投入到进攻天津、北京的战斗之中，作战极为勇敢。对威海卫军团之所以肯为英国人作战，联军解释为地域主义——因为这些人都来自山东，而与他们作战的清军则来自直隶，非本省人。

从北仓到杨村，2万余名装备精良的清军根本未做像样的抵抗，联军对此大惑不解。通过访谈被俘的清军士兵，联军了解到，在前线的清军士兵对军官普遍充满怨恨。军官贪污军饷的现象在军中相当普遍，以致士兵根本无心作战。此外，由于联军切断了大运河，从南方各省来的粮船无法前进，前线清军被粮食问题所困。没有了军饷、粮食，清军士兵曾一度准备在杨村发动兵变。

杨村之战后，联军继续行军。这时地区之间的差异开始显现，英国人在此种大热天显得极其脆弱，而来自热带的印度士兵则毫不畏惧高温。联军准备了4辆救护车，可是中暑的士兵却足够装得下40辆救护车。每个村庄冰凉清澈的井水是联军最大救赎，在1万多人的队伍经过之后，井里只剩下浑浊的泥水。

从天津到北京之间的土地极为肥沃，河流两岸的村庄种满了高粱，高大魁梧的树木、随处可见的村庄、精心耕作的农田，显示出这个区域的兴盛。联军也看到,北方的农村大多是土房,好一点的房子则是半木料的土房。这些土房虽粗糙丑陋,但坚固耐用。房屋由土墙环绕,构成一个独立的防卫体系。寻找水井的最佳办法就是寻找树荫,每个村庄的树荫之下,必然会有一口水井。行军途中,联军的粮草主要靠沿途劫掠得来,冲在最前头的日军得到了大量的粮草。在杨村,日军抢到了两仓库大麦,随后又捕获了20艘满载贡米的船只。

8月9日,联军抵达通州马头镇。在马头镇,气势汹汹的李秉衡率领从江西、山西、山东、江苏四省赶来的勤王军抵抗,结局也在意料之中。全军"见敌则溃",夏辛酉军和万本华军各自逃窜。陈泽霖军逃窜途中不忘抢劫,并公开拍卖掠夺的衣服、首饰。张春发军"狂奔三日",逃至南苑。[1] 8月11日,无奈的李秉衡在张家湾吞金自杀。

8月12日,联军进入通州。通州是北京至天津的交通要道,商业发达,店铺林立,富庶程度为北方之冠。清军在通州未做任何抵抗就逃走了。紧跟在清军后面的联军发现,到处是扔掉的锅子、雨伞、外衣、步枪等物。

联军进入通州后,开始大肆抢掠。通州当铺中存有大量珠宝、古玩、毛皮等物品,店主逃跑时来不及携走,这些都成了联军的战利品。联军抢劫完毕后,隐藏在城市各个角落的赤贫者,突然从阴影里现身,开始了第二次打劫。不同于西方人的是,他们知道哪些东西更值钱,且有足够的地方存储抢劫的物

---

[1] 中国新史学研究会主编:《义和团》(第二册),神州国光社1951年版,第506页。

第六章　烽火：战争背后的政治运作

品，所以收获更丰。这是一次彻底的财富再分配过程，各色肮脏的、衣不蔽体的乞丐、苦力、流浪汉，扛着毛皮、丝绸、桌椅、瓷器，怀中满是银票、首饰，腰里插着烛台、字画，朝着各个方向散去。

向北京行军的 1 万多名士兵如同蝗虫一样，吞噬着一切可以解渴的水果，并将沿途村庄中值钱的东西抢劫一空。行军途中联军不忘劫掠，但是劫掠也存在风险。一名日军士兵单独去一个村庄行劫，结果被当地人绑起来用火烧烤。

8 月 13 日，联军开会，议定在 15 日进攻北京城。会上俄国司令官装腔作势地表示，俄军实在是太过疲惫，很难在 14 日赶到北京。实际上俄国司令官想第一个攻占北京，并决定瞒住各国，提前行动。13 日下午，俄军派出了一支 500 余人的先头部队，由华西列夫斯基将军率领，准备偷袭并占领北京东面城门。

当日大雨倾盆，雷电交加。入夜雨停后，俄军先头部队派出 15 名侦察兵，由熟悉地形的俄国《新边疆报》记者德米特里·扬契维斯基带路。先头部队被清军发现，短暂交火之后俄军退回。抢功心切的华西列夫斯基心有不甘，决定换另一条路继续前进。

俄军走到东便门外时，发现城外的清军在帐篷里睡觉，几十名沉睡的清军被他们用刺刀杀死。随后俄军将携带的两门大炮架在距离城门 15 步远的地方，对城门发起了轰击。东便门和西便门一样，城楼、箭楼和瓮城等建筑在北京诸城门中最简陋，也最矮小。它不算正式的城门，所以称"便门"，因其位置在外城的东边，故称"东便门"。

凌晨 2 时，雨后的北京透着凉意。突然之间，炮火声震动了全城，城内的清军在睡梦中惊醒，拿起枪支到城头上抵抗。东便门虽是"便门"，但城门是用厚铁板制成，极为坚固。猛烈地轰击了 20 多炮之后，俄军才在城门上轰开了一个仅容一人穿过的缺口，华西列夫斯基自告奋勇，第一个从缺口钻过。

清军将主要兵力配置在内城城墙上，并搬运了大量大炮上城墙。依靠着坚固的城垛、高耸的箭楼，清军居高临下向俄军还击。夜间一片漆黑，清军火力虽然猛烈，但命中率不高。破晓之后，天色转明，清军射击更为精准，华西列夫斯基在战斗中被击中右胸。将他抬下城墙的过程中两名哥萨克受伤了。拖延到上午10时，华西列夫斯基才被运到城下抢救。

随军的俄国记者德米特里·扬契维斯基用了大段的笔墨描绘俄国士兵的勇敢，并声称俄军第一个攻入城内。英国皇家海军上尉罗杰·凯伊斯在一封信中却揭了俄国人的老底："那天一整夜他们（俄军）悄悄地调动部队并试图自行进城，并称于凌晨 2 时登上了城门。但他们被击退撤退了，并求救于正在集结的日军。"①

8 月 14 日凌晨，日军开始攻打东直门、朝阳门。东直门上的清军拼死抵抗，日军攻击了多次未攻下，死伤甚多。为了抢先攻入城内，日军派出敢死队，抱着烈性炸药，准备炸开城门，结果被打死了 100 余人。日军敢死队的行动分外诡异，每 10 人组成一队，排好队列，喊着"一二、一二"的口号，如同木偶一般，以整齐划一的步伐向前冲击，一队被击倒，另一队接着

---

① ［美］沙夫，［英］哈林：《1900 年：西方人的叙述》，天津人民出版社 2010 年版，第 235-236 页。

第六章 烽火：战争背后的政治运作

冲锋。①

俄军提前行动之后，英军、美军也不甘落后，于 14 日疾奔至北京城下，发起进攻。当俄国人和清军在东便门激烈交战时，附近的城墙上出现了一处防守空隙。几个美军先利用城墙上的小洞和突出点爬上城墙，再用绳子将武器和人拉上去。随后美军又找到了一些竹竿和电线，做成梯子爬上城墙。美军上城后沿着城墙发起了进攻，20 多名美军赶去支援正被清军炮火覆盖在东便门上的俄国人。

清军判断联军的主攻方向是东便门、东直门、朝阳门等处，就将军队全部调集过来，导致广渠门防守空虚。英军中午抵达广渠门之后大喜过望，这里无人防守，地下胡乱堆放着大炮和炮弹。英军进城后发现水门已经干涸，就将水门的铁栅栏砸开，从水门干涸的河道中进入内城，并于下午 3 时左右到达使馆区。晚 9 时，日军攻破东直门、朝阳门，俄军随后也攻入内城。

入城之后，联军与清军进行了巷战，至 17 日占领全城。此役联军死伤 450 人，其中主要是俄军和日军，清军伤亡 4000 余人，义和团伤亡更多。联军入京后，大肆劫掠了 3 天。"自元明以来之积蓄，上自典章文章，下至国宝奇珍，扫地遂尽。"② 仲芳氏在《庚子记事》中写道："昨日德国洋兵进城，幸未屠戮人民。前门外自崇文门迤西，骡马市、三里河大街以北，直至彰仪门，均改归德国管辖。住户铺户门前，均换青白红三色方旗。予家正在德界，又受二次荼毒。幸有同巷邻居程少棠精习德文与冯秀亭

---

① ［英］乔治·林奇：《文明的交锋：一个洋鬼子的八国联军侵华实录》，国家图书馆出版社 2011 年版，第 46 页。

② 《庚辛纪事》，《义和团》（第一册），神州国光社 1951 年版，第 316 页。

相熟，求其书写洋文贴于门首，稍借保卫。"[1]

就庚子年中国遭遇的大败，事后中国有着诸多的反省。1929年，上海一家杂志上的文字说得好："无实力，无眼光，无主张，初则鲁莽灭裂，继则仓皇失措，以此种人主持国政，不败何待？容许此种人恣肆横行的国民，不辱何待？"[2]

---

[1] 仲芳氏：《庚子记事》，中华书局1978年版，第37页。
[2] 《最新发表的拳乱信史》，《生活》（上海）1929年第4卷第41期，第467页。

第七章
互保：一体化统治系统的松动

当北方烽火漫天之时，南方的督抚们却在冷眼旁观。晚清时，督抚们已经形成了自己的势力，他们控制地方财政，拥有军队，并有外交权。在庚子年巨变中，经盛宣怀串联，刘坤一、张之洞、李鸿章等督抚与西方各国达成互保章程，保全了东南一隅。

～风暴将来袭东南

自上海1843年开埠以来，英、美、法在上海建立租界，西方各国商人纷至沓来，上海很快发展起来。据《申报》报道，1872年，上海大烟馆就有1000余家，从另一个侧面显示了上海的商贾之多、商业之盛。中外商贾云集的上海租界被称作"洋场"，繁华甲天下。1873年，一名游客到了上海，他惊叹道："洋人租界地方，熙来攘往，击毂摩肩，商贾如云，繁盛甲于他处。"[1]

---

[1] 《论洋泾浜小本经济宜体恤事》，《申报》1873年2月4日。

西方人在上海建了大量西式建筑。西式建筑与中式建筑风格迥异，西式建筑高大宽敞，样式奇异，并装有玻璃窗。风尚所至，洋楼遍地开花，"楼台处处仿西洋"。华人所经营的烟馆、酒楼也采用西式建筑风格，使用当时较为昂贵的玻璃。众多洋楼上璀璨夺目的玻璃，使得初到沪上者以为步入仙境，称之为"琉璃世界"。

各种西方器物也在上海普遍出现，如照相就在沪上富人之间流行。1853年，上海出现了西方人经营的照相馆，很多人看到照片之后惊为神术。到了19世纪70年代，照相普及，上海各大妓院将妓女的照片挂在墙上以便顾客挑选。各种西式的日用物品，从洋布、火柴、玻璃，至细小的针线，也在日常生活中普及。以针为例，西方制造的针，纤细而坚硬，针尖锐利，针眼细密。而中国制造的针，粗钝之外，针眼又需用手工去钻，既没有洋针好用，价格又贵，人们自然愿意选用洋针。

社会生活的变动，所伴随的是新阶层的出现与成长，而在近代中国，这就是商人阶层的壮大。在数千年中国历史上，历代王朝推行重农轻商政策。自给自足的中国农业社会中，工商业发展所带来的社会多样性和分化，是统治者所不愿意看到的，守成方是农业社会的根本，所以商业与商人一直是被压制的。

古代中国有着比欧洲任何一国更多的商人和大贾，但他们既无社会地位，又无政治权力。汉高祖刘邦对富商课以重税，不允许商人子孙当官。唐朝时将工商业者列为百工杂流，将其同巫师相提并论。各个时期的中国商人在服饰、乘车和拥有武器方面都受到限制。商人提高社会地位的途径，唯有通过科举考试投身于政治阶层，是为"万般皆下品，唯有读书高"。商人发财之后，

第七章 互保：一体化统治系统的松动

不是将资本投入再生产，而是回乡购地，尽力培养子弟，往仕途之中发展，才被视作正道。

此种状况，在晚清发生了变化。面对三千年未有之变局，为了求强求富，一些实力大员开始兴办洋务。从以往对工商业的抑制，转而开始扶持发展工商业，这是难能可贵的变革。在此背景下，一些官员和士绅们开始从商，从而扩大了商人队伍。庚子前夕，全国新设厂矿300多个，绝大部分是民族企业，集中分布在沿江沿海通商口岸，涉及纺织、面粉、火柴、水电、机器制造等行业。甲午战争造成的一个结果是西方企业获得了在华投资的权利。面对大批外国企业的涌入，民族资本家们势必要和地方实力督抚们结合。就督抚们而言，他们需要民族资本家财力上的支持，而民族资本家也需要督抚们在各方面的扶持，于是地方督抚成了民族资本家利益的代言人。

东南地区形成了一批士绅，他们表现出了与传统商人不同的特点，他们投身于新式的工商活动，积累了相当的财富。他们有的兼具功名与商人身份，如状元张謇；有的是纯粹的商人，如上海巨商叶澄衷等。他们已经具有一定的世界眼光，经历了几十年洋务运动的洗礼，能开眼看世界。他们与地方大员有着千丝万缕的联系，在地方上具有相当影响力，能左右地方上的各类社会事务，可以被看作地方精英。

这些新出现的士绅阶层，有着强烈的社会责任感，积极发出自己的声音。在戊戌变法中，以张謇为代表的东南士绅阶层大力支持维新变法。到了"己亥立嗣"中，以经元善为首的上海工商阶层千余人，联名抗议，反对废帝。作为新兴力量出现的士绅阶层，从他们走上历史舞台的那一刻，就站在了保守势力的对立面。在1900年的政治风暴中,东南士绅阶层自然也是保守势力要打击的目标。

在清末,也涌现了一批新式知识分子。这些新式知识分子,既具有传统学术的背景,也有新式的眼光,更有着强烈的抱负,他们想要改变中国,使中国早日求富求强。他们或是创办报纸,或是办书院讲学,或是出国求学,希望能在思想层面改变中国。他们中的代表人物,如汪康年、陈三立、沈曾植、严复、章太炎、容闳等,本能地赞同变法,支持光绪帝,站在维新变法的一面。当清廷决定借助义和团,对抗西方各国之后,他们大力反对,陈三立甚至在东南游说,迎銮南下,逼迫慈禧归政光绪帝。

虽然在东南出现了上述诸多变化,但总体而言,这些变化是微小的。东南地区出现的"变",也仅仅表现在上海、武汉等通商口岸一隅。广大的农村,仍是延续千年不变的格局。庚子年,与北方一样,东南地区也受到义和团运动的影响。

从1900年2月开始,南方出现了反西方的揭帖和留言,南京城内贴满了义和团揭帖。驻苏州日本领事加藤本四郎报告:"苏州地方,民情温柔平和,人心静稳,且人文称盛。从来对待外人和睦,不意乱民蜂起。"[1] 上海街头开始出现练拳者,租界内连仆役和苦力都在相传:"洋人末日将至,屠杀之期当在不远。"[2] 上海地方上也不太平,"忽传城内已有拳匪千人,飞渡而至,旅沪巨室,纷纷迁避内地,有刚首途而被劫者"。受流言影响,上海居民通过轮船、民船、车马等,向宁波、杭州、苏州等地迁

---

[1] 《长江筋に于ける现况及之に对する》,日本外务省藏档,档案号C08040801200,第20页。

[2] 岑德彰:《上海租界略史》,文海出版社1971年版,第198页。

第七章 互保：一体化统治系统的松动

移。其时，南北消息顿阻，东南各省纷乱之象已显。

与此同时，北方爆发战事的消息传入东南，导致人心大乱。而南方有对列强持强硬态度的李秉衡与江苏巡抚鹿传霖。五月二十五日，以钦差大臣身份巡阅长江的李秉衡，离开苏州，前往江阴，扬言要在长江上布设水雷，对列强开战，这更让东南地区紧张。庚子年，江苏巡抚鹿传霖的态度比较诡异，一方面，他认为义和团不可用，主张加以剿灭；另一方面，他对列强又持主战态度。整个东南的走向，尚不明朗。

中日甲午战争后，地方督抚手中的权力得到进一步扩张。在《马关条约》中，日本限定清廷3年内清偿赔款2亿两白银，如果拖延，在7年内清偿则必须加付利息。"赎辽费"[①]的3000万两银子，则规定清政府需在《辽南条约》签署后一周内付清。此外，清政府每年还需要负担驻威海卫的日军军费。更令清廷屈辱的是，在战争中被日本击沉的英国船只"高升"号，也须由清政府赔偿损失。清廷在中日甲午战争中的军费开支，保守估计在6000万两以上。这几项合计起来高达3亿两白银，相当于清政府3年多的财政总收入。

中日甲午战争之后，清廷在财政上已是焦头烂额，可国内也处处需要花钱。平定各处民变，需要花钱；黄河决堤，灾民无数，需要花钱；北方大旱，饿殍遍地，需要花钱；至于清廷的经常性开支，也是一分不能少。在此种情况之下，清廷只能大举借债。中日甲午战争之后10年，清廷所借外债达1.2亿两白银，

[①]《马关条约》中曾规定割让辽东半岛给日本，经过俄国、法国、德国三国干涉，日本将辽东半岛归还，但规定需要支付白银3000万两，作为"赎辽费"。

仅利息在1900年就要支付2100万两。① 从中日甲午战争到义和团运动的这5年之中，清廷面临着空前的财政危机，每年的财政收入几乎全部花光。

财政日益吃紧，户部无力拨发军费。不得已之下，清廷令各省督抚"就地筹款"，自己筹办军饷，自己练兵。在清廷看来，这可以减轻中央财政负担。但这样一来，军队不再是吃皇帝的饭，而是吃督抚的饭，各省督抚所建的军队便成了各自的私人军队。军权、财政权、外交权在手，这些是1900年督抚们在东南互保的基础。

要而论之，晚清督抚的崛起，是时代变革的产物。督抚们与清室是利益共同体，而不是矛盾体。随着自己利益的形成，以汉人为主的督抚们与满人为主的中央体系会出现矛盾，但双方的共同利益大过矛盾。在晚清的巨大变局之下，清廷不得不坐视督抚们扩张。督抚们也自觉，即他们的权力扩张，以不威胁到清廷的根本统治为基础。虽然他们带兵甲10万，但所求的不过是富贵，而不是挑战皇权。清代官场流行的一句话说得明白透彻："好官不过多得钱耳。"②

清廷一体化的统治，需要儒生们的支持。儒生通过科举途径，成为国家官员。他们出仕是经过学习知识与考试，进入到官僚体系这部机器之中，他们摆脱了对土地的束缚，处于流动之中。通过层层选拔，将儒生纳入帝国内的统治系统中，通过3年一任、异地任职等，避免了阶层固化。各级官僚机构，贯彻顶层

---

① 徐义生编：《中国近代外债史统计资料（1853—1927）》，中华书局1962年版，第21页。
② 《贺希望督抚革命者之失望》，《民报》1906年第10期，第17页。

第七章 互保：一体化统治系统的松动

皇权的意志，同时在许可的范围内，拥有一定的自主权，可以提高执政效率。这一套机制，在两次鸦片战争之前保持着运作，维持着帝国。至鸦片战争之后，一切开始发生变化，地方官僚集团拥有更大的权力，帝国的稳定机制受到了西方列强的巨大冲击，知识分子们有了新的认知，开始开眼看世界。此时一体化的帝国运作机制开始松动，当皇权还能保持一体化机制的运作时，这种松动尚不明显。1900年，随着列强军队入寇京师，从上而下的一体化机制突然失效。巨变突然降临，东南地方的督抚、士绅、知识分子结合起来，开始自救。

在水利通达、人口众多的中国东南地区，列强投入了大量资本。中日甲午战争之后，各国援引《马关条约》对华进行资本输出。英国投资了沪宁铁路，比利时投资了卢汉铁路（卢沟桥至汉口），美国则准备投资粤汉铁路。在上海，英国有着巨大的利益——汇丰银行在给英国外交部的报告中指出，英国国内很多人依靠在上海的利益而生活。如果义和团运动蔓延至南方，上海遭到破坏，将直接影响到这些人的生活。报告要求英国干预东南事务，保护英国在华利益。其时英国军舰已蓄势待发，一旦沿江各地英国利益受到侵犯，则侵入长江。其他列强对干预东南事务也不甘落后，它们不想英国独占长江流域，更想从中分一杯羹。法国表示，如果英国军队在上海登陆，法军也要在上海登陆。德国跃跃欲试，准备跟随英国出兵东南。美国则根据门户开放政策，希望列强一同维持东南地区的秩序。

当驻京各国公使馆被围困后，英国曾通过南京领事馆、汉口领事馆分别试探刘坤一和张之洞，询问是否需要英国海军帮助他们镇压义和团，但被刘、张拒绝。一旦义和团运动蔓延至东南地区，西方列强势必要出兵干预，东南地区过去几十年来的成果将毁于一旦。创办过洋务、熟稔西方事务的东南督抚们也知道，自己的实力不足与西方各国相对抗。东南地方的士绅阶层也反对义和团，因为他们深受西方资本主义的影响，并已经形成了自己的利益。在此背景之下，庚子年，东南地方的督抚、士绅、知识分子携手，与西方列强共同达成了东南互保的协议。

第一红顶盛宣怀

1900年，东南的督抚分为三派：一是湘军系统，以两江总督刘坤一为领袖；二是淮军系统，以两广总督李鸿章为领袖；三是以湖广总督张之洞为领袖的一派。此三派人物，在长期的政坛斗争中也有着各种恩怨。但在庚子年危机面前，他们达成了共识，形成东南互保，而居中负责联系的是盛宣怀。

盛宣怀是江苏武进人，1844年生，祖上以诗书传家，父亲盛康辑有《皇朝经世文续编》一书。盛宣怀从小接受儒家教育，受父亲经世致用的思想影响，思维活跃，视野开阔。由于注重"有用之学"，在清谈高论的八股文章上，盛宣怀不是那么出色，连续3次乡试不中，遂断了在科举上发展的念头。

同治九年（1870），经人推荐，盛宣怀入李鸿章幕府担任幕僚。在李鸿章身边，盛宣怀展示了出色的才华，获得李鸿章信任，被委以兴办洋务的重任。1872年，盛宣怀办理轮船招商局。1875年，他又被李鸿章委托办理湖北煤铁矿务。在湖北兴办的煤铁矿，因为资金短缺、运输困难等原因而告失败。在湖北兴办

第七章 互保：一体化统治系统的松动

煤铁矿的失败并未让他气馁，盛宣怀旋即创办了获利颇丰的电报局。1886年，盛宣怀被实授山东登莱青道兼烟台海关监督。烟台6年任期内，盛宣怀创办了缫丝厂等新式企业，并扶持华侨张振勋学习西方方法，在烟台酿造葡萄酒，酒厂即延续至今的"张裕公司"。

1892年，盛宣怀调任天津海关道。在兴办洋务的过程中，盛宣怀知道了人才的重要性。1895年，盛宣怀在天津创办了北洋大学堂（天津大学前身）。1896年，盛宣怀又创建了南洋公学（上海交通大学前身），之所以称为"公学"，因经费一半由商民捐助，一半由官助。当年，盛宣怀督办汉阳铁厂、铁路公司，并被授予太常寺少卿和专折奏事的特权。1899年，盛宣怀担任会办商务大臣，驻沪办事。

1900年，盛宣怀控制了轮船招商局、上海电报局、华盛纺织总局、中国通商银行、汉阳铁厂、大冶铁矿、萍乡煤矿等一系列企业。这些企业的重要性不言而喻，它们直接关系着清廷的经济命脉。戊戌年，伊藤博文参观了盛宣怀所办的企业后发出感叹："这些企业是破屋子中的好桌子。"此外，盛宣怀还掌握了一个极为重要的部门——上海电报局，张之洞、刘坤一、李鸿章等督抚正是通过这个电报网络进行沟通。

盛宣怀所涉及的行业，主要是电报、铁路、银行、钢铁等关系国计民生的行业，他的基本理念是推行官督商办，"非商办不能谋其利，非官督不能防其弊"。盛宣怀认为，官办则企业缺乏活力，商办则难免出现弊端，故而要官督商办。

盛宣怀的崛起，是清廷一体化体制内的另类，是晚清一体化体系裂痕的产物。20世纪80年代，学者金观涛提出了中国古代

"宗法一体化结构"的观点。他认为,一个社会要利用一体化来组织一个稳定的大国,必须具备以下几个条件:社会上存在着一个强大的可以执行联系功能的阶层(官僚集团);这一阶层必须具有统一信仰,并具有积极的统一的国家学说(儒学体系);社会必须实行由官僚统治的郡县制;需要利用具有统一信仰的阶层组织官僚机构。①这套体系,维持着中国历代王朝的统治,从来没有如盛宣怀这般,因为办理实业而跻身朝堂之中的人物。

盛宣怀只有秀才身份,在以举人、进士功名组成的官僚机构中,乃是另类。他由帮助李鸿章办理洋务起家,所涉及的多为工商等洋务领域。原先的清廷,是以科举出身的官僚为依托,通过从上而下的郡县制治理,以小农经济为主体,从而维持统治。到了晚清,早先的中枢控制力开始减弱,各地大员拥有自己的势力,既是为了抗拒西方列强,也是为增强自身实力,好与中枢叫板,大员如李鸿章、张之洞等,纷纷创办洋务企业,于是盛宣怀这样的人物,脱颖而出,他一手官印一手算盘,亦官亦商,左右逢源。

1900年义和团运动爆发,京师政治斗争激烈,风雨飘摇之中,在沪的盛宣怀始终关注着京师政局走向。5月29日,盛宣怀电告长江沿线及华北的14个电报局,"全夜勿停,京、津、保各电尤紧要"②,以及时了解京内消息。当北方由于动乱,电报线路被破坏后,盛宣怀调动各方力量,全力保持线路畅通。6月10日之后,西方各国联军与义和团在廊坊等处交战,京津线电报中

---

① 金观涛:《在历史的表象背后》,四川人民出版社1984年版,第17页。
② 陈旭麓等主编:《义和团运动:盛宣怀档案资料选辑之七》,上海人民出版社2001年版,第17页。

第七章 互保：一体化统治系统的松动

断，之后天津与外界的电报线路也中断。盛宣怀紧急安排，将电报先发至烟台，再由烟台以轮船送到天津。当清廷发布宣战诏书后，盛宣怀仍然尽力保持与京师的联系。

当义和团运动爆发后，盛宣怀在北方的企业遭受了巨大的损失。他投资经营的粮食生意被迫停业；通商银行天津分行被关闭，流失款项达14万两银子；通商银行北京分行被抢劫一空，损失12万两银子。如果义和团运动蔓延到南方，则盛宣怀所控制的一系列新式企业势必灰飞烟灭，所以在东南互保中他奔走得最为积极。

盛宣怀追随李鸿章多年，乃是李鸿章的经济代理人，自然不难说动他，因此他将游说的重点放在刘坤一和张之洞身上。为了说服刘坤一，他请与刘坤一交往甚密的张謇做说客，并特意派轮船到南通去接张謇。至于张之洞，则请张之洞的密友赵凤昌游说。

两江总督刘坤一对张謇"以国士相待，言听计从"，将其视为心腹。张謇与山东巡抚袁世凯也有着不一般的交情。袁世凯曾在吴长庆军中任职，当时张謇在吴长庆手下担任幕僚。张謇为吴长庆次子业师，袁世凯也在当时拜在张謇门下，学习八股文。张謇颇赏识袁世凯，不时向吴长庆加以推荐，使其得到吴长庆赏识。

如果得到张謇的支持，对盛宣怀而言，是最大助力，可盛、张二人之间却有一段嫌隙。张謇于1895年创办了大生纱厂，之后经历了诸多挫折，而最棘手的问题则是资本不足。纱厂开工之后款项紧张，张謇写信向盛宣怀求救，"告急之书，几于字字有泪"，盛宣怀却毫无响应。最困难时，张謇到上海后，"不忍用公司钱""卖字自给""受辱不敢怒"①。

盛宣怀不仅对张謇如此,对张之洞也如此。张之洞调任两江总督之前,在湖北亏空500余万两。张之洞急电盛宣怀云,先借200万两弥补亏空,改日就还。盛宣怀回电称:"有心无力。"张之洞阅电报后大怒道:"杏荪(盛宣怀字)原来是个大滑头。"

义和团运动爆发,正值张謇事业日趋兴盛之时。如果义和团运动蔓延至东南,采用西方设备进行生产的张謇必然被视为"二毛子",他所创办的企业必将不保。基于此,张謇抛弃前嫌,火速乘坐轮船从南通赴沪。

黄炎培曾云:"清末民初四十年间,东南大事,必与赵凤昌有关。"赵凤昌年幼时在钱庄做过学徒,后来进入张之洞幕府,帮助办理军政事宜。因为二人关系过于亲密,被当时人调侃为形若夫妻——"湖广总督张之洞,一品夫人赵凤昌"。光绪十九年(1893),张之洞、赵凤昌同遭弹劾,赵凤昌被革职回籍。此后赵凤昌前往上海,一方面作为张之洞的代表,为他办理通信运输事务;另一方面则担当耳目,探听沪上绅商及各国动向。赵凤昌以张之洞代表的身份,在上海左右逢源,积累人脉,成为东南地区的重要人物,从幕后操纵大局。

6月12日,盛宣怀向刘坤一、张之洞建议,共同举荐李鸿章北上,担任直隶总督,改变北方混乱局面。刘坤一则认为,此时未便具奏,暂时按下不提。

张謇与盛宣怀、赵凤昌在上海会齐之后,6月21日,清廷发布宣战诏书,声称要与洋人一决雌雄。次日,盛宣怀致电奕劻、

---

① 《张謇全集》(第三卷)(实业),江苏古籍出版社1994年版,第83页。

第七章 互保：一体化统治系统的松动

荣禄，反对"以一敌八"，又电告萍乡矿路，要求保护好西方的技术人员。

此时盛宣怀已得到李鸿章的来电，电文称6月21日的清廷上谕为伪诏，"粤不奉诏，希将此电密致岘、香二帅"。岘、香二帅指刘坤一、张之洞，二人一称岘庄、一称香涛。李鸿章这是明白地表态不会遵从清廷的上谕。地方督抚中最有影响力的李鸿章态度已经明朗，接下来就看刘坤一、张之洞了。盛宣怀遂请张謇、赵凤昌立刻前往南京和武汉，当面向刘、张阐释危急情势，请共建东南互保。

6月23日，盛宣怀邀集赵凤昌、张謇、沈瑜庆、汤寿潜、陈三立、沈曾植、余联沅、福开森、汪康年等，在上海会商互保办法。当日袁世凯发来密电，告知两日前（6月21日）清廷已对各国宣战，并令各省督抚"抚团御侮"。而清廷的上谕，正以六百里加急发送至东南，尚有几日时间。盛宣怀当即抓紧，推进互保。

6月25日，在给李鸿章、张之洞、刘坤一的电报中，盛宣怀认为，朝政现已被义和团所把持，宣战书恐非两宫所自出，将来必如咸丰十年故事（1860年英法联军攻入北京）了事，提议与上海各国领事订约互保。

盛宣怀的提议得到了张之洞、刘坤一积极响应。刘坤一回复称："欲保东南疆土，留为大局转机。"张之洞则称："敝处意见相同"，并请盛宣怀迅速联系沪上官绅，与西方各国达成协议。[①]

6月26日下午，在盛宣怀主持下，东南各省官方代表、江浙

[①]《李鸿章全集》（第十一册）电稿卷二十三，时代文艺出版社1998年版，第6455页。

士绅与英美领事在上海商定了《东南互保章程》《保护上海城厢内外章程》。根据章程，各国负责租界内安全事务，租界外的在华洋商、传教士和教堂等，则由东南各省督抚保护，各国不得干涉，也不得派军舰进入长江。如果因此而引发动乱，中国不负赔偿责任。出于各种考虑，列强并未签署《东南互保章程》，但承认了互保章程的内容。

掌握上海报界的福开森、汪康年等人是盛宣怀密友。自义和团运动后，各大报纸积极宣传，报告督抚们互保的消息，请沪上居民安心。《东南互保章程》签署的当天，《新闻报》《申报》等媒体立刻报道，称上海一隅已金汤永固。[①]6月28日，清廷宣战上谕在上海公布，盛宣怀电请刘坤一、张之洞坚定原议，不可动摇。刘坤一、张之洞互相致电，表示不管如何，东南互保断不可变。

在联络了东南三总督之后，盛宣怀又积极联络各地督抚。闽浙总督许应骙、浙江巡抚刘树棠、山东巡抚袁世凯、四川总督奎俊等人，经盛宣怀联络也加入互保同盟。《东南互保章程》确定后，盛宣怀致电清廷，称如果东南战火一开，半壁江山将荡然无存，东南各省饷源将立刻断绝，全局将瓦解不可收拾。

面对盛宣怀的表白，虽然"上至太后，下至臣僚均衔恨极深，无不切齿痛恨"，但清廷已无力控制，只能默认。8月20日，慈禧在西逃途中发布"罪己诏"，等于正式承认了东南互保的合法性。

东南互保能得到贯彻，关键是东南地区不能发生西方人被杀案件。各省督抚可以寻找借口拖延清廷调兵北上勤王的命令。但如果各国军队出现在东南沿海，他们没有理由不进行抵抗。所以

---

① 《照录中外互相保护章程》，《申报》1900年7月8日。

第七章 互保：一体化统治系统的松动

在东南各省，保护西方人、教堂及教民成了首要任务。

《东南互保章程》签署后，由于东南督抚们的努力，东南各省基本上处于可控状态，其间在厦门发生了一个插曲。厦门有一处日本人租住的房子，房子是教民的。因为日本人不肯付房租，房东自恃有教会撑腰，就将房内杂物拿走，双方爆发冲突。日本以此为借口，派兵侵入厦门。

依照《东南互保章程》，列强不得出兵入侵加入互保的地区。日本出兵，违背《东南互保章程》，导致东南督抚处于两难境地。盛宣怀立刻出面，请日本驻沪总领事小田切与日本外务省协商，请日本退兵。各国驻厦门领事则因福建已加入东南互保，对日本出兵行动不满，纷纷电责日本。日本不得不将军队从厦门撤出，未生出战端。

由于东南互保，南方社会保持了稳定，经济得到发展。互保期间，东南地区兴建了许多近代企业，如荣氏兄弟在无锡开办的保兴面粉厂、顾泳铨在无锡开办的缫丝厂等。东南地区的稳定局面，吸引了北方大批商人、学生、学者涌入东南，尤以上海居多，这促进了上海的进一步繁荣。如天津北洋大学堂的学生成批涌入上海，进入南洋公学继续学业，为此南洋公学还特意开设了铁路班。

对于东南互保，盛宣怀颇为自诩，曾自叙道："生平但知埋头做事，功不铺张，过不辩白，吃亏在此。即如东南互保，非我策划，难免生灵涂炭。"[①] 虽然在很多事情上盛宣怀是个大滑头，但在东南互保的功劳上，此说毫不夸张。

---

① 夏东元编：《盛宣怀年谱长编》（下册），上海交通大学出版社2004年版，第957页。

刘坤一的忠与叛

盛宣怀想搞东南互保,首先要面对的人物就是两江总督刘坤一。但刘坤一与盛宣怀有过一段过节。刘坤一是湖南新宁人,以秀才身份参加湘军,因善战闻名,立军功颇多。咸丰十一年(1861)九月,刘坤一因攻陷浔州,阻止石达开进入川楚,被实授广东按察使。同治元年(1862)八月,在镇压大成国余部黄鼎凤的过程中,刘坤一被提升为广西布政使。

同治四年(1865),刘坤一由广西调任江西巡抚,冯子材至广西提督任上就职,二人在桂林有所交往。刘坤一对冯子材的印象是为人木讷、不善言语,不是油滑之流。不过刘坤一也认为冯子材动辄干预地方公事,属于粗鲁武将之属。

刘坤一以湘军勇将身份,任江西巡抚九年半。在江西期间,刘坤一以恢复地方治安、清剿土匪、惩办贪官污吏为主要任务,对于民间事务则持放任无为态度。主政江西时,刘坤一持排外态度,认为只要断绝一切中外往来,就可以"击其心而阻其气"。他对基督教极为反感,认为一旦基督教在中国得到传播,将"使数千年冠裳礼乐之国,变为魑魅魍魉"[1]。江西巡抚任期满后,刘坤一又任两广总督,却与当年有一面之缘的冯子材发生冲突。

早在同治十年(1871),冯子材弹劾湘系官员、太平知府徐延旭,引发争端。此时刘长佑再起,担任广西巡抚,对徐延旭大力维护。冯子材与刘长佑有很多碰撞,就在同治十二年(1873)称病离职。刘长佑任命湘系道员赵沃统率广西边军。

---

[1] 《刘坤一遗集》(第四册),中华书局 1959 年版,第 1710 页。

第七章　互保：一体化统治系统的松动

赵沃与徐延旭关系密切，想为徐延旭报仇，便刁难冯子材旧将李扬才，使其无法在两广获得官职。李扬才郁郁不得志，于光绪四年（1878）散尽家财，招募人马，攻入越南，自称越南皇室后裔，前来夺回自家江山。李扬才在越南平府称王，建国号为"新"，以"顺清"纪年，自称"太平王"。此事件在当时激起较大风波，其中包括湘系与其他军事集团之争。

李扬才事件后，重新复出的冯子材加以反击，指责赵沃属下杀降冒功，清廷遂将赵沃革职。赵沃曾在刘坤一身边担任幕僚，深得赏识。正担任两广总督的刘坤一出面，希望新任巡抚杨重雅、冯子材放赵沃一马。在说情无效后，刘坤一上下活动，使杨重雅调离广西，以淮系张树声接任广西巡抚。湘淮本是一家，张树声自然配合刘坤一，从轻处罚了赵沃。中法战争之前，赵沃复职，再任广西边军统领。在中法之战中，赵沃指挥的广西防军一战即溃，自己则临阵脱逃，被革职发往新疆军台效力。

光绪五年（1879）正月初一，冯子材出关，入越南追捕李扬才。李扬才在与越南军队交战时所向披靡，面对老领导冯子材却没有了战斗力。四月初三，李扬才老巢被攻破，自己带了几名护卫脱逃。九月初三，李扬才被擒获，被押解至广西省（今广西壮族自治区）城处死，此场湘系挑起的风波方才告终。

1880年，刘坤一调任两江总督。在两江总督任上不久，1881年2月，刘坤一与李鸿章共同负责查办盛宣怀轮船招商局贪污一案。早在1872年，李鸿章于上海创办轮船招商局，后由盛宣怀主持。盛宣怀曾以200万两银子的价格，向美国旗昌轮船公司购买了18艘二手轮船。此事在1880年被人揪出，并弹劾盛宣怀。盛宣怀是李鸿章得力亲信，李鸿章自然要大力维护。

刘坤一却不给李鸿章面子，称盛宣怀购买美国公司轮船之举大为失策，并指责盛宣怀为"劣员""市侩"，请将其革职。对此举，刘坤一知道会得罪李鸿章，称："合肥（李鸿章）以此罪我，只合听之。"

刘坤一认为美国旗昌轮船公司创办时不过花了200万两银子，此后运行了10余年，应当折旧估价，这样实际价格自然不足200万两，而盛宣怀以200万两的价格购买，中间必定存在猫腻。但盛宣怀购买美国旗昌轮船公司船产之后，轮船招商局每年利润不断上升，年获利可达五六十万两，可见这并不是亏本买卖。

刘坤一穷追猛打，接连上奏弹劾，严词指责盛宣怀，其中还包含湘系淮系之争。湘军主要将领除刘坤一之外均已去世，他以为自己是湘系头号人物，可与淮系李鸿章相匹敌。但李鸿章当时如日中天，深得清廷信赖，淮系人马遍及各地。李鸿章对盛宣怀有知遇之恩，盛宣怀对李鸿章忠心耿耿，大力回馈李鸿章家族。李鸿章的侄子李经楚，先在招商局任职，后又担任交通银行总经理。李鸿章的儿子李经方游学归来后，随盛宣怀办理沪宁铁路。李鸿章对盛宣怀何其爱惜，何其重视，如何能不护着。

刘坤一如一头倔驴般抓住盛宣怀猛打，招致李鸿章淮系反扑。1881年6月，刘坤一两次被人弹劾，罢职返乡。在乡间沉寂9年，1890年，刘坤一复出，再次担任两江总督，此后连续在任12年。退出政坛的9年中，刘坤一以旁观者的角色观察着中国事务。而这种旁观者的角色，也使他能清醒、冷静、理性地看待现实，并反思自己的往昔。他在思想上产生了转变，一改昔日保守

第七章 互保：一体化统治系统的松动

陈旧的姿态，开始以新思维、新视野来处理政务，这对于一个步入垂暮之年的老人来说，实在极其难得。

复出之后，刘坤一大力扶持洋务。他曾反对修建铁路，认为造路会影响人民生活，冲击财政收入，为此阻止了刘铭传修建铁路的计划；复出之后，他大力支持修建铁路，认为铁路关系到国家富强，事关重大，为当务之急。他曾一度认为挖掘煤矿会伤害地脉，妨碍民生；但现在他却支持开采煤矿，为了保护煤矿利益，他还禁止乡民自行挖掘矿藏。① 为了培养铁路、煤矿人才，他在南京创办矿路学堂。鲁迅就曾在刘坤一创办的矿路学堂学习，获得刘坤一签发的毕业证。

清末汉人实力三总督之中，李鸿章为洋务派元老，张之洞为洋务派后起之秀，刘坤一从一个抵制、排斥洋务的封疆大吏转为支持洋务的重臣，这是时人所未能想到的。

中日甲午战争期间，刘坤一受命为钦差大臣，北上代替李鸿章负责军事事务。他出发时相当乐观，称"金鼓一震，日本心胆俱碎"，结果却连遭败绩。当时士人嘲讽他道："中东一役，狼狈颠簸之状，闻者喷饭。"② 客观而论，刘坤一所领军队，虽然战败，却也是卖力苦战的。至甲午战败后，清廷在联俄和联英之间摇摆。李鸿章主张联俄，刘坤一主张联英。在他看来，英、俄势均力敌，俄国志在东方，一旦俄国得手，则不利于英国，因此可联英抗俄。

在外交上主张联英的同时，对各种民间反教会团体，刘坤一

---

① 《筹办江宁矿务折》，《刘坤一遗集》（第二册），中华书局1959年版，第948页。
② 《呜呼刘坤一》，《新民丛报》1902年第18期，第90–91页。

力主围剿。1898年山东大刀会进入江苏发展。刘坤一派出大军开赴徐州，下令对大刀会"就地严惩""以期净绝根株"①。马良集一战中，徐州总兵陈凤楼击毙击伤大刀会二三百人。由于刘坤一铁腕镇压，大刀会乃至后来的义和团被限制在北方，没有蔓延至江苏境内。

当义和团运动在直隶、京津蔓延时，刘坤一上奏清廷，请将义和团解散，否则"蔓延日久，收拾越难"。清廷向各国宣战后，刘坤一致电张之洞称："力任保护，稳住各国，实委曲求全保东南之计。"②

长江流域被英国视为利益范围，在这一年，英国决定在华北采取军事行动，在东南则给予刘坤一、张之洞以有效的支持，维持长江流域的和平，保证英国利益。英国一方面联络刘、张，另一方面则试图派军舰进入长江。英国驻汉口领事法磊斯一度向张之洞表态，如有需要，英国可出兵帮忙。张之洞则表示感谢，又称："长江以内上下游，有我与刘岘帅两人，当力任保护之责，必可无事。"③刘坤一也不希望英国军队介入，为此与张之洞保持联系，对在东南的外国人"力任保护"。

6月17日，清廷发布上谕，令各省督抚迅速挑选马步队伍，选派得力将领统带，星夜驰赴京师听候调用。对此上谕，李鸿章不予理睬，刘坤一云无劲旅可抽调，张之洞按兵不动。

6月23日，刘坤一接到盛宣怀密电，告知商定的互保办法，

---

① 《刘坤一遗集》（第二册），中华书局1959年版，第928页。
② 《寄张制军》，《刘忠诚公遗集》（电信卷），文海出版社1966年版，第19页。
③ 张之洞：《致江宁刘制台》，《张之洞全集》（第十册）电牍，河北人民出版社1998年版，第7993页。

第七章　互保：一体化统治系统的松动

上海租界由各国保护，长江内地由督抚保护。刘坤一接电后颇有些犹豫，盖因未经朝廷批准，就与列强订立条约，这是对清廷的背叛。

刘坤一根据北方局势的发展，判断清廷在各国打击下将逃往西北，为此询问张謇："西北与东南孰重？"张謇认为："无西北不足以存东南，为其名不足以存也；无东南不足以存西北，为其实不足以存也。"刘坤一听了当即拍板，决定联络张之洞，共同进行东南互保。据张謇回忆，刘坤一在做出参加东南互保的决定之后，曾用手比划着自己的脖子对他说："头是姓刘的物""好头颅会上菜市口"。意即已经做好被杀的准备。

在东南互保的推动及实行中，刘坤一也面临一些保守派官员的阻力。拥有兵权的长江巡阅使李秉衡、江苏巡抚鹿传霖就明确反对东南互保。李秉衡是强硬保守派，因为任山东巡抚时牵连教案而被免职，后调任长江巡阅使。义和团运动爆发后，李秉衡与江苏巡抚鹿传霖一度在苏州秘密会晤，亲赴江阴，请求拨款购买水雷，封锁长江，又扬言要击沉进入长江的兵轮。

李秉衡的强硬态度令列强大为紧张。英国驻沪总领事霍必澜认为，李秉衡乃是"慈禧太后的坚决支持者"。张之洞则发电告知李秉衡，江阴炮台不堪一战，劝告他不可开战。刘坤一也大为头痛，迅速搁置李秉衡购置水雷之议，与张之洞商议之后联合上奏，请清廷调李秉衡北上勤王。李秉衡也乐意北上勤王，好做一个力挽狂澜的名臣。为了让李秉衡迅速北上，刘坤一在人力、财力、物力上，不遗余力地给予支持，下令一次拨给李秉衡4个月经费，并为他配备了280人的卫队，又将驻扎在东南地区的武卫军张春发、陈泽霖两部拨给李秉衡。李秉衡不知道，刘坤一实际上是让他早点去北方送死。

庚子年，鹿传霖担任江苏巡抚，他的态度复杂。一方面，他认为义和团不可用，主张加以剿灭；另一方面，他对列强又持强硬主战态度。当两宫从京师出逃后，鹿传霖亲自带兵北上勤王。据云鹿传霖老家的族人被义和团杀光，鹿传霖在江苏听到消息后大哭，带了军队以进京勤王为借口，准备顺道返乡报仇。到了河北定兴老家，看到举族安然无恙，遂按兵不动，成为笑柄。鹿传霖自号"迂叟"，这种事情倒也不是干不出来。鹿传霖回乡报仇不成，看着慈禧到了西安，就转而带兵前去西安勤王。对于鹿传霖的忠心，慈禧大为满意，将其调入军机处担任大臣。鹿传霖入军机处，令主和派很吃惊，张謇惊呼："然闻鹿传霖亦入军机处，是又一刚（毅）也。"[①]

借助东南互保之契机，刘坤一又以四品顶戴相诱，招抚了东南一带的大盐枭徐宝山所部数万人。徐宝山外号徐老虎，是青帮分子，组织武装贩卖私盐，在长江上拥有走私船700余艘。徐宝山被招安后，刘坤一为其改名"徐怀礼"。徐宝山被招安在东南影响极大，《申报》社论竟将之视作"东南三不足虑"之一，即"南方人明于事理、东南督抚互保、招抚徐宝山"[②]。

1900年庚子变乱中，刘坤一借清廷混乱的契机，扩充了自己的实力，保全了东南。但刘坤一在东南推行的互保，不是对清廷的悖逆。刘坤一对清廷忠心耿耿，其性格耿介，向来对事不对人，这也为清廷所熟知。

[①]《张謇全集》（八），上海辞书出版社2012年版，第490页。
[②]《务镇静以安人心说》，《申报》1900年7月6日。

第七章　互保：一体化统治系统的松动

戊戌政变后，慈禧准备废黜光绪帝。光绪二十四年（1898）八月，赵凤昌致电张之洞，建议联合刘坤一上奏保全光绪帝。张之洞初期答应参与，后又反悔，"削其名勿与"。刘坤一久经战阵，身上颇有豪气，怒道："香涛见小事勇，见大事怯，姑留其身以俟后图。吾老朽，何惮？"刘坤一当即致电荣禄和总理衙门，希望"我皇太后、我皇上慈孝相孚，尊亲共戴，护持宗社，维系民心"，迫使慈禧暂停废掉光绪帝。

刘坤一带头站出来强烈反对，慈禧并没拿他怎样。庚子年刘坤一的擅自作为，违背朝廷旨意，与各国议和互保，为清廷保全了东南，避免了局势的全面糜烂，清廷也知道这是耿直的忠臣做出的无奈叛举，也就不加追问。刘坤一知道慈禧已成为时代的绊脚石，但他没有勇气去反对慈禧。光绪帝、慈禧出逃之后，刘坤一与美国领事会晤时表示希望光绪帝亲政，但刘坤一又说："除非反叛，否则无法除去慈禧。"反叛清廷，刘坤一决计做不出来，后世一些学人根据张之洞在庚子年的表现，却认为他做得出来，真是如此吗？

∽❀张之洞的庚子布局

晚清重臣之中，张之洞是一个十足的怪人，其生活方式与众不同。中日甲午战争期间，刘坤一北上负责军务，张之洞代理两江总督，刚毅前往巡视，张之洞中午自然要设宴欢迎。刚毅在酒席上口沫横飞正得意时，突听鼾声大作，一看，张之洞已酣然入梦。刚毅以为是张之洞瞧不起他，回京之后没少攻击张之洞。但这并不是张之洞瞧不起刚毅，而是张之洞的生活习惯使然。张之洞习惯夜里办公，白天睡觉，晚上精神亢奋，白天则衰弱得不行。不得已应酬时，就常会在饭局上入梦。

内阁学士吴郁生到湖北督署拜访，张之洞"以老友也，故不拘常礼，一面剃发一面畅谈，不料尚未及谈正经公事，而张已昏昏睡着了"。侍列外厢的赵凤昌见状，赶紧过去，以双手托住其头，一动都不敢动，约一小时之久，张之洞才醒来。

张之洞整夜不睡，寂寞了，就抓两个人陪他聊天。黄绍箕是他的门生，常被拉来聊天，一聊一整夜。黄绍箕体弱多病，陪张之洞长期熬夜聊天，熬不过去，竟然死了。张之洞还喜欢养猫，在卧室里养了十几只猫，每天亲自喂猫。猫时常在书上拉屎，张之洞就亲手擦，边擦边和左右说："猫本无知，不可责怪，若人如此，则不可恕。"[①]

张之洞不但生活习惯古怪，政治上也多变，其中心则是维护自己的政治地位。张之洞系清流出身。同治、光绪年间，清流一派，议论时政，左右舆论，敌视洋务派，认为华夷之防乃是根本。张之洞是清流主将，号为"清牛角"。经清流领袖李鸿藻提拔推荐，张之洞当上了山西巡抚。之后他却华丽转身，成为洋务派殿军。1883年，张之洞在山西创办洋务局，这是他办洋务的开始，之后他又在各地创办了一系列重要的洋务企业。

戊戌变法前，张之洞积极支持维新派，曾向强学会捐赠五千两银子，并让儿子张权和亲信杨锐入会，张之洞被认为是强学会

[①] 张达骧：《张之洞生平述闻》，《武汉文史资料》（总第23辑）1986年版，第17页。

第七章 互保：一体化统治系统的松动

名义上的会长。1895年，张之洞代替刘坤一，暂署两江总督（因为中日甲午战争，刘坤一北上），康有为跑到两江总督府，一住20余天，二人隔日一谈。维新派的舆论根据地《时务报》，全赖张之洞的捐助而得以创办。《时务报》创办之后，张之洞每期都要阅读，并下令湖北全省各衙门订阅。

但当戊戌变法进入高潮时，觉察到风向不对的张之洞迅速转变，他密电亲信杨锐，不要将机密消息告诉康有为。每当有人提出请他进京时，他就推辞，说"精神不支，万万不可"。《时务报》被查封后，张之洞一方面立刻与维新派保持距离，并让儿子张权及一干亲信在京活动；另一方面则派湖北按察使瞿廷韶北上与荣禄联系，以营救门生杨锐，同时也向荣禄、慈禧表态，以划清与维新派的界限。戊戌政变之后，张之洞丝毫未受影响。慈禧召见瞿廷韶时，还夸奖张之洞"甚顾大局"。对于张之洞、康有为，当时有人评价道："初时则互相依重，久而互相决裂。爱康党、荐康党之张督，忽而变为恶康党、拿康党之张督。爱张督、拥张督之康党，忽又变为诋张督、骂张督之康党。"①

1900年张之洞的表现也不同寻常。对于义和团，他认为必须围剿。当长江流域、两湖地区爆发反教会运动时，他派兵前往镇压，并向传教士赔礼道歉，以平息事端。当听闻义和团拆毁丰台至琉璃河铁路、焚烧车站的消息之后，张之洞给荣禄、裕禄发电，建议"当格杀勿论"。当清廷于6月21日发布宣战上谕后，张之洞违背上谕，与刘坤一、李鸿章结成同盟，达成

---

① 《张之洞康有为比较之异同》，《经世文潮》1903年第6期，第7-14页。

东南互保。

张之洞对大局势的判断是明朗的，与西方列强对抗，清廷必败无疑。他认为："从古无一国与各强国开衅之理，况中国兵力甚弱，岂可激众怒召速祸？"[①] 而这种失败有多惨烈，是他不能把握的。许景澄、袁昶等五大臣因为反对宣战，在京被处死，此二人乃是张之洞在浙江所取门生，得知消息后，他"惟日啜泣"，更大力推动东南互保。

张之洞认为"内防奸匪借端，外免洋人口实，顾全东南大局，方能接济京师也"。为此，张之洞做了两手安排。一方面，若是保全东南，如果清廷能够在联军的打击下苟延残喘下来，则以东南保宗社，"留东南数省尚可接济京师，安靖北五省人心"。

另一方面，张之洞积极布局，以应对万一清廷覆灭之后的局势。在华进行情报工作的宇都宫太郎与刘坤一、张之洞等地方大员都有联系。宇都宫太郎留下的日记中记载，张之洞曾表示，准备联合二、三总督，于南京成立一个政府。张之洞还希望日本能派遣军事专家来华指导军事行动，并从日本购买枪支弹药，装备新式军队。当北方义和团运动进入高潮时，在武汉的张之洞命令长子张权率领总兵吴元恺、游击张彪、纪堪荣等前往日本考察军事，购买武器，以应对乱局。张权在日本前后4个月，其间联络日本军政界要人。直到清廷大局落定后，9月4日，张权才由日本返回上海。

而庚子年最值得注意的乃是张之洞与自立军的关系。戊戌变

[①] 张之洞：《致京荣中堂》，《张之洞全集》（电牍卷），河北人民出版社1998年版，第7981页。

第七章 互保：一体化统治系统的松动

法失败之后，唐才常在日本与康有为、梁启超取得联系，联合势力遍布于长江流域的哥老会，组织自立军，准备起义，迎请光绪帝重新执政。能得到哥老会的支持，主要来自毕永年的帮助。毕永年曾加入哥老会，成为龙头。戊戌变法失败后，毕永年游走海外，曾率领壮士于1899年参加菲律宾革命战争。1900年，经毕永年联络鄂、湘、皖、赣等省的哥老会，开"富有山堂"，康有为、唐才常任副龙头，毕永年、林圭任总堂，预备起义。毕永年此时已与康有为闹翻，曾彻夜劝告唐才常，断绝与康有为的联系，但唐才常依赖保皇会的资金支持，不听毕永年劝告。

哥老会与湘军头号猛将鲍超有关。鲍超是四川人，跟着他入伍的四川人很多，并在军中结成哥老会，彼此照应。太平天国失败后，湘军大部分被裁撤，被裁撤的人中，一部分回到老家，另一部分不愿意回家，分散在长江流域的江苏、安徽、江西、湖北等省。他们在哥老会的旗帜下活动，成为一股强大的势力，会众有10余万人，各地官府都畏惧三分。同治四年（1865），左宗棠在一份奏折中指出："今江、楚之间，游勇成群，往往歃血会盟，结拜哥老会。"[①] 为了利用哥老会的势力，唐才常一方面积极从海外争取费用，另一方面则许诺，起义后允许哥老会在各地劫掠3天。

老谋深算的张之洞深知，清政府对列强宣战，其结果必然比1860年的第二次鸦片战争更为惨烈。最坏的结果是列强可能将清室彻底消灭。在此种情况下，东南各省督抚的机会便来了。此时张之洞辖区内的自立军便成为可以利用的力量。故而张之洞对唐才常及自立军的活动采取放任态度，对唐才常两湖独立的建议，

---

① 《左宗棠全集》（奏稿二），岳麓书社1987年版，第90页。

则虚与委蛇，不明确表态。张之洞的模糊态度，在唐才常看来等于默许其活动。基于此种判断，自立军将总部设在武汉，并在湖南、湖北军队中发展成员。

依照计划，本该在8月9日起义。但事前康有为许诺的3万元军费一分未到。依吴玉章的说法，这笔钱被康有为私吞了。哥老会对此大为不满，唐才常不得不将起义日期推迟。但在安徽桐城县（今桐城市）大通镇的自立军未接到通知，照常起义，3天之后被镇压下去。起义领袖秦力山、吴禄贞等逃亡日本。

镇压起义后，安徽巡抚王之春给张之洞发电报，称大通起义是自立军在整个长江流域起义计划的一部分，总部设在汉口租界内，头目为唐才常，请张之洞注意。张之洞收到电报后并未立刻行动，他尚在观望，此时京津战火正浓，大局尚未尘埃落定。

8月21日，慈禧、光绪帝逃到宣化府，并继续发布政令。此时局势已经明朗，光绪帝、慈禧安然无恙，张之洞借清室被灭后出现乱局成就一番事业的谋划已不可能，唐才常等人自然要成为牺牲品。当日，张之洞派兵在汉口英国租界花楼街捕获唐才常等人。在唐才常随身的小箧内，搜出与哥老会的约定。起事之后，唐才常允许哥老会："焚毁各衙署，劫掠局库，占据城池，焚戮三日，封刀安民。"[①]在清军抓捕的行动中，毕永年越窗逃脱，唐才常、林圭等人被捕。

次日深夜，张之洞快刀斩乱麻，将唐才常等28人于僻静处诛杀，其中多数为留日学生。参与此次事件的日本人也被抓捕，因自称日本人，方得幸免。唐才常被杀后，他的弟弟唐才中也在

---

① 《起获匪票伪示各情形》，《申报》1900年10月9日。

第七章 互保：一体化统治系统的松动

湖南被擒。审讯时，唐才中毫不畏惧，别无他语。上刑场时，步行甚速，谈笑自若。① 唐才常是张之洞两湖书院的学生，吴禄贞等自立军将领又是张之洞派往日本学习军事的"官费生"，张之洞果断处理，撇清了关系。《清议报》中云，唐才常被杀时，头颅鲜血飞溅，落在地上，成"张之洞无君"五字。② 康党对张之洞之痛恨可见一斑。

将唐才常与自立军干净利落地处理完毕后，张之洞又不忘安抚国内的改良派及在日本的官派留学生，特意做《劝戒上海国会及出洋学生文》。所谓"上海国会"者，乃是唐才常发起，以"保国救时"为名，邀集旅沪名流在张园定期集会，主力有文廷式、严复、容闳、章太炎等人，其政见主要是创造新邦，同时勤王靖难。③

汉口自立军谋事失败之后，毕永年回到广东，发动了惠州起义。惠州起义失败后，毕永年转至广州，借居在叔父毕昌言家中。毕昌言当时为广东候补知府，其继室李氏得知毕永年是革命党人后，前往官府告密。1901年11月29日，官兵出动抓捕，毕永年奋起抵抗，死在清兵乱刀之下，时年32岁。毕永年死后，被秘密葬在广州郊外海滨。短短几年时间，毕永年经历了戊戌变法、流亡海外，参与菲律宾独立运动、国内起义等诸多重大历史事件，可谓叱咤风云。

就庚子年间东南三督的表现，《清议报》气冲冲地大骂："刘

---

① 《视死如归》，《知新报》1900年第119期，第11页。
② 《义士唐才常传后死人》，《清议报》1900年第58期，第3727页。
③ 蒋慎吾：《庚子正气会案的余波》，《越风》1937年第2卷第3期，第25–28页。

坤一，弱也。李鸿章，猾也。张之洞，贼也。"[1] 张之洞之贼，贼在他首鼠两端，做好两手准备。清室若被联军消灭，就是他在长江流域施展拳脚的机会。至于他会施展多大的拳脚，历史没有给他机会，后人也不得而知。

庚子年之后，张之洞显示了他一贯"骑墙"的作风，从对待吴禄贞上就可以看出。吴禄贞是张之洞创办的湖北武备学堂高材生，庚子年在安徽大通镇领导哥老会起义，起义失败后逃亡日本。张之洞电告日本政府，称吴禄贞曾暗中潜回国内，在大通滋事，请严加惩处。但当吴禄贞从日本学成归国，张之洞却又对他加以重用。至辛亥革命时，吴禄贞已成为新军之中手握重兵的一方大将。

张之洞在湖广总督任上，创办陆军学堂，公费派遣学生赴英、法、德、日学习军事，其中以去日本的留学生最多。这些在日本的留学生，多数加入同盟会，成为革命主力。张之洞亲手创办的湖北新军中也涌入了大量的会党、落魄的知识分子乃至于革命党人，产生了埋葬清廷的力量。后世的一些评价认为，张之洞在湖北的布置和晋朝的陶侃（士行）一样，多少有点不臣之心。

谁也不知道，张之洞对清廷是否存有叛逆之心。张之洞去世前，曾暗示摄政王载沣，在他的谥号里加入一个"忠"字。但载沣没有领会到这一点，封给他的谥号为"襄"。张之洞死后两年，武昌起义，各处衙门均被焚毁，但供奉张之洞画像的建筑却被保留了下来，这是不是革命党人对他的一点点心意？

---

[1] 《逆贼张之洞罪案》，《清议报》1900年第63期，第3991-3995页。

第七章 互保：一体化统治系统的松动

❧ 裱糊匠李鸿章

庚子年，重臣李鸿章不在清廷中枢，而在两广坐镇。李鸿章之所以被调往两广，还得从1894年的中日甲午战争说起。

1894年2月8日，李鸿章被赏三眼花翎，这是清廷的最高荣誉，但李鸿章的这个三眼花翎不久便被夺去。5月10日，李鸿章从大沽口乘船前往旅顺阅兵，入船门时，帽上大珠被碰落。船刚开行，大风突起，将帅旗被吹落海中，同行者均以此为不祥征兆。

当年中日在朝鲜对峙良久，日方一心求战。5月31日，日本参谋本部向日本天皇和内阁汇报："中国士兵仅五分之三有步枪，一团中装备有十三种步枪。中国完全无准备，作战时机已到。"

对于清军斤两几何，李鸿章洞察于心，他始终主和，反对开战。

7月16日，京师内官吏群情激昂，纷纷上奏请战。光绪帝遂下定决心开战，并准备处分消极应战的李鸿章，但被慈禧制止。慈禧云："无鸿章，无清朝。"翁同龢等则建议光绪帝独断专行，绕过李鸿章，直接指挥军队。8月1日，中日同时宣战。开战之后，李鸿章消极避战，致贻误战机。9月17日，中日海军在黄海交战的同时，翁同龢等弹劾李鸿章。随后清廷下旨惩戒李鸿章："未能迅赴戎机，拔去三眼花翎，褫去黄马褂。"①

当清军在战场上连遭败绩之后，翁同龢、李鸿藻等主战派仍

---

① 《中国近代史资料丛刊》，《中日战争》（第三册），上海人民出版社1957年版，第101页。

不肯认输,上朝时对光绪帝痛哭流涕,请求和日本血战到底。在与美国公使的一次会晤中,美国公使对李鸿章说:"如果您的意见能为中国人所接受,今日也不会如此。"李鸿章乘机请美国公使向清廷建言罢战,美国公使却回答道:"没有用的,人不吃苦头,不会改心。"①

然而吃了苦头的光绪帝,其心并没有改,他痛恨李鸿章依旧。御史安维峻在弹劾李鸿章时甚至称:"中外臣民无不切齿痛恨,欲食李鸿章之肉。"11月24日,李鸿章被免去直隶总督职务,摘去顶戴,暂时留任。

清军彻底战败之后,清廷不得不和日本进行谈判。依照职务,本该由翁同龢出马议和,但翁同龢不齿于此,遂改派张荫桓前往日本议和,又被日本以资望不足为由回绝。于是清廷赏还李鸿章三眼花翎及黄马甲,授其为全权大臣,前往日本议和。

李鸿章很早就与日本打过交道。早在同治九年(1870),日本派遣使团来华要求通商时,李鸿章曾有精辟分析。他认为日本"贫而多贪,诈而鲜信""近在肘腋,永为中土大患"。②此番李鸿章赴日本马关议和,日方提出了苛刻的条件,要求军事占领大沽口、山海关、天津三地,并限3天答复。伊藤博文甚至说:"此约唯有可否二字。"面对日本的蛮横,李鸿章坚决拒绝,这激怒了日本国内的极右分子。

狂热的日本浪人小山丰太郎见中国战败之后前来求和,却又

---

① 吴汝纶编:《李鸿章致潘鼎新书札、李文忠公(鸿章)年谱、李鸿章年(日)谱》,《李文忠公(鸿章)全集》,文海出版社1980年版,第5042页。
② 吴汝纶编:《李鸿章致潘鼎新书札、李文忠公(鸿章)年谱、李鸿章年(日)谱》,《李文忠公(鸿章)全集》,文海出版社1980年版,第4843页。

第七章　互保：一体化统治系统的松动

不肯接受日本的条件，遂决定刺杀李鸿章。1895年3月24日，李鸿章乘轿前往谈判地点春帆楼，李鸿章着天鹅绒上衣，戴金丝眼镜。谈判进行了一个半小时之后，李鸿章原路返回，途中挤满了围观的日本民众。行到一处杂货铺时，小山丰太郎冲出，从正面对着李鸿章轿子开枪，李鸿章左颊被击中，随后被日本警察护送回寓所。小山丰太郎不久被日本警察捕获，被判了无期徒刑。在法庭上，小山丰太郎称日本如果放弃占领北京，将是日本的耻辱。小山丰太郎被判刑时不过27岁，在狱中几十年，至60余岁时被特赦。

李鸿章被刺后侥幸未死，却由此摆脱了外交上的被动局面。李鸿章被刺后，国际舆论转而同情中国。不得已之下，日本只好放弃了占领天津等地的要求，转而要求赔款2亿两白银，割让台湾岛及其附属岛屿、澎湖列岛及辽东半岛。

和约签署，国人却以为李鸿章卖国求荣，割让国土，目之为汉奸，他成了人人皆曰可杀之人。其时京师著名丑角杨三去世，时人撰对联云"杨三已死无苏丑，李二先生是汉奸"，广为流传。李鸿章的长子李经方在日本开洋行，又娶了日本女人做小妾，外界谣传他当了日本驸马，"李经方为倭贼之婿，以张邦昌自居"。却不知马关议和之后，李鸿章仇日极甚，在外交上力主联俄抗日。

辱骂李鸿章的文章为朝野上下所推崇，骂他为汉奸者"人人竖拇指而赞扬之"。人们在辱骂他的同时，却忘了李鸿章事先一直不主张轻开战端，力主和议。主战派不顾现实的实力对比，为了胸中的怒气而强行开战。待战败之后，却又说主和者是汉奸，到底谁才是汉奸误国？南宋汤思退曾评价历史上的主战者道："此皆厉害不切于己，大言误国，以邀美名。"

山河变

1895年8月30日，翰林院学士68人联名弹劾李鸿章，称其昏庸误国。光绪帝对李鸿章恨得咬牙切齿，发誓将永不予他以实权。9月6日，李鸿章被剥去专折奏事的特权，此时他只剩下一个协办大学士的虚名。被开去直隶总督等实职后，李鸿章枯住京师贤良祠。李鸿章失势之际，翁同龢一党权倾朝野，李鸿章的得意门生袁世凯也投靠了翁同龢，他一手扶持起来的盛宣怀也与张之洞眉来眼去，寻找新的靠山。

虽然光绪帝发誓不再予李鸿章以实权，但是洋人看重他。1896年俄国沙皇登基，点名要李鸿章为特使，74岁的李鸿章遂于此年出使欧洲。李鸿章自己也想出洋看看，年迈的他有着一颗好奇心。他自己说道："各国都知道有我这样一个人，他们喜欢与我面谈，耳闻不如一见，借此游历一番，看看各国景象，可作一重底谱。"

随后，李鸿章前往俄国出席俄皇加冕典礼，并游历欧美。马关议和之后，李鸿章深恨日本，此番去俄国，却又要先到日本登岸，之后转乘欧洲邮船。李鸿章咬牙切齿，发誓不履仇人之地，虽秘书、参赞再三劝说，但他不为所动。无奈之下，最后在两艘轮船之间，搭了个移动浮桥，方才完成转船。

在德国，他先后拜会德皇、俾斯麦等人。李鸿章与俾斯麦都是近代国际舞台的大人物，只是李鸿章生平办理军事外交，所得常为辛酸的失败，俾斯麦则纵横捭阖，所得多为得意的胜利。李鸿章目睹大清国运日下，体无完肤，却回天无力。俾斯麦则完成德意志的统一，国运蒸蒸日上，执牛耳于欧洲。因此二人虽都为大人物，但李鸿章是时势造就的大人物，俾斯麦则是创造时势的大人物。

第七章　互保：一体化统治系统的松动

李鸿章也在德国尝试了西方新式科技，用 X 射线检查了在日本被刺的伤口。在荷兰，他观看了芭蕾舞和话剧，大悦；观看电影幻灯片时，李鸿章大为惊讶，认为人间绝无此事。在巴黎，他参观了艺术馆、博物院、植物园。在伦敦，他参观了英国上下两院，并观摩了英国海军舰队大会操。虽说宾主把酒言欢，不过李鸿章的一个陋习，让老外很头疼，那就是不分场合，随意吐痰。

随后，他又跨越大西洋，访问美国。在华盛顿，李鸿章会晤已故总统格兰特的儿子。他问："你是不是富人？"格兰特的儿子回答不是，这让他很困惑，一个总统的儿子怎么会不是富人？在纽约，一个采访的美国记者令他不快，被他大骂为"蠢物"。这就是李鸿章，一个喜欢新鲜，有点小得意，又不肯安分的急躁老头。

游罢尼加拉瓜瀑布，李鸿章自温哥华乘轮船归国。归国后李鸿章被授总理衙门大臣，但不久因擅入圆明园而被革职，并罚俸一年。据说 10 月 15 日李鸿章游玩圆明园时，碰到太监只打赏了 3 两银子。太监不满，便密告光绪帝，李鸿章私游圆明园。

圆明园自被焚毁，常有民间人士前往游玩，并不犯禁忌。但 1895 年清廷有意重修圆明园，慈禧、光绪帝也常前往，故而圆明园成了禁区。刚从海外归来的李鸿章不熟悉国内情况，回来后游兴未尽，就便服游圆明园，结果被弹劾去职，在京闲居。

至戊戌变法失败后，康、梁逃命，慈禧严令追捕。荣禄乘机上奏，称李鸿章旧勋宿望，不能久闲，广东为康、梁原籍，可让李鸿章前往查办，遂命李鸿章为两广总督。此前李鸿章坐镇直隶 24 年，何曾看得上两广总督一职，现在竟也欣然接受，可谓此一时彼一时。

李鸿章督粤，时间极短，从光绪二十五年（1899）十月至光绪二十六年（1900）六月，前后不过8个月。也是造化弄人，如果李鸿章不是私游圆明园被免去职务，留在北方，他便免不了要卷入政坛纠纷之中；外放两广，正好避过了北方的漫天烽火与喧嚣。

当清廷宣布对西方列强开战之后，东南各省的督抚们都看着李鸿章，他资历最深，声望最高，门生遍及各地，他的走向直接决定了东南的走向。作为臣子的本分，李鸿章、刘坤一、张之洞等东南大吏，应当遵循中枢号令，对外宣战，并派兵北上勤王。可李鸿章等，采取了中国古代政治体制中的惯用伎俩，即明面上不抗拒中枢的命令，实质上却加以抗拒，而套路就是声称中枢旨意，乃是矫诏。

盛宣怀特意致电李鸿章、张之洞、刘坤一，加以提醒："朝政皆为拳党把持，文告恐有非两宫所自出者。"李鸿章老于官场，哪会不知。李鸿章一句"廿五日（6月21日）矫诏，粤断不奉"，[①]明白无误地表达了他的意思，于是东南互保遂成。

东南达成了互保，但北方却陷入混乱之中。北京东交民巷被义和团及董福祥甘军围攻，联军攻克大沽口，派兵进京解围。一片混乱之中，保守派乘机铲除异己。但义和团刀枪不入的神功，终究敌不过洋人的枪炮；10余万清军，在区区2万西方联军面前一触即溃，土崩瓦解。不到两个月，洋人已兵临京师，两宫仓促出逃。

两宫出逃之后，年迈的李鸿章返回京师，与各国谈判，收

[①] 《李鸿章全集》（第十一册）电稿卷二十二，时代文艺出版社1998年版，第6450页。

第七章 互保：一体化统治系统的松动

拾残局。早在对列强宣战之前，6月15日，清廷就已电召李鸿章回京，但被李鸿章推掉。此后清廷一再命令李鸿章北上，李鸿章不肯上路，静观其变。李鸿章的主要考虑是，京师被顽固派大臣所把握，且义和团打出旗号称必斩"一龙二虎十三羊"，二虎之一就是李鸿章。多年经办洋务，签署了诸多不平等条约的李鸿章，在义和团看来是铁杆汉奸二毛子。如果贸然进京，不但于事无补，反而可能白白送掉一条老命，不如暂时留在广东观望。

7月1日，李鸿章致电刘坤一称："兵匪仍力攻使馆。政府悖谬至此，鸿章何能？断难挽救，鸿去何益？""荣、庆尚不能挽回大局，鸿章何能？各国兵一二日抵城下，想有一二恶战，乃见分晓。"[①]当日李鸿章告知杨儒，京师之乱，实由自作，东南各督抚均与京师龃龉，对中枢指示多不能遵循。

7月8日，清廷命李鸿章调补直隶总督兼北洋大臣，迅速北上。李鸿章一直主和，清廷在此际做出此任命，潜台词已经明确，即如果打不过各国联军，还得请李中堂过来收拾残局。但李鸿章认为时机未到，不肯北上。

7月17日，李鸿章才从广东出发，乘船前往上海。在等待出发前，李鸿章曾与属下有过对话。李鸿章预测京师在七、八月间将不保，而与西方各国谈判将面临三大问题："剿拳匪以示威，纠祸首以泄愤，索兵费以赔款。"[②]属下问赔款大约数目，李鸿章

---

① 《李鸿章全集》（第十一册）电稿卷二十三，时代文艺出版社1998年版，第6465页。

② 高拜石：《李鸿章晚年之际遇》，《古春风楼琐记》（第十一集），作家出版社2003年版，第154页。

答不能预测，称只能竭力争取。又云："我能活几年，当一天和尚撞一天钟，钟不鸣了，和尚也死了。"①言罢，老泪纵横。这一年的李鸿章，已78岁矣。

7月21日，李鸿章抵达上海，在沪暂时停留。李鸿章离开两广时，港英当局一度想要加以拦阻，以免李鸿章一走，两广发生混乱。李鸿章到上海时，英国领事也想加以拦阻，不准其卫队登岸。对李鸿章，英国媒体普遍认为，其人并不可靠，名为进步，实为阻碍。

李鸿章抵沪后，其次子李经述致电李鸿章，劝他暂时不要北上。当时京师内部发生巨变，为警告东南各省督抚，主战派将许景澄、袁昶等大臣相继诛杀。李鸿章遂向清廷请病假20天，在沪养病，待局势明朗后再行北上。其间，在上海主持南洋公学的张元济跑过来拜见李鸿章，请他不要北上为清廷效力。李鸿章答："你们小孩子懂什么，我这条老命还拼得过。"②

其间，京师内风云变幻，东南督抚都在观望清室下场如何，但这种观望的态度，谁也不会在公开场合表达。梁启超对李鸿章在沪停留不进，曾有评价："知单骑入都之或有意外，故迟迟其行，知非破京城后则和议必不能成，故逗留上海，数月不发。"③8月18日，袁世凯电告李鸿章，联军已入京，各国使馆解围，两宫确认西狩，请迅速北上，收拾残局。

---

① 裴景福：《河海昆仑录》，文海出版社1966年版，第226–227页。
② 张元济：《戊戌政变的回忆》，《浙江文史集粹·政治军事卷》（上册），浙江人民出版社1996年版，第18页。
③ 梁启超：《中国四十年来大事记》，《梁启超全集》，北京出版社1999年版，第545页。

第七章 互保：一体化统治系统的松动

9月14日，李鸿章搭乘俄国军舰北上。9月18日，李鸿章抵达天津。时直隶要员周馥等人在码头迎接，李鸿章与之执手晞嘘，一时伤心，竟放声大哭，心境凄凉如是。在天津待到10月11日，李鸿章才在俄国军队的护送下抵达北京，住在贤良祠。从6月中旬清廷命李鸿章进京，他一路走走停停，前后4个月才到北京。

当时的北京已被八国联军控制，满汉大员均已逃光，古稀之年的李鸿章，拖着多病之躯，在京与各国周旋。在频繁的谈判活动中，李鸿章病倒，但带病与各国接洽。有法国记者去采访李鸿章，见守门者为俄国哥萨克骑兵，野蛮凶横。住处一片狼藉，似准备随时逃亡模样。李鸿章身着破旧皮衣，但精神尚佳。

1901年2月7日，已故恭亲王奕訢的孙子溥伟没大没小，见到李鸿章后喊他少荃（李鸿章字少荃）。正被外务缠得焦头烂额的李鸿章听了大怒，斥道："你爷爷恭亲王也称我中堂。"次日，李鸿章见到溥侗，又提起此事，大骂道："这个王八羔子，像个唱戏的花旦，家里惯出这不成人的混蛋。若不看其爷爷面上，定赏他两个大嘴巴。"①

面对着脾气暴躁如年轻人的李老头儿，溥侗不敢回应，唯唯而退。

2月10日，就被联军擒获的主战大员启秀、徐承煜之事，袁世凯致电李鸿章，建议劝二人自杀。李鸿章回电称："日本公使已劝之，皆诉冤求饶，清流伎俩如是。"经过不断地讨价还价，

---

① 《庚子辱国记》，《国民日报汇编》1904年第4期，第56—57页。

最终在此年 9 月 7 日签署了《辛丑条约》。条约规定赔款 1.5 亿两白银，分 39 年付清，以中国的关税、盐税等作为担保。

和约签署后，张之洞大为不满，认为这是丧权辱国之约。李鸿章勃然大怒，骂道："香涛官督抚二十年，犹是书生之见也。"张之洞在邸抄中见到此语，也大怒道："少荃主和议二三次，便以前辈自居乎？"① 二人都是翰林出身，口角起来，也风雅工整。

合约签署后，慈禧也放心了，一改从北京出逃时的狼狈不堪，准备风光回京。为了筹集回京的路费，慈禧命东南督抚捐银百万，又令各省漕米留在襄阳者就地出售。陕甘总督升允见慈禧时，只不过问了句能否如期返京，慈禧便大怒道："你只想我早点儿走，好装自己腰包。"慈禧如此挥霍，难怪当两宫西逃的消息传出后，西北一带富商纷纷举家逃往四川或东南地区，以免家产被勒索。

10 月 6 日，慈禧从西安出发返京。10 月 31 日，主持外务部的徐寿朋突然死亡，李鸿章闻此消息后大惊，咳血晕倒。11 月 7 日，李鸿章病逝，死前推荐袁世凯接替自己为直隶总督，称"环顾宇内，人才无出袁右者"。当时的袁世凯，年富力强，不过 43 岁。

李鸿章对自己的一生，曾做过评价："我办了一辈子的事，练兵，练海军，都是纸糊的老虎，何尝能实放在手办理。不过勉强涂饰，虚有其表，不揭破，犹可敷衍一时。如一间破屋，由裱糊匠东补西贴，居然成一净室。虽明知纸片糊裱，然究竟不定里

---

① 《张之洞与李鸿章》，《陆军经理杂志》1942 年第 4 卷第 4 期，第 16 页。

第七章 互保：一体化统治系统的松动

面是何等材料。即有小风雨，打成几个窟窿，随时补葺，亦可对付。乃必欲爽手扯破，又未预备何种修葺材料，何种改造方式，自然真相破落，不可收拾，但裱糊匠又何术能负其责也？"[①]

最后的裱糊匠李鸿章故去之后，大清这间破屋又在风雨之中飘摇了10年。

---

① 吴永口述：《庚子西狩丛谈》，中华书局1985年版，第121页。

第八章
溃败：离散的一体化统治系统

庚子年的巨变对晚清政局的最大冲击是，它清除了阻碍变法的保守力量，使清廷认识到必须变法。之后活跃在政治舞台上的有保皇派、立宪派、革命党、实力派等几支力量。风云变幻，几轮洗牌之后，保皇派赚足了银子，立宪派与革命党人握手共生死，实力派则成为笑到最后的大佬。

黄衫死国老臣多

在晚清，面对着前所未有的巨变，顺应时代潮流，及时变法图强，方是救国图强之上策。但在当时，却有一批保守主义者，他们本着对传统文化的眷恋，对天朝大国的痴迷，横空出世，议论时事，左右朝局。同治、光绪年间，保守派势力强大，控制朝野舆论，一时尊王攘夷之论弥漫于全国。懂外交、熟悉西方事务、对外交事务持理性态度的人，常被清保守派攻击为汉奸。"对主张变法者，清流全以情感用事，妄发议论，造谣诋毁，无

第八章 溃败：离散的一体化统治系统

所不用其极。自今观之，其人实为绝物。而在当时，清流为政治上强大势力。"[1]保守派势力既盛，挟持其虚妄骄横之气，煽动无识之徒为后盾，竟至于能左右清廷之大政方针。"朝廷于和战之计，往往为之劫持，实数十年来外交失败之原因。"[2]

义和团运动的兴起，使保守派人物欣喜若狂，"义民可恃，其术甚神，雪耻强中国，在此一举"。他们希望借助义和团的力量，对外可以消灭洋人，重振国威，一洗近代屡战屡败的羞耻；对内则希望能铲除维新派，扶持溥儁登基，实现载漪为天子父、徐桐为天子师、刚毅为中兴臣的梦想。

梦想在洋人的枪炮之下破灭。联军攻入京师之后，1900年9月18日，德国提出："只有惩办真正的祸首才算赔罪。我们必须以这个惩罚作为一切谈判继续的条件。"列强列出了要求处死的12人名单，即载漪、载澜、载勋、英年、赵书翘、毓贤、启秀、徐承煜、徐桐、刚毅、李秉衡、董福祥。1901年2月21日（正月初三），清廷明发上谕，惩治"首祸诸臣"，对以上名单中的大臣加以处罚。

列入名单的大臣，李秉衡早先就已在通州兵败时自杀，死后被革职。联军进京之后，刚毅随同慈禧狼狈出逃。在出逃的途中，刚毅知道西方各国不会饶过他。他身体素来强健，此时突得了腹泻，他也不想医治，每日拼命吃西瓜，喝凉水，以求速死，至山西侯马镇病死。死前刚毅还不思悔过，竟认为没能抵挡得住洋人，主要原因在于请来助战的都是假义和团。

---

[1] 陈恭禄：《甲午战后庚子乱前中国变法运动之研究（1895—1898）》，《国立武汉大学文哲季刊》1933年第3卷第1期，第64页。

[2] 《外交小史》，《中华野史》（清朝卷四），泰山出版社2000年版，第4197页。

对"祸首"之一的赵舒翘，清廷初期尚予以回护，认为他去涿州查探时有些草率，但并无掩饰之词，将他革职留任了事。慈禧曾对其他军机大臣道，赵舒翘并非附和义和团，但与刚毅去涿州考察义和团是否能用时，不应该以"拳民不要紧"敷衍了事。赵舒翘听后，稍微放了心，以为自己会不死。但各国不肯罢休，清廷不得不继续加码，将赵舒翘从革职留任改为交部严处，再改为斩监候，又改为斩立决。

赵舒翘被判斩立决后，西安地方民众不服，300余人到军机处（庚子年军机处随慈禧、光绪帝一起迁往西安）递交请愿书，请保赵舒翘不死。八旬高龄的刑部尚书薛允升是赵舒翘的母舅，对此裁决也不服，扬言道："赵某如斩决，安有天理？"之后风声越来越紧，赵舒翘是陕西西安人，在当地名望极高，现在要被处死，乡党们愤愤不平。数万人聚集在西安鼓楼，声援赵舒翘，更有声称要劫法场者。

看着民间一片沸腾，军机处也觉得不妙，就建议不如改为赐自尽吧。在清代的刑罚中，斩首被视为最残酷的惩罚，犯人被公开拉到刑场上，接受万人的围观、刽子手的羞辱。而在密室中赐自尽，也是给臣子留下一点尊严。

正月初二，陕西巡抚岑春煊奉命前去监督赵舒翘自尽。宣读谕旨后，赵舒翘还有点不甘心，问道："还有太后的旨意吗？"

岑春煊道："无。"

赵舒翘不甘心地道："必有后旨。"

看没有旨意来，赵舒翘只好上路，先是吞金自杀。吞金后，赵舒翘向家人嘱咐后事，云："房要小，地要少。多读书，少应考。"继而大声哭诉，老母90余岁，面对儿子的死将是如何惨

第八章 溃败：离散的一体化统治系统

痛，又大骂刚毅害他。① 赵舒翘体魄强健，吞金之后没有反应，再吞鸦片，不死，又吃砒霜，还是不死。从午后折腾至深夜，还是没有死成。岑春煊无奈之下，把汾酒喷在牛皮纸上蒙在他脸上，反复数次之后，赵舒翘方才被闷死。赵舒翘死后，其夫人也跟着自杀。

正月十一，军机大臣王文韶想去赵舒翘灵堂前大哭一场，并慰问其家属，但赵舒翘家人不接受任何追悼，惆怅而返。慈禧对于赵舒翘之死，内心颇为愧疚。后来慈禧回忆，当日宫内争吵时，载勋、载澜等人几乎将桌子掀倒，"惟赵舒翘，我看他尚不是他们一派，死得甚为可怜"②。

年过八旬的徐桐没有随同出走，他留在北京，选择了自杀。他不但自己自杀，也让女眷们陪同自杀。在徐桐监督下，女眷们跳井而死，以保全清白。徐桐目睹着妻妾们殉难了，自己也放了心，他着一身白衣，跳入井中。跳井时，徐桐以为，这一跳，在以后的历史上，怎么都是光辉的一笔吧。但出乎他意料的是，因为跳井的人过多，他跳下去时，已没法淹死自己。全身湿漉漉的他，在井里大声呼唤儿子徐承煜。徐承煜将徐桐捞了出来，徐桐只能选择上吊。侍候老父挂上绳子之后，徐桐吊在绳子上用眼色示意徐承煜一起死。徐承煜装作没看到，待徐桐死后，将他草草埋葬逃命去了，不久被日本士兵擒获。在这之前，作为刑部侍郎，徐承煜在刑场上监斩，杀掉了立山、徐用仪、联元三人。徐用仪临刑前要求用大臣的礼数来对待他，被徐承煜怒冲冲地拒绝。

---

① 柴萼:《梵天庐丛录》(第一册)，山西古籍出版社1999年版，第103页。
② 柴萼:《梵天庐丛录》(第一册)，山西古籍出版社1999年版，第107页。

1901年正月，轮到徐承煜被杀了。行刑前，刑部给他及一同被杀的礼部尚书启秀准备了最后一顿饭。徐承煜很紧张，面无人色，呼吸急促，一口也没吃下去。启秀很淡定，吃了少许，还微笑着和夫人告别。到了菜市口刑场，徐承煜尚喃喃自语，准备申辩什么。启秀对他道："行矣，毋多言。"二人旋死于刀下。

庚子战败后，清政府与八国联军议和，董福祥被西方各国指控为"首凶"，要求清政府将其处死。议和时，李鸿章一度向各国表示："董福祥所犯之罪，将来所拟，必系死罪。"

但董福祥何许人也，岂肯甘心受死？

董福祥凶悍绝伦，手握甘军二十八营，是清军中最为强大的一支军事力量。如果将他处以死罪，势必生出变故。日本外交文书中指出，董福祥不但自己带领的军队强悍，在陕甘地区更被视为神明，村镇中常将关帝塑像的胡须削短，以此作为董福祥生祠，"其崇信甚于神佛""中国立行将其正法，有碍难之处"[①]。

故而清廷对董福祥只是以革职永不叙用论，对此处理，西方列强倒也未有过多不满。

董福祥本人却对此处罚相当不满，一度准备返回西北，招募军队再抗击西方各国。为安慰董福祥，尚在西安的光绪帝、慈禧特意召见他。

董福祥来了后，光绪帝与慈禧并坐于上，董跪于下。光绪帝问："你识字否？"董福祥答："不识。"光绪帝遂拿出手书一纸，亲自读给董福祥听，慈禧在旁边听边落泪，董福祥则伏地大哭。手书大意是："尔董福祥忠孝性生，英资天挺，削平大乱，功在

---

① 《元凶处罚问题》（第一卷），日本外务省藏档，档案号 B02031963000，第16页。

第八章 溃败：离散的一体化统治系统

西陲。此次革职，实万不得已。在朝廷方且委曲求全，在尔更当如此。"手书最后安慰他道："他日闻鼙鼓思将帅，舍尔其谁属哉。"① 意思是下一次战事时，还得靠你董将军啊。

这样，董福祥才带着亲兵3000人，返回自己在宁夏金积堡修建的将军府养老去了。董福祥手握重兵，且生性桀骜，清廷恐处罚过重，激起兵变，只是将他革职，西方各国也未做深究。

回乡之后，董福祥多年积蓄颇丰。当时报纸报道："董福祥有当铺银号二十四家，本钱有数十万两。另有从京城运回枪炮，不计其数。"② 光绪三十四年（1908），董福祥逝世，死前遗命将其积蓄的白银40万两上缴国库，以振兴武备。董福祥死后，清廷迫于外国压力，没有赐谥号，仅在其家乡立了一座"董少保故里碑"。

对于载漪、载澜等人，清廷想保全他们性命，只是处以"发配新疆，军前效力，永不起用"的惩戒。但列强不肯罢休，坚持要对他们加以严惩，并认为："他们所犯罪行不是违反了中国的法律，而是违反了国际法和人道准则。"

载漪、载澜、载滢虽是庚子事变的主要推手，却未亲自参与杀戮，最终被清廷以"议贵"保全下来。端王载漪得免一死，被革去职位，发配到新疆。辅国公载澜被发配到新疆永远监禁。贝勒载滢被革去官职，交宗人府（管理皇室宗族事务的机构）圈禁。③ 亲贵之中，只有庄亲王载勋被赐令自尽。

---

① 《关于董福祥之免职》，《国闻周报》1934年第11卷第23期，第3页。
② 《董福祥不怀好意》，《杭州白话报》1901年第2期，第3页。
③ 《义和团事变关系各国人ノ遭难雑纂》，日本外务省藏档，档案号B08090178400，第63页。

与其他被杀的大臣不同,山西巡抚毓贤不但下令将在山西的西方人全部斩杀,更亲自操刀处死西方人,违背了国际法和人道主义。

光绪初年,在李提摩太等传教士的努力下,在山西发展了一批信徒,此后20余年,民教基本相安无事。但悲剧却在1900年来临。毓贤就任山西巡抚之后,对义和团大包大揽,予以庇护,山西地方义和团随之飞速发展。平阳府教堂被焚烧后,地方官员在报讯时称义和团为"拳匪",被毓贤痛斥。藩司李廷萧素来痛恨洋人,自称靴中藏有利刃,洋人若来,必与之拼命。

庚子年六月初一上午,毓贤亲赴旗营,部署硫黄、火把、煤油等物,以备放火,又到制造局命赶制利刃200把,以供义和团之用。从下午开始,太原城内东夹巷教堂、大北门教堂以及教会医院、教会学校先后被人用煤油纵火焚烧。在漫天火势中,一英国妇人抱幼儿冲出,"声言子医生也,岁治三四百人,今竟不能留一命乎?"乱兵置之不理,将其推至火中烧死,"孩亦如之"[①]。

纵火事件后,传教士分散躲藏在城内各处。7月5日,一名官员向传教士传达毓贤口信,如果他们搬去猪头巷客馆,将会得到更好的保护。7月9日下午,毓贤调集军队,名为出城攻打天主教教堂,暗中却包围猪头巷客馆。毓贤对属下道:"我以一头颅,换数十异族头颅,亦值得。"

布置完毕后,军队将被围困的西方人与中国教徒,不分男女老幼,一律用绳子绑到巡抚衙门西辕门前。天主教山西北境教区正主教艾士杰先被押解上来,毓贤见到他后破口大骂,又

---

① 《述罪员毓贤恶迹》,《申报》1901年3月22日。

第八章 溃败：离散的一体化统治系统

抽出宝剑，将艾士杰当场砍死，死后"枭首示众，剖心弃尸，备极残酷"[①]。

随后毓贤下令，将被囚禁的46名西方人尽数杀害。其中12人为天主教方济各会的意大利籍主教、修士和修女，34名被杀的英国人中，除了浸信会传教士外还有11名幼童。同时被杀的还有中国信徒41人，共计87人当场被杀。死者身上衣服被人剥光取走，次日尸体被箩筐抬到大南门外西胡井就地掩埋。[②] 在庚子年变乱中，由于毓贤唆使，山西省先后被杀者有传教士191人、教徒6060人，在全国最为惨烈。因此西方各国必杀毓贤，清廷也没有任何理由袒护毓贤。

光绪二十六年（1900）腊月三十日，毓贤被从太原押送到兰州。从山西起行时，有义和团几百人护送。到达兰州之后，毓贤要被处死的消息传出，满城都是营救毓贤的纸贴。

光绪二十七年（1901）正月初三，清廷电报发到兰州，令将毓贤就地正法。兰州布政使李廷萧本系毓贤属下，刚从山西调任兰州，他以靴里藏刀，要杀尽洋人而闻名。见要处死毓贤，李廷萧自知难逃一死，收到电报后便吞金自杀。此时兰州的新制台还未上任，兰州区域内的最高行政长官只剩下了甘肃臬台何福堃。

初期清廷准备在正月初六处死毓贤，但城中谣言四起，风传

[①] 中国人民政治协商会议山西省委员会文史资料研究委员会编：《山西文史资料》（第二辑），1962年版，第17页。

[②] 1901年，清廷派出代表五人赴山西进行善后工作，除将被害诸人隆重安葬外，并提出赔偿教会损失50万两纹银。但教会没有接受此笔款项，反而提议用此笔款项开办山西大学堂，由李提摩太主办。

有人要劫法场营救毓贤。在民众看来，毓贤被处刑，是为清廷顶罪，这是英雄，不能让他就这样死去。为了避免变数，兰州官场商量后，何福堃决定将毓贤提前于正月初四（2月22日）处决。

到兰州后，毓贤颇为平静，被处决前尚在练习书法。在宣读了处死谕旨之后，毓贤磕头谢恩，着长袍马褂前往刑场。在刑场上毓贤问："今儿是谁伺候我？"并赏赐了一只金镯子给刽子手。没想到刽子手得了钱财后一时心软，一刀没砍断毓贤脖子。毓贤躺在地下求死不得，痛楚万分，他的仆人用刀割断气管后他方才死去。

毓贤被处决前，经过商量，决定让他家大老婆、二老婆自杀殉死，小老婆和子女抬棺回原籍侍奉老母。兰州当地民众得知毓贤被杀后，自动前去祭拜，堆起了与房子一样高的纸钱，烧得火光冲天。①

毓贤死前曾有自挽联曰：

臣死君，妻妾死臣，谁曰不宜，最难堪老母八旬，娇女七岁，未免有伤慈孝意。

我杀人，朝廷杀我，夫复何憾，愿诸公力图恢复，斡旋补救，切须上慰两宫心。

这副挽联中，毓贤是在自我辩白，表明他杀洋人、杀妇孺是为国为君为民为天下。现在他被杀，是替朝廷分忧解难，将来的历史会给他一个清白，他以为自己死得气壮山河。毓贤死了，视他为英雄并欲效法之者，后世不乏人在。

---

① 澹园：《毓贤被杀的经过》，《清末民初风云》，中国文史出版社2006年版，第49页。

第八章 溃败：离散的一体化统治系统

毓贤之外，其他一些保守派官员也在庚子年死去，直隶总督裕禄兵败自杀，黑龙江将军寿山兵败自杀。刚毅好友、内务府大臣怀塔布死得最可悲。联军入城后，他被印度士兵抓去做苦力，不胜劳作，力竭而死。

在保守力量特别强大的国家，除非通过暴力的方式铲除保守势力，否则根本无法走向现代化。光绪帝没有魄力也没有能力完成这个任务。1901年4月，应列强要求处决的保守派官员有142人。随着保守派官员被铲除，在清廷内推行改革，似乎没有太多的阻力。此时活跃在政治舞台上的主要有保皇会、立宪派、革命党、实力派等几股势力。

～◎ 保皇是门好生意

戊戌政变前，1898年9月17日，光绪帝下明诏，命康有为到上海督办官报局。光绪帝此举，意在调和与慈禧的矛盾。嗅觉灵敏的康有为知道风声不妙，立刻去拜见英国传教士李提摩太，请他联系英国使馆给予保护。但此时英、美公使均不在京，康有为决定离开北京。

9月20日，康有为由北京到天津。次日，他搭轮船前往上海，再转赴香港。在香港时，康有为与负责考察中国事务的英国海军上将雷福特做了一次交谈。康有为竭力向雷福特证明，维新派得到了士绅阶层的支持。

雷福特问康有为："中国四万万人中，底层是否有很多人支持改革？"

康有为沉默一阵后回答:"现在没有多少。"

会谈之后,雷福特说道:"维新派很不懂得方法,他们太急躁了,结果使他们的努力达不到。"①

康有为从香港前往日本。舟行3日,浩瀚波浪之中,遥见琉球一角,康有为即兴赋诗一首:"海水排山通日本,天风引月照琉球。"1898年10月19日晚7时,康有为抵达日本神户,换上西服趁黑上岸,并于天明时乘火车前往东京。康有为到达日本后,日本警视厅认为清廷驻日留学生监督官钱恂,负有刺杀康有为的任务,遂严加监视。②

9月21日,梁启超正与谭嗣同高谈阔论,突然传来康广仁被捕,南海会馆被查抄的消息,形势突变,气氛紧张。谭嗣同拒绝出逃,并让梁启超去日本公使馆,找正在北京访问的伊藤博文寻求庇护。谭嗣同将著述及家书托给梁启超,相与一抱而别。

下午2时,脸色苍白的梁启超逃到日本使馆。进入使馆之后,梁启超向日本公使林权助要来纸笔,准备写遗书。经林权助劝阻,梁启超放弃了赴死的念头。在日本使馆的帮助下,梁启超逃离北京,从天津乘坐日本军舰逃到日本。逃亡途中,梁启超写下了《去国行》,其中一句阐释了他的心境:"君恩友仇两未报,死于贼手毋英雄。"梁启超到日本后视野大开,认为历史巨变的推动力来自思想,"思想的自由,言论的自由,出版的自由,为一切文明之母"。

日本朝野上下,视康、梁师徒为当世之名士,竞相拜访,并

---

① 胡绳:《胡绳文集》,重庆出版社1990年版,第408页。
② 《革命党关系(亡命者ヲ含ム)》(第一卷),日本外务省档案,档案号B03050064000,第26页。

第八章 溃败：离散的一体化统治系统

予以援助。① 在日本的孙中山、陈少白等革命党人，以为双方都被清廷通缉，同为"清国亡命客"，会有更多共同语言，一度想去拜访康有为。但康有为视孙中山为乱党，拒绝相见。后日本要人犬养毅出面，约孙中山、陈少白、康有为、梁启超到他寓所相会，康有为再次拒绝。但梁启超来了，双方相谈甚欢。会见时，犬养毅赠送了梁启超一笔钱，资助其生活。②

之后孙中山托人劝康有为一起革命，康有为则称："今上圣明。受恩深重，唯有鞠躬尽瘁，起兵勤王，脱其禁锢瀛台之厄。"③ 随着了解的增多，孙中山对康有为有了更多认识，判断康有为是个"志大言大的人"。被称为"章疯子"的章太炎，曾评价康有为是个狂人，如果康有为想做皇帝，这也算不得什么。可他狂就狂在想当比皇帝还厉害的教皇，这就是自不量力了。康有为在海外飘荡时，曾对日本人宫崎滔天（本名宫崎寅藏）云，要恢复光绪帝的统治，自己则躲在皇帝的身后，"作一个幕后的人，以立空前的大功"④。

康有为有着明显的性格缺陷，如缺乏现实感、激进而自负。康有为未曾得志时，吴汝纶就评论他道："论学偏矣，异日得志，必以执拗误事。"⑤ 有人将康有为与庚子事变的肇始者刚毅做了个比较，二人有诸多共同点，如：刚毅迷信法术，康有为则

---

① 《革命党关系（亡命者ヲ含ム）》（第五卷），日本外务省档案，档案号 B03050069300，第 2 页。
② 《革命党关系（亡命者ヲ含ム）》（第一卷），日本外务省档案，档案号 B03050064000，第 30 页。
③ 冯自由：《革命逸史》（第一集），中华书局 1981 年版，第 44 页。
④ ［日］宫崎滔天：《三十三年之梦》，花城出版社 1981 年版，第 148 页。
⑤ 《载湉外纪》，《逸经》1937 年第 29 期，第 34–43 页。

迷信星象，用来占卜吉凶；二人外表刚强，好大言，但一遇挫折便涕泗纵横，不知所措；二人性格均刚愎自用，有着无与伦比的自负。①

这种执拗偏执的性格，每在现实中遭到挫败，便会使康有为生出更大的怨恨和反弹。到了日本，康有为仍然如此。据宫崎寅藏回忆，康有为以为凭借自己的地位与影响力，可以说服日本外务省派兵助战，铲除国内保守派。②他在日本一段时间之后，日本政界要人对他的大言与轻狂感到厌烦，开始疏远他。

不久康有为被从日本礼送出境，当然康有为也不是两手空空，日本政府给了他9000元作为活动经费。1899年3月，康有为登上轮船前往加拿大。7月，康有为在加拿大组建"保皇会"（Chinese Empire Reform Association），康有为任会长，梁启超、徐勤为副会长。保皇会以营救光绪帝、变法强国为目的，得到了海外华侨的响应，在北美、南美、澳洲等地建立了11个分会，103个支会。康有为为保皇会写了《救圣主歌》，规定每逢保皇会聚会就要唱颂。那一年恰逢光绪帝30岁生日，在康有为主持下，海外华人举行了隆重的"祝圣寿"典礼。

康有为在海外所恃的乃是光绪帝的两个密诏，但这两个密诏纯系子虚乌有。在戊戌变法的最后关头，光绪帝曾给杨锐一个密诏，此密诏与康有为毫不相关。但康有为却声称此密诏是光绪帝给他康有为的，并要他"设法营救"云云。在康有为公布的第二道密诏中，又称光绪帝命他"汝可迅速出外国求救，不可迟

---

① 《康有为与刚毅之比较》，《大陆（上海1902）》1904年第二卷第3期，第1—4页。
② [日]宫崎滔天：《孙逸仙及其与康有为、李鸿章》，《印象孙中山》，安徽文艺出版社2010年版，第38页。

第八章 溃败：离散的一体化统治系统

延"①。但实际上光绪帝给他的不是密诏，而是明诏，诏书是让他到上海督办官报局，而不是到国外求救。

康有为伪造密诏，使得海外华侨将他视作身负"救驾"责任、为皇帝而奔走操劳的忠臣。借此康有为得以在华侨中开展工作，募得大量资金。孙中山在1903年12月写给黄宗仰的一封信中说："闻（保皇党）在金山各地，已敛财百余万。"②

为了让各地华侨商人出资相助，康有为许诺道："皇帝至圣至仁，虽大彼得、华盛顿不能望其项背。振兴中国，非光绪皇帝不可。尔等纳捐最多者，他日复辟（光绪重掌权）以后，或为尚书，或为侍郎，或为总督，或为巡抚，皆可由我指名题请。"③

募来的资金有多少用在了"保皇"上，庚子年唐才常起义中可窥一斑。1900年的庚子之乱，让康有为看到了希望，他一本正经地构思着战略宏图：先以精兵从广西起事，直捣长沙，唐才常则在武昌起事配合，然后出兵北伐，这样"圣主可救，中国可保"。

经康有为、梁启超等策动，唐才常在国内联络长江流域的哥老会，准备起义。由于康有为许诺的军饷迟迟不到，起义被一再延误，终被张之洞破获，唐才常被擒杀。唐才常被杀后，康有为还认为形势一片大好，"长江有人三十万，今下游尚有大力"。他继续纸上谈兵，遐想着直捣北京，拥立光绪帝。至八国联军攻入北京之后，康有为大为亢奋，甚至准备以维新元老、救主功臣的

---

① 《光绪二十四年政变》（第三卷），日本外务省档案，档案号B03050091100，第6—7页。
② 高拜石：《古春风楼琐记》（第八集），作家出版社2003年版，第232页。
③ 章炳麟：《民报》（二），科学出版社1957年版，第110页。

身份归国。

唐才常起义失败之后,参与活动的哥老会领袖杨洪钧流亡香港,在港生活困难。杨洪钧准备返回上海,缺乏路费,便去找康有为借钱。当时是1903年,康有为游罢缅甸、爪哇、安南、暹罗等地,于10月份返回。康有为在香港住着豪宅,并请印度人做门卫,财力充沛。不论公私,康有为总该支助杨洪钧,但他一直避而不见。

连续几次求见不得,杨洪钧大怒,与康有为寓所的印度门卫发生冲突。随后他便搜集康有为贪污军饷的证据,边在港传播边向香港总督告状。因此事敏感,香港总督也不好处理,令康有为离港。此事传出,革命志士闻听康有为丑态,无不哗然。苏曼殊甚至准备亲自刺杀康有为,被陈少白劝阻后方才作罢。[1]

在此期间,康有为也与原先的同道毕永年闹翻。1898年10月至11月间,毕永年曾去拜访康有为。因为毕永年此前与孙中山有接触,康有为对其大为不满,闭门不见。之后康有为突然写信给毕永年,让他利用自己的影响力,在国内制造点动静出来。对康有为利用自己,毕永年也大为不满。戊戌变法失败,流亡海外之后,毕永年与孙中山走得近,深受其影响,以推翻清廷为己任。而康有为则力主拥护光绪重掌权力,双方政见分歧严重。毕永年遂著《诡谋直纪》一书,揭露戊戌变法时康有为策划的"围园劫后"的密谋。毕永年将此书辗转呈交给了日本外务省,造成日方对康有为的恶感。康有为对毕永年此举大为恼怒,曾在港澳一带寻觅杀手,开价5000大洋,以刺杀毕永年。

---

[1] 《记曼殊出家及欲枪杀康有为事》,《申报》1929年8月28日。

第八章 溃败：离散的一体化统治系统

流亡期间，康有为不忘勤王大业，而勤王最大的阻碍就是慈禧。为除去慈禧，康有为曾一度请宫崎寅藏出面，收买日本死士刺杀慈禧。宫崎却回答他："你那三千弟子之中，岂无一个荆轲？如果实在没有，我愿担当此任。"[①] 被宫崎这一反驳，康有为面带愧色，便转到其他话题。此后康有为一直密谋收买死士刺杀慈禧，却终究未能实施。

书生杀人，三年不成。清廷派出来的刺客，却已尾随他而来。1899年10月，康有为母亲病重，为了尽孝心，康有为返回香港。到港之后，康有为遭遇刺客，侥幸逃脱。平日里言语豪迈的他惊慌不已，遂闭门不出。刺客又施一计，竟准备挖地道至康有为房子下方安放炸药。但挖地道动静太大，被康有为察觉后报警。在香港提心吊胆的康有为，身心俱损，便在1900年1月到新加坡休养。

到新加坡之后，康有为如同惊弓之鸟，深藏巢穴。当年年中，日本志士宫崎寅藏、内田良平等人路过新加坡，准备拜见康有为。但康有为疑心宫崎等人被孙中山收买，要到新加坡来刺杀他，拒绝接见。性烈如火的宫崎寅藏得悉后大怒，写了一封言辞激烈的绝交信。双方若就此绝交也就罢了，偏偏来了个好事的主儿。新加坡商人林文庆是康有为铁杆粉丝，听说宫崎是个杀手，就去向新加坡总督告发，致宫崎等人被捕入狱，后经日本使馆出面才保释而出。

康有为隐居新加坡时，他的得意门生梁启超却与革命党打得火热。梁启超虽系保皇派，但他在报纸上发表的系列文章，文

---

① ［日］宫崎滔天：《三十三年之梦》，花城出版社1981年版，第133-137页。

如疾风、笔似奔雷,挟带着漫天的火药味,激起了无数青年的热血。得意时,梁启超甚至发表演说,赞成暗杀。其他弟子一看这可不得了,赶紧给康有为写信,惊呼:"梁启超要干革命了。"康有为闻讯大怒,接连写信训斥梁启超。1900年4月20日,梁启超自我反省道:"去年悖谬已极。至今思之,犹汗流浃背。"并写信给康有为,对自己的错误"皆自省之,愿自改之"[①]。

1901年10月,康有为摆脱是非,到印度旅游,次年正月起在大吉岭隐居。大吉岭风景如画,山川连绵,蓝天白云,茶园密集,气候宜人,是印度度假胜地。康有为深深地喜欢上了这里,在此居住长达一年。印度山间,多了个拖着条辫子、长衫飘飘的震旦文人,在大吉岭,想必康有为也喜欢上了那里出色的茶吧。

康有为在大吉岭隐居期间,其他弟子却不安分了。"康门十三太保"之一的欧榘甲高呼"树独立之旗,击自由之钟"。其另一得意门生韩文举则认为此时宜进行排满革命,甚至撰写了《人肉楼》这样的激烈反满文章,以至于梁启超惊叹道:"同门中语言猖狂,有过弟子十倍者。"[②] 对于骚动的弟子们,远在印度的康有为给他们写信称如要革命,就是要逼死他。因欧榘甲闹革命最为欢腾,康有为一度准备与他断绝师生关系,经众人调解方才作罢。

摆平了保皇会内部纷争之后,康有为遇到了革命党人的挑

[①] 梁启超一直在左右摇摆,1904年他盛赞俄国革命者道:"大哉刀剑,圣哉炸弹!"

[②] 丁文江、赵丰田编:《梁启超年谱长编》,上海人民出版社2009年版,第189页。

第八章 溃败：离散的一体化统治系统

战。从1903年起，围绕保皇还是革命，双方爆发了激烈争执。1903年，革命党人推出了一系列重磅文章，有章太炎的《驳康有为书》、邹容的《革命军》、陈天华的《猛回头》《警世钟》、孙中山的《驳保皇报书》等。其中，邹容写的反满小册子《革命军》出版后，狂销百万册。

梁启超主张政治变革的观点与革命党人在某种程度上相吻合，二者分歧在于，革命党认为，不推翻满人的统治，则不能达成政治变革。梁启超则指望从清廷内部来实现政治变革。针对革命党人"革命排满"的口号，梁启超提出"多从政治上立论，少从种族上立论"，竭力鼓吹满汉无差别论。他认为"举国人民在法律上已平等，别无享特权者"，清廷已是"中国四万万人之政府"，只能走改良的道路。

关于革命还是改良的争论，康有为交给了弟子，他本人则借助保皇会募集的资金，开始周游世界。海外华侨曾一次给保皇会募捐了100万美元，其中10万美元被他用来周游世界（1901年设立的诺贝尔奖最多也不过7万美元而已）。在海外的16年间，康有为先后游历了42个国家，足迹遍及欧洲、非洲、亚洲、南美、北美，而他周游全世界的心得就是"立宪有利进化，革命带来破坏"。

康有为反对革命，主张君主立宪，自有他的理由。从1902年春天起，康有为发表一系列文章，论证中国必须实行君主立宪，而不能走共和之路。康有为认为，美国之所以能实行共和制度，在于其独立时，人口稀少，不过400余万人，且外部无大国干涉，内部无旧势力阻碍。之后法国大革命建立了共和体制，却导致法国连绵不绝的革命与暴力，各派势力彼此争斗，举国若狂，愈发激烈。美洲各国采取共和体制的，除了个别国家外，多沦为军人独裁。与法国相比较，中国的旧势力更为雄厚，且各地民众地域观念浓厚，若行共和，势必血流成河。康有为进而认为，欧洲很多国家汲取了法国教训，不行共和制，而行君主立宪，效果良好。因此中国应行君主立宪，这样可以避免暴力冲突，稳定社会，最终走向富强。

为适应时代的变化，加上周游世界的体验，1907年保皇会更名为"帝国宪政会"。此时康有为又开始遐想，他期待着在中国实行宪政，走上君主立宪的道路之后，他能成为中国未来最大的政党，即"国民宪政党"的领袖。他想象着，到那一天，中国的一切事务都将由该党控制，"一切铁路、矿山、银行开辟大利，俱给本党人承受"。他甚至开始策划给保皇有功者发奖品，塑铜像，绘油画，立史传。保皇会改名之后，1908年光绪帝去世，随后慈禧也一命呜呼。为光绪帝之死而痛心的康有为一口咬定是袁世凯毒死了光绪帝，并发表了系列讨袁檄文。

光绪帝死了，皇帝没法保了，但还可以拥戴大清，推行宪政。政治活动离不开钱。为了筹集经费，康有为派欧榘甲到广西与巡抚张鸣岐联系，创办振华公司，准备从海外华人中招股开办银矿。1909年，叶恩、欧榘甲、梁少闲、刘义任、刘士骧等五人到加拿大募集股份，成功募到300万元。但五人不想让康有为控制振华公司。3月，在到达纽约后，他们将保皇会混乱的财务状况向华侨托出，并攻击康有为滥用会费，导致康有为阵脚大乱，不得不退居幕后。

叶、欧等人回国之后，准备将康有为一脚踢开，自行创办公司。但一同到海外募股的广西道员刘士骧，5月份刚回到广州便

第八章 溃败：离散的一体化统治系统

被人刺杀。叶、欧据此控告康有为主谋买凶杀人。康有为积极反击，一方面布置亲信徐勤赴北美向华侨澄清，以挽回局面；另一方面则指控叶、欧等人侵吞款项、买凶杀人。

由于广西巡抚张鸣岐支持叶、欧等人，康有为向清廷控告张鸣岐"受贿卅万，包庇逆贼欧榘甲，据商谋乱，刺杀道员，买凶诬仇"①，致张鸣岐被革职。康有为控告张鸣岐时，将欧榘甲和自己切割，说他和孙中山是革命党一伙子，是逆贼，却忘了自己还是清廷的通缉犯。官司一直打到1911年，随着辛亥革命的爆发，最后不了了之。

内讧中，梁启超一直保持超然态度，避免卷入。直到受到指责，说他在日本闲居无事，娶妾自娱，参与买凶杀人时才回应。1909年11月，梁启超写信给张鸣岐，表明自己与这一系列事件毫无关系。并说五六年前就曾建议康有为不要信任欧榘甲，现在事态如此，纯系康有为不听劝告所致。梁启超的这个辩白让康有为大怒，忍了几年之后，康有为正式还击，写了一封长达数万字的信指责梁启超，二人决裂。康有为、梁启超师徒，性格相差悬殊，在理念上也日趋疏远。终其一生，康有为的思想可谓不变乃至日趋保守，而梁启超一生的思想则是多变的。

保皇党在海外折腾多年，终究未能形成什么气候，而革命党人已真刀真枪地干了起来。辛亥革命爆发后，康有为"忧心如焚"，担心中国将陷入混乱之中。他认为革命只是一种感情宣泄，革命者如同服用了狂药一般，边执刀乱舞边将狂药分给国人。最后

---

① 上海市文物保管委员会编：《康有为与保皇会》，上海人民出版社1982年版，第341页。

出现的情况是所有人吞食了狂药,执刀厮杀,乃至所有人杀尽为止。

"中国必亡,其遗留者为亡国之奴隶",康有为大声疾呼着,而他预见到了未来吗?

新政为何搞不成

庚子年巨变,两宫仓皇而逃。及两宫驻跸西安,光绪帝处境稍有改善,稍微得点自由。慈禧对光绪帝也不再声色俱厉。初期英、美、日等国要求由光绪帝重新执政,国内的实力派大臣之中,刘坤一、盛宣怀表态支持,张之洞、袁世凯却表示反对,李鸿章则态度暧昧。列强之中的俄国则要求维持现状,即反对光绪帝重新执政。李鸿章随后也表态拥戴慈禧,归政光绪帝的议论遂作罢。[1] 至局势明朗,列强只要求惩办肇事大臣及赔款,而不要求慈禧归政光绪帝,一切复如其初,光绪帝仍然是笼中鸟、舞台上的木偶。

1901年1月29日,慈禧太后和光绪帝发布《新政上谕》,宣布改弦更张、仿行西法。4月,"督办政务处"成立,任命奕劻、李鸿章、荣禄、崑冈、王文韶、鹿传霖为政务大臣,地方大吏刘坤一、张之洞遥为参与。

从西安再返回北京,慈禧虽掌大权,但也知道不变不行了。慈禧本人没有政见之分,她所任用的亲信,既有保守派也有革新派,她所有的一切行动,只是为了保证她对权力的掌控。她能清

---

[1] 李守礼:《八国联军期间慈禧归政德宗之交涉》,《大陆杂志》第23卷第8期。

第八章 溃败：离散的一体化统治系统

晰地判断局势，及时纠正自己的错误，获得生存空间。义和团运动之后，八国联军入京，慈禧、光绪帝狼狈出逃，暂避西安。之后局势大变，西方列强、国内绅商、海外华侨、东南督抚，都期待光绪帝出来收拾局面。

在被动局面之中，慈禧却控制了发牌权，掌握了主动。慈禧开始主动向西方各国示好。从西安回京之后，各国驻华公使夫人频繁出入内廷，参加宴会。西方女画家受邀入宫，帮慈禧画油画。各类西洋器物在宫廷中出现，慈禧对此毫不排斥。慈禧开始任用改革派，派出五位大臣到西方考察，又派载沣、那桐至德国、日本赔礼道歉，一系列新政开始推行。1908年一度有风声称将归政于光绪帝，却被证实是流言。由于及时纠错，慈禧获得了西方各国及国内各派力量的认可，继续执掌权力，直到她逝世。

在国内推行新政，推行改革，天然的支持者是立宪派。在海外的康有为及其弟子，虽然也主张立宪，但他们和国内的立宪派有着明显区别。首先，康、梁被视为叛党，被清廷悬赏通缉，活动范围主要在海外；而立宪派则活跃在国内，并与清廷有着千丝万缕的联系。其次，康、梁等人的主要政治目标是拥戴光绪帝执掌权力，并以此为基础开展活动；国内立宪派活动的重心则在于立宪，即扩大地方立宪派的参政权，限制皇权。再次，立宪派以国内的新式士绅为骨干，康梁保皇派则多为文人墨客。前者对社会民生有着较多的体验，行动更具理性，也更具现实性。后者则是文人感性思维，所提出的举动方案，常有纸上谈兵之感。

张朋园先生对清末15省的1643名立宪派进行了统计，分析的结果是：立宪派中90%的人具有功名背景。他们曾在中央或地方担任过各种职务，最高为监察御史，最低为州县教谕。随着时代的转变，他们中的许多人或入新式学堂就读，或负笈海外，其中留学日本者多达 105 人，占 6.4%。立宪派大多家境富有，平均年龄为 43 岁。①

这些背景形成了他们既保守又进取的性格。他们家境富有，又有功名，进可为官，退可为绅；前者可参与政治，后者可以为地方领袖。只要清廷不亡，有功名的他们可以保持既得利益；同时，家境富裕也使他们惧怕社会动荡，所以他们支持清廷，希望保持现状。他们受过新式教育，对国家与社会现实有着切身了解。他们很多人参与了系列新式企业的创建，对工商业有着亲身体验。他们意识到不变则中国不能强，所以他们主张立宪，希望渐进改革。

立宪派以张謇、汤化龙、汤寿潜、谭延闿、蒲殿俊等为代表人物。他们主张建立君主立宪制度，反对暴力革命，主张在维持清廷统治的基础上，以和平请愿方式，促使清廷主动变革，达成开国会的目标，走上君主立宪的道路。

自庚子变乱，在内外压力之下，清廷不得不表态将推行改革。清廷的表态，并不是统治集团自身执政理念发生了变化，只是大势所迫，唯有如此方能维系其统治。至于改革如何推行，会造成怎样的后果，清廷不能预测。改革涉及哪些实际内容，清廷也很模糊，新政主要集中在兴办教育、裁汰冗官、筹饷练兵等，这是对旧体制的修补，而不是全面的改造。

拖到 1905 年，日俄战争中，日本击败俄国，这给中国以巨

---

① 张朋园：《立宪派的阶级背景》，《近代史研究所集刊》（第二十二辑）1993 年版，第 221–222 页。

第八章 溃败：离散的一体化统治系统

大刺激。"日俄之胜负，立宪专制之胜负也"，清廷开始认真对待改革问题。随后清廷派出五大臣出国考察立宪，没承想五大臣出国之前遭到了吴樾的狙击。在此之前，吴樾一直将暗杀的目标锁定在实力人物铁良身上。这一年清廷宣布出洋考察立宪，康有为、梁启超等保皇党兴高采烈，宣布宪政时代即将到来。吴樾认为这是清廷所施展的手段，以延缓革命，遂决定刺杀五大臣。吴樾持激烈排满态度，认为"排满之道有二，一曰暗杀，一曰革命"，并称"我四万万同胞，人人实行与贼清政府势不两立之行为，乃得有生之权利"。

1905年9月24日上午，吴樾换上买来的官服，从北京正阳门车站混上了火车。火车上人多拥挤，吴樾挤到五大臣包厢前段的车厢夹道中，掏出炸弹准备投掷时，火车挂车，猛地颠簸了一下，炸弹引信触发爆炸。"惊天动地，石破城摇"，吴樾当场身亡，炸死3名侍卫，五大臣有两人受轻伤。次日慈禧召见未受伤的大臣，竟"凄然泪下，感叹世事之艰险。刺杀事件之后，五大臣继续出国，先后考察了日本、美国、英国、法国、德国、俄国等国。回国后，他们认为推行立宪有"巩固皇位、减轻外患、消弭内乱"的好处，建议"宣布立宪"。

1906年9月1日，清廷发布了"预备仿行宪政"的谕旨。谕旨肯定了当下中国"日处贴危，忧患迫切"，须及时"仿行宪政"。但同时清廷认为"目前规制未备，民智未开"，不能立刻推行宪政，而要经过一系列准备，如改革官制、厘定法律、兴办教育、整顿武备之后，才可施行宪政。改革的核心则是"大权统于朝廷，庶政公诸舆论"。

随后清政府就中央官制进行了改革，开始学习西方，创设了法部、邮传部、民政部、农工商部等部门。这些部门中分设尚书一人、侍郎二人，名义上规定高级官员不分满汉，但在13名高级官员中，只有4名汉人。借助官制改革之名，清廷又将实力派大员张之洞、袁世凯调入京师，削掉他们的实权。

1907年，清廷宣布，筹备在中央设立资政院，各省设立谘议局，并派达寿等三人分赴德、英、日三国考察宪政。又改考察政治馆为宪政编查馆，同时着手制定宪法。但这番改革，锣鼓敲打得响亮，最后成果却寥寥无几。民间的反应是，立宪"如镜之花、水之月，可望而不可即也"①。1908年8月27日，为了应对立宪派的改革呼声，清廷颁布《钦定宪法大纲》，宣布9年之后正式推行宪政。

1908年11月14日上午7时，光绪帝去世。次日下午3时，慈禧去世。这一年慈禧放出风声，称光绪帝得重病，召集御医诊治。依照皇家惯例，光绪帝的病情是极高机密，此时却已传得满城皆知。光绪帝身体一直不好，但不过是体质虚弱，神经过敏，腰间疼痛而已。光绪帝对中药颇不信任，每服用中药都要亲自审视。经奕劻和袁世凯推荐，北洋医学堂医官屈桂庭于1908年受命为光绪帝看病。

服用了屈桂庭开的西药一个多月后，光绪帝身体状况明显改善。11月11日，屈桂庭到瀛台看病时，光绪帝突然抱腹称肚子痛。此时慈禧也病危，根本无人顾及光绪帝。屈桂庭检查后发现光绪帝"神衰、面黑、舌黄黑，而最可疑者频呼肚子痛"，限于形势与条件，屈桂庭无法检查，只能用热水袋给他敷住腹部止

---

① 《论国民之前途及救亡之责任》，《神州日报》1907年9月1日。

第八章 溃败：离散的一体化统治系统

痛。① 这是屈桂庭最后一次进宫为光绪帝诊治，不久光绪帝死去。

对于光绪帝的死因，历来众说纷纭。到了现代，借助于科技检测，才破译了光绪帝的死因。1980年，河北省文物部门对光绪帝遗骸进行过检测，但限于条件，未能查出死因。2003至2006年，北京市公安局会同中国原子能科学院的研究人员，用中子活化实验方法，对从光绪陵寝提取的光绪衣服、头发进行检验。检验表明："光绪头发含有大量的砷，而这些砷与陵寝的环境及陪葬物品无关，光绪不可能死于慢性中毒"，最后的检验结果表明，光绪帝明显符合急性中毒死亡的特征。②

结合现代科学检测结果与历史史实，可以推断，慈禧唯恐自己死后，光绪帝重新掌握权力，尽翻旧案，故而在全国大造光绪帝病重的舆论，希望光绪帝因体弱多病先死，在人间悄悄地消失。但事与愿违，偏偏慈禧自己先罹重病，势将不起，故而临终前亲自下令毒死光绪帝。③ 光绪帝死后争议不休，其庙号为"德"，有人骂他为"呆"宗苦皇帝者，也有骂他是一个神经脆弱的可怜虫，嘴巴狠毒的章太炎则直呼他"小丑"。抛开政治成见，光绪帝之一生，实是无奈，实是悲哀。

慈禧、光绪帝相继去世，小娃儿溥仪继位，其父载沣担任执政。从1901年至慈禧、光绪帝去世的8年间，在清室主持下，所谓的政治改革进行了多次，但总令人失望，而阻碍改革的主要力量是清朝权贵。

那么，废除旗人特权，清除改革的障碍，在当时行得通吗？

---

① 《诊治光绪皇帝秘记》，《逸经》1937年第29期，第46—47页。
② 包振远：《光绪死亡原因探析》，《近代史研究》2008年第3期。
③ 戴逸：《光绪之死》，《清史研究》2008年第4期。

山河变

就一般旗人而言，他们的所谓待遇，到了清末已不敷生活。能够享有荣华富贵的，只是具有爵位的亲贵。清廷的爵位有"亲王、郡王、贝勒、贝子、公"五种。王爵有"功封"和"恩封"两种，前者因为功劳而封，如清廷开国之后封的八家世袭亲王（铁帽子王），称"世袭罔替"。后者则因为出身而封，如皇帝的儿子被封为亲王。恩封不可世袭，每一代降一级，直到降至镇国公为止。[①]清代亲王的年俸是1万两，郡王5000两，贝勒2500两，贝子1300两，公分为镇国公和辅国公，前者600两，后者300两，此外还有俸米等供应。这个俸禄的标准是在清初确定的，到了清末，靠俸禄已经不能满足贵族们的生活需要。他们必须要通过各种手段聚敛钱财，以维持自己的奢华生活。

首席军机大臣多由满族亲贵担任。庚子之后，由荣禄任首席军机大臣。荣禄是满人亲贵中比较能干的，又得到慈禧信任，尚有能力处理朝政。光绪二十九年（1903）三月，首席军机大臣荣禄去世，随后以奕劻入直，担任首席军机大臣，时人谓"死荣禄，生奕劻"。当时人云"满员皆愚，惟庆亲王稍聪明更事"[②]，可这个稍微聪明点的庆亲王奕劻，却以贪腐闻名。因为与军机大臣那桐合伙卖官鬻爵，被讥为"庆那公司"。

官场上的惯例是大鱼吃小鱼，可奕劻才不理这些规矩，他大小鱼通吃。袁世凯官拜直隶总督，兼任北洋大臣，手握兵权，权柄显赫，一次就给奕劻送去10万两银子的银票。盛宣怀盘踞东南，运筹帷幄，封疆大吏无不是他棋盘上的棋子，他一次就

---

① 中国人民政治协商会议全国委员会文史资料委员会编：《晚清宫廷生活见闻》，文史资料出版社1982年版，第53页。

② 《荣禄密谋之披露》，《浙江潮（东京）》1903年第3期，第150页。

第八章 溃败：离散的一体化统治系统

送给奕劻日本金币2万元。袁世凯、盛宣怀这样的大人物，财源广进，坐地生金，馈赠巨款也算不上什么。一般官员没有这等身家，只好包了红包，塞张1000两左右的银票。到了奕劻府中，一番寒暄，送上红包，口中念着："请王爷备赏。"奕劻接过红包，满面春风，云"让你费心"，随手就塞到坐垫下。在首席军机大臣任上，奕劻广受贿赂，安插人马，左右朝政，令朝中清廉之士愤懑。

对奕劻，慈禧虽有不满，但环顾满人亲贵，不是老弱昏庸，就是纨绔恶少，实在找不出可以替代的人选。此时已在军机大臣上学习的醇亲王载沣，"少不更事"，难当大任。在筹备立宪，进行官制改革时，慈禧曾问载沣有何意见。载沣磕头称自己年幼无知，不敢妄陈。慈禧失望地说："你怎可如此，不懂没关系，但应该去征询一下意见啊。"

对载沣，"人人都说他忠厚，但忠厚实则无用之别名"。慈禧也知道满族亲贵中无人可用，为之叹息不已。庚子年之后，李鸿章、刘坤一、孙家鼐、鹿传霖、戴鸿慈等一批有能力且对清廷忠心耿耿的汉人大臣相继去世，清廷所能依赖的，只能是这些颟顸的满人贵族了。

溥仪登基时不过3岁，其生父载沣监国摄政。载沣独揽大权，将六弟载洵、七弟载涛破例加封为郡王；又让载洵掌海军，载涛掌近卫军，兄弟三人此时不过20多岁。"诸王贝勒皆少年寡学，遍树党援，排斥异己，沟通阉寺，广行贿赂。"[①] 黄毛小子当国，这自然让久经世事、阅历丰富的立宪派瞧不起。而载沣

---

① 《试砚斋随笔》，《申报》1913年2月22日。

等亲贵对立宪派也心生芥蒂，怕立宪之后，虚位于君，尽丧实权矣。

虽然舆论夸奖载沣如雍正帝一般勤奋，并期待着他能开创出一个繁盛的新时代，带领大清帝国度过危机。可载沣有的只是雍正帝的勤劳，缺的是雍正帝的政治手段。载沣可以成为一位优秀乃至出类拔萃的学者，在天文学、历史学、文学乃至于书法领域留名青史，可他不是一位合格的政治人物。载沣的系列新政，放在他时他地，自然是具有滋补的功效，可对垂暮之年的大清国而言，这些都已无所补救了。更重要的是，这系列新政措施只是一枚硬币的一面，硬币的另一面则是加强集权。

政治改革的核心，不外是集权或者分权。但朝野上下，对此存在严重分歧。就载沣而言，其首要目标是集中中枢权力，以此维护大清王朝。可大臣们乃至民间所期待的是分权，建立责任内阁制。责任内阁制之下，虚位于君，内阁执掌实权，这在宗室成员们看来是难以接受的。

对于大清贵族集团而言，绝对的权力带给他们的是无限的富贵荣华，让他们放弃这一切实在太难了。内外压力之下，他们会做出一定让步，以平息内部的不满，安抚作为同盟者的士绅阶层和实力大员。但让步只是姿态，退一步之后，他们要进两步。在权力笼罩一切的时代，统治者手中的权力，对应的必然是钱财，拥有越高的权力，就能聚敛越多的财富。没有了权力，无能的满人亲贵必然要沦落到社会底层。为了生计而辛苦奔劳，他们如何肯放弃权力？

时代已经在进步，民族国家的观念开始普及，国家已不再是一姓、一族的，而是所有人的。可在满人亲贵的眼中，大清国

第八章 溃败：离散的一体化统治系统

就是他们的。他们脑海中深深烙印的，仍然是昔日的那套王朝家天下、打天下坐天下的思维，他们固守着昔日的理念，把持着权力。满人亲贵及朝廷大员们陷于名利场中不能自拔。"凡人视盖棺美名，不若其切身利禄之重。故是非之心，恒不敌祸福之见。"[1] 现实中的利禄之重，令他们无力做出实质性的改革，只能将一些不痛不痒的行动冠以"新政"的名号。这些新政举措有："注重军事飞艇，倡捐海军经费，谕令核准报律，密查荒淫大员。"[2]

载沣摄政之后，推行了一系列的新政措施，这些措施看起来很美，却于时局无补。对于一个政权来说，在国力鼎盛之际，推行改革最为有利。但繁华盛世之时，帝王们都被一片大好形势冲昏了头脑，以为江山永固，统治万年，谁有心去改革呢？到了国力衰弱的时代再去进行改革，已丧失了当日的良好条件。此时改革需要付出极大的成本，这在国力衰弱时已难以承担。在衰落时代改革，政治对手所开出的价码必然更高，也更难满足，稍有不慎则会激起大乱。

清廷将实行新政当作自己的救命膏药，但这贴膏药，未能捂住清廷的创口，反而加速了它的溃烂。清末推行的新政，包括军队、户口调查、巡警、教育等诸多内容。庚子年之后，清廷背负了巨额赔款，财政吃紧，预算有限。新政的推行，迫使清政府不得不提高税收，并搞出名目繁多的税种，如房屋税、猪税、糖税、酒税等，民众不堪重负。于是，清末各地频繁爆发民众反对新政的暴动，如捣毁新式学堂、新式警署、地方自治机构等。在

---

[1]《革命党之光荣》，《新世纪》1910年第120期，第13页。
[2]《贺希望督抚革命者之失望》，《民报》1906年第10期，第15页。

民众看来，正是新政的推行，加深了他们的苦难。

〰️ 江湖间的叛逆者

在清末的诸多会党中，以天地会对清廷的离心力最强，反抗也最为激烈。天地会的起源众说纷纭，其中一说认为，康熙十三年（1674），由达宗和尚（万云龙）等人在福建漳浦县高溪庙创建，创立的宗旨为"反清复明"[①]。又有一说认为，天地会系提喜和尚于乾隆朝在广东惠州所创。提喜乳名"洪"，排行第二，故名为洪二和尚。

天地会的活动是建立在异姓结拜兄弟的基础之上，有着一套程序，如歃血盟誓、焚表等。结拜兄弟时，众人刺破中指或杀鸡滴血入酒，然后共饮。天地会的结合带着浓厚的政治色彩，以虚构的明代皇室后裔朱洪英、朱洪竹为领袖，"反清复明"是其宗旨。天地会又称"洪门""三合会"，会员彼此以洪家兄弟相称。天地会以"反清复明"为宗旨，明代朱元璋的年号为洪武，天地会的创始人为洪二和尚，虚构领袖朱洪英、朱洪竹等，均与洪字联系起来，故常称作"洪门"。三合会"三合"之名，也系从洪字三点水变化而来。

天地会自创立之后就参与了一系列反清活动，如乾隆朝台湾林爽文起义、道光朝湖南李沅发起义等。金田起义之后不久，就有多名三合会会首带领党徒加入太平军。但太平军提出，三合会

[①] 赫治清：《天地会起源研究》，社会科学文献出版社1996年版，第257页。

第八章 溃败：离散的一体化统治系统

加入后需要拜上帝，同时太平军军纪严格，三合会领袖如大头羊、大鲤鱼等对此大为不满，选择了离开。留下的三合会首领，其中就有太平军名将罗大纲。

虽然太平军与天地会在组织纲领、政治目标、信仰上完全不同，但二者有着共同的敌人——清廷。各地的天地会，通过各种方式支持、配合太平军的战争。天地会的分支小刀会在各地举行的起义，就有力地牵制了清军。利用太平天国运动的契机，两广地区的天地会发动声势浩大的起义，一度围攻广州。太平天国运动为天地会提供了纵横驰骋的平台，虽然其"复明"的纲领此时已不再可行，可万千会员却于此中搏杀，获取改变命运的机会。

随着太平天国运动的失败，天地会也遭到了打击，但不久就开始恢复元气。19世纪末，天地会在国内仍然很活跃，是一股强大的叛逆力量。晚清时期，天地会的组成者以失业者、散兵游勇、运输工人、流民等为主力，且形成了更为严密的入会仪式。

各地天地会会众在起义失败后，多流亡海外，寻找发展机会。如上海小刀会起义失败后，被称为最凶猛的领袖陈阿林，就设法出逃到东南亚，后来当起了买办。众多天地会人士的到来，使洪门迅速在海外发展起来，东南亚、美国、古巴、加拿大、澳洲、英国均出现了洪门堂口。晚清时期，天地会对大清王朝的叛逆，使得它天然地亲近于革命党人，与革命党人携手反清。

一些观点认为，天地会山堂林立，流传在两广的为三合会，在长江流域的则为哥老会。如陶成章《教会源流考》认为："三合会也、哥老会也，无非出自天地会。"哥老会与天地会系统有着一定的联系，如有相似的仪式、类似的盟约等，但二者之间有着明显区别，并非同一系统。清初，因"湖广填四川"的政策，大批移民来到四川，形成了一个移民社会。由于当地社会秩序混乱，再加上高山密林便于隐藏，移民中喜好舞枪弄棒之徒与本地的流氓结合，形成了异姓结拜组织——啯噜。

到了乾隆年间，四川地方上的恶棍结成"啯噜子"，成群结党，每日里白昼聚赌，夜间抢劫。关于"啯噜"一词的来源，清人李调元云："啯噜本意国鲁，骂人、呼赌钱者通曰啯噜。"① 也有人认为，"啯噜"是满语的音译，意指散兵游勇或游民。最终，"啯噜"成为四川一带无赖的代称。

初期啯噜组织松散，三五成群，没有形成组织。但这些啯噜强悍好斗，一旦有事相互联合，彼此声援。到了清嘉庆年间，啯噜形成了系统组织，出现了首领，也形成了帮规，首领之下有管理组织事务的帮手。入会时，要焚香拜把子，割下头发烧成灰拌入酒中同饮，相约彼此同生死、共患难。

在历史的发展中，啯噜也渐渐地演变成哥老会。清廷镇压太平天国运动中，湘军将领鲍超为四川人，其所招募的霆字营也以四川人为主。营中士兵结成哥老会，彼此扶持，约定有难时互相帮助，凡不入会者，离营必遭劫杀。哥老会还采取开善堂、放飘、约会劫杀、写盟单、竖盟旗等方式，扩大影响。

曾国藩所统领的湘军最重视亲属、乡土关系，营中士兵也相互结拜为"兄弟兵"，作战时彼此救援，这就为哥老会的渗透提供了土壤。在哥老会的煽动下，"兄弟兵"加入哥老会，整个湘军"相效为之"，出现了诸多哥老会山堂。哥老会在湘军中的扩

---

① 邓之诚：《骨董琐记全编》（下册），中华书局2008年版，第655页。

第八章 溃败：离散的一体化统治系统

充，引起曾国藩的忧虑，曾国藩曾下令："结拜哥老会，传习邪教者斩。"虽然如此，哥老会在湘军之中已经蔓延开来，非一纸禁令所能禁止。湘军之中，"入（哥老）会者，十之三四"，而战力最强的鲍超军中，更是哥老会的天下。

太平天国运动结束之后，湘军、淮军被大量裁撤，湘军先后被裁撤了近10万人，淮军被裁撤了5万余人。湘军之中，未裁撤时哥老会的影响力已极大。被裁撤之后，一部分湘军不愿意返回原籍，分散在长江流域，从事各种带有冒险性的职业。愿意返回原籍的士兵，不久也花光了在外弄来的钱财，不得不重新出山。湖南地方上知道大批士兵携带钱财回乡，就哄抬物价，回乡的湘军士兵携带的银两购置不了几亩土地，士兵本身又有赌博、鸦片瘾等恶习，不久积蓄被花光。而哥老会在裁撤之前就宣称，如果出去之后遇到困难，找哥老会"可济衣食"。于是大批湘军士兵，重新聚在哥老会旗帜之下。

哥老会在湖南、湖北等地发展最快。两湖地区，回乡的士兵大量结拜，开设山堂，并不断向外省渗透，势力扩展到江苏、浙江、安徽等地。由于常年战争，长江流域人口急剧下降，为了恢复社会生产，清政府从各地抽调人口，迁移至安徽、浙江、江苏等省。这些新来的人口，与被裁撤后的湘军、淮军结合。哥老会势力遍布长江流域，"自蜀至苏数千里，哥老会一种，已不下数十万人"[①]。

太平军在战败之后，一部分士兵被遣送回广东、广西原籍，回乡之后，他们转而加入天地会，成为天地会的中坚力量，这个

---

① 丁文江、赵丰田编：《梁启超年谱长编》，上海人民出版社1983年版，第246页。

过程称为"转红"。留在江、浙、皖地区的太平军士兵,很大部分加入了哥老会,与曾经的对手湘军一起为了生计而奔波。到19世纪70年代,哥老会已遍布于长江各通商口岸。

除了哥老会崛起之外,在长江流域,青帮的力量也在扩张。青帮在早期主要从事与运河漕运有关的行当,活跃在京杭运河流域。清咸丰三年(1853),受太平天国运动影响,漕运改为海运。虽然清政府做了安排,将一部分水手调到水师,但是仍有大批依靠运河吃饭的青壮劳力失业,这些失业者有数十万人。当时又逢苏北连年水灾,大量饥民与这些失业者会合,"壮者沦而为匪,剽劫益炽"[①]。

为了生存,这些水手和灾民开始贩卖私盐。在贩盐过程中,青帮开始与两淮及苏南一带的盐枭融合,形成了江北的"安清帮"和江南的"巢湖帮"等青帮势力。

在李昭寿的扶持下,形成了"安清帮"。李昭寿是河南固始人,年轻时曾聚集武装,加入捻军。1858年,李昭寿投清,此后盘踞在两淮长达6年,最盛时聚众五六万人。在他的默许下,青帮和盐枭融合并发展,李昭寿实际上成了"安清帮"的头目。1881年,李昭寿在酒宴上侮辱安徽巡抚裕禄,在安庆被裕禄杀死。李昭寿被杀后,"安清帮"势力却日益扩充,以仙女庙(江都)为基地,活跃在苏北、皖北等地。

"巢湖帮"原是太湖地区的盐枭,在太平天国运动中得到发展。"巢湖帮"吸纳了失业的水手、盐枭、捻军、淮军散兵等,以镇江为中心,活跃在苏南与浙江。"巢湖帮"吸纳了捻军人员,

---

[①] 张曜:《山东军兴纪略》卷十七上,清光绪刻本。

第八章 溃败：离散的一体化统治系统

使其具有一定的反清色彩。淮军被遣散之后，部分士兵虽遭不归，加入会党，"盘踞于浙湖郡县，以贩盐为生"。

除了贩卖私盐外，青帮还从事一系列高利润的行当，如贩卖烟土、走私军火、开设赌场、贩卖妇女等。在长江下游，青帮实力雄厚，初期不过是无业者加入，后来一些武秀才、官宦子弟、衙役等也纷纷加入，"憨不畏法，自以为雄，乐居下流，毫不为怪"[①]。

青帮与哥老会都在长江流域发展，照理说会发生冲突，但二者逐渐走向融合。青帮在两淮地区贩卖私盐，运往两湖、浙江、安徽地区，这些地区的哥老会势力极大，于是就需要哥老会的支持。而哥老会要从沿海各码头运鸦片进入内地，也需要青帮的支持，双方渐渐地开始融合，共同从事着对抗清廷的事业。

会党中"反清复明"的宗旨，与革命党"驱逐鞑虏，恢复中华"有一定程度的吻合，双方共同的敌人是清廷，双方逐渐走到一起。各地的会党势力，无不在历史的间隙中寻找机会，待机而起。但会党的问题是，其头目多数骠悍难制，保留了浓厚的江湖习气，会众无组织、无纪律，势力虽大，却难成事。在接触革命党之后，会党意识到自身的不足，开始接受革命党人的领导。平山周研究了中国的秘密社会后，认为三合会、哥老会等会党在革命党人的影响下，大幅提高了政治意识。"其宗旨始不过反清复明，自孙逸仙变化其思想，易而为近世之革命党。"[②]

与哥老会、青帮相比，洪门在海外的势力更为强大。分布在

[①] 《安庆道友之为患久矣》，《申报》1876 年 6 月 15 日。
[②] ［日］平山周：《中国秘密社会史》，东方出版社 2010 年版，第 32 页。

东南亚、南美、欧洲各地的华侨,很多人加入了洪门,一方面可以有所依靠,另一方面洪门扮演着华侨之间的仲裁者角色。辛亥革命时,在美国的华侨有二十几万人,八成以上都加入了洪门。孙中山十分重视华侨的作用,认为"华侨为革命之母",而华侨中十有八九加入了洪门。

为了利用会党力量,同盟会修订章程,规定:"凡国人所立各会党,其宗旨与本会相同,愿联为一体者,概认为同盟会员。"孙中山曾亲自加入洪门,受封为"红棍"(执掌刑罚),陈少白则被封为"白扇"(军师),黄兴、陈其美、秋瑾等均加入过会党。兴中会有姓名、事迹可考的286名成员中,来自会党的有44人。

据陈少白回忆,他在香港加入洪门之后,又想加入哥老会,苦于无人可以联络,正为难时,突然想到了戊戌变法后出逃在外的毕永年。毕永年当时已加入兴中会,就一口答应,约了几十名哥老会成员到香港来,其中最重要的有杨洪钧、李云彪、张尧卿、顾鸿恩等人。杨洪钧、李云彪二人是山堂龙头,在长江流域有庞大的势力。到了香港后,依照哥老会规矩,点燃香烛,对天发誓,再杀公鸡,饮血酒,推举陈少白为龙头之龙头。[①]

晚清时期,会党积极向军队尤其是新军中渗透,长江流域"凡充士兵之人,亦大半来自会党"[②]。江西、四川的士兵中,会党超过一半,陕西新军中,哥老会占一半以上。在辛亥革命中,会党起着重要作用。他们或是直接参加起义,或是掩护革命党人,或是充当社会耳目,或是运送物资,或是进行宣传造势。谭人凤

---

① 陈少白:《陈少白自述 1869—1934》,人民日报出版社 2011 年版,第 67 页。
② 《去亦,与会党为伍!》,《新世纪》1903 年第 42 期。

第八章 溃败：离散的一体化统治系统

曾道，辛亥革命爆发之后，洪门兄弟最听指挥，"人无论远近，事无论险夷，人人奋勇，个个当先"。

会党虽勇悍，可革命的灵魂人物还是那些读书人。晚清时废除科举、派遣留学生等措施，将大量的读书人推入革命阵营，最终，秀才也革命了。

废除科举与书生从戎

庚子之乱后，西方列强在议和条件中，将废除科举作为条件之一。1901年，清廷做出了施行新政的姿态，在科举制度中增加策论、中外政治等内容，并废除八股文，停止武科考试，又命新科进士到京师大学堂学习。同年，南方各省督抚联衔上奏，请求进行科举改革，中枢对此颇有分歧。

首席军机大臣荣禄对于科举改革并不积极，持疑虑态度。荣禄不是科举出身，如果支持废科举，难免给人掺杂个人因素的感觉。军机大臣王文韶则坚决反对废除科举，甚至扬言"老夫一天在朝，必以死争之"。军机大臣瞿鸿禨支持废除科举，但孤掌难鸣。军机大臣鹿传霖模棱两可，不明确表态。之后3年间，虽然废除科举的呼声极高，但最终均未能形成任何有效行动。

光绪二十九年（1903）三月十二日，袁世凯联合张之洞上奏，认为虽不能立即废除科举，但应该酌情变通，分科递减，即将科举录取的名额按年递减，让天下士子入学堂读书。

对废除科举，袁世凯之所以表现得比张之洞还积极，其中包含了他的考虑。袁世凯非科举出身，对于科举素无好感，在北洋创办洋务的过程中，他对西方新式学堂已有较多了解。而科举废除之后，他手中大量新式学堂出身的北洋人马，正好可以占据各个要职。

两名实力总督联合上奏，慈禧与中枢商量，但军机处仍然分歧严重。《大公报》报道："三军机皆愿议准，惟某公一人极力阻止是真。"赞同的3名军机大臣是荣禄、瞿鸿禨、鹿传霖，反对的某公则是王文韶。

王文韶此时已年迈，听力又不好。每逢军机处有事纷争，相持不下时，慈禧问王文韶的意见，王文韶便莞尔而笑。慈禧道："你怕得罪人，真是琉璃球。"王文韶照样笑而不语。王文韶外号"油浸枇杷核"，处事圆滑，唯独对于废科举一事却坚持到底，时人多以为异。一日，他对新科翰林道："吾老矣，无能为矣，唯有三事可报效朝廷。一力保科举，一力阻经济特科，三力废大学堂，使你们可以无忧。"①翰林闻听后，无不感激涕零。

事情突然起了变化，3天之后，荣禄病死，奕劻补入，导致军机处人员发生变化。到了五月，张之洞入京，参与修订《奏定学堂章程》，试图减少科举录取名额。

入京召见时，慈禧让张之洞免冠叩首，看到他已满头白发，不由想起张之洞26岁时参加殿试，由慈禧钦点为探花，那时还是少年峥嵘，此时已是白发老翁。回首往事，慈禧竟不能自已，泪流满面。张之洞看着太后哭了，跟着老泪纵横，此次召见竟未发一言。

入京后，综合各方消息，张之洞分析奕劻虽不会公开表态

---

① 《科举难废》，《万国公报》1903年第174期，第56—57页。

第八章 溃败：离散的一体化统治系统

支持废除科举，但也不会成为阻碍。张之洞嘱咐瞿鸿禨，要在奕劻面前大力讲废除科举的好处，同时与王文韶"婉商"，争取其改变态度。

在内阁之中，张之洞已争取到了张百熙、孙家鼐的支持。在军机处，最大的阻碍是王文韶。军机大臣鹿传霖此时已经年迈，两耳听力不好，遇事甚少发表言论。为了换取王文韶的支持，张之洞做了一定让步，在奏稿中加入了妥协的内容，如规定新式学堂推行6年后，若是不能根除科举流弊，也不能培养人才，则恢复科举原额，并反复声明，科举减额只是"暂行试办"。

到了九月，荣庆担任军机大臣。荣庆相貌堂堂，白面黑须，飘然有凌云之气。荣庆讲究衣着，当时官场有"服饰之精美，荣禄之后，唯有荣庆"之说，"纱袍褂颜色花纹，无一天同者"。荣庆偏向于变法，以他入军机处，也增加了变革的力量。

光绪二十九年（1903）十一月二十六日，荣庆、张之洞、张百熙第三次联奏衔请递减科举。在《奏请递减科举注重学堂片》中，三人增加了诸多科举停废后的善后措施，并且采用了"暂行试办"的妥协字眼，最终得到军机处的支持。此奏得到清廷批准，自丙午科（1906）起，依照奏章办法递减科举录取名额。当时京内也弥漫着反扑之声，指责攻击之声不绝于耳。光绪三十一年（1905）五月，王文韶去职。传瞿鸿禨设计将王文韶弄出军机处，而袁世凯也从中出了一把力。

面对反扑，为了避免功亏一篑，袁世凯主动出击，提出了更狠的主张，他奏请直接废除科举。袁世凯主张大刀阔斧地推行新政，曾道："维新必放大胆量，振起手段，不可畏首畏尾。"

光绪三十一年，影响中国前途的大事发生，科举废除。

直隶总督袁世凯领衔，盛京将军赵尔巽、两湖总督张之洞、两江总督周馥、两广总督岑春煊、湖南巡抚端方等六名大员联衔上《立停科举推广学校折》，认为如果按照递减名额的做法，要二十多年后才有效果。要挽救时局，富国强兵，就必须推广新式学校，要推广新式学校，就必须雷厉风行，立即废除科举。

同年八月初四（1905年9月2日），袁世凯、张之洞奏请立停科举。清廷颁发上谕，宣布废止科举："著即自丙午科（1906）为始，所有乡、会试一律停止，各省科举考试亦即停止。"

军机大臣鹿传霖的态度是不主张立刻废除科举，但可以缓慢进行改革，因此先前一直没有加以反对。此时变为彻底废除科举，鹿传霖大为不满，遂暗中捣鬼，加以阻击。民政部参议刘彭年、翰林侍读学士恽毓鼎、给事中李灼华三人同时具疏，奏请恢复科举，但奏折递上后均留中不发。时人对此极为惊讶："三人本巧宦，忽进此背时俪俗之言，人皆讶之，后乃知为鹿传霖所授意也。"[①] 但他们发起反击，以图恢复科举的努力，在当时却不具现实可能性，朝野上下大多已认识到废除科举、推广新式学堂的迫切性。

1905年11月26日，清廷上谕，仿日本教育模式，设立学部，"负兴学育才之总责"；次年裁撤原有各省学政，改设提学使司，主持地方学务。科举停办之后，科场改成了学堂，各地新式学堂以每年1万所的速度递增，至辛亥革命前，各地有近6万所新式学堂，200多万名在校学生。新式学堂中的学生接受的是新式教育，新式教育中传播的新思潮、当时中国的苦难，深刻地刺

---

① 胡思敬：《国闻备乘》，上海书店出版社2007年版，第114页。

第八章 溃败：离散的一体化统治系统

激着他们，让他们自然而然地生出叛逆之心。他们读书的目的已不再是往昔的出将入相，而是投身于社会，为民众之福祉服务。如此，他们疏远了皇权，更多地贴近于社会。

学堂学生在各地屡屡掀起学潮，成为反抗清廷的主力。"革命党人不是受过儒家教育的中下层士绅成员，而是新式学堂的学生。他们宣传革命的方法是出版激进的小册子，举行群众集会和示威游行。他们人数更多，革命性更强。"① 新式学堂产生巨大的离心力，以至于清廷官员感叹道："朝廷振兴学堂，未见其益，先受其损。"②

科举停办之后，全国范围内的数万名举人、贡士，数十万生员（秀才）失去了向上流动的渠道。这些人常年沉浸在八股之中，缺乏自我谋生的能力。一名举人得悉废科举之后，在日记中懊恼地记道："科举一废，吾辈生路断绝，想寻他途谋生，却无门路，将如之何？"③ 虽然清政府选拔了一批举人、贡士、生员进入仕途，但大部分人在科举停办之后穷困潦倒，不得不走入社会"讨生活"，其中"大半流入会党"④。心怀不满的他们，也成了反对清廷的力量。

以往被读书人视作正途的科举之路已断，能出人头地的捷径是当兵。"庚子以后，士人多投笔从戎，不以苍头为耻"，士兵的俗称也从昔日的"丘八"，变成了今日的"老总"。一名湖北士绅

---

① [美]周锡瑞：《改良与革命：辛亥革命在两湖》，中华书局1982年版，第93页。
② 《辛亥革命》（第六册），上海人民出版社1957年版，第228页。
③ 刘大鹏：《退想斋日记》，山西人民出版社1990年版，第146页。
④ 《辛亥革命》（第三册），上海人民出版社1957年版，第203页。

在给两个儿子的遗书中叮咛道:"我所最爱者陆海军,若能当军人,则是吾家肖子。"① 湖北武备学堂招生时,预备招 120 人,结果报名者多达 4000 人。1905 年,新军在湖北黄陂征兵,征募的 96 人中,有 20 个廪生,24 个秀才。② 旧日的秀才,今日的新式学生,现在一起活跃于军中。

往昔的日本,曾经是中国文化的虔诚学生,一批批的遣唐使,给日本带回了文化的光芒。沧海桑田,世事巨变,现在轮到中国派遣留学生到日本学习了。1896 年,中国派出第一批赴日留学生共 13 人,为了这批中国留学生,日本专门在东京为他们办了一所学校。初到日本,又不会日语,这些学生的主要时间花费在日文的学习上。更为困难的是,这些来自江浙鱼米之乡的留学生,实在难以忍受日本粗糙的饮食,最后只有 7 名学生坚持完成了学业。

1900 年之后,赴日本的留学生人数逐年递增。由于中国国内推行新政、编练新军、增建新式学校,对新式人才有着巨大的需求。这种需求,使得留日学生归国之后很快出人头地,这又鼓励了一批批学生前往日本留学。留日学生中,以湖南、湖北、江浙、广东等省份的居多。两湖地区的学生,多是张之洞派遣的官费留学生。江浙等地的学生,则因家境富裕而能赴日留学。各个省份的留学生按照省组成同乡会,结成小团体,这也为革命党的发展提供了基础。

1895 年兴中会广州起义失败后,孙中山、陈少白等人逃亡日

---

① 《武昌起义档案资料选编》(下册),湖北人民出版社 1983 年版,第 218 页。
② 《辛亥革命首义回忆录》(第一辑),湖北人民出版社 1957 年版,第 68 页。

第八章 溃败：离散的一体化统治系统

本。因此时尚无留学生，兴中会主要争取在日华侨的支持。1898年戊戌变法失败后，康有为、梁启超逃亡日本，并在华侨和留日学生中进行宣传。日本国际地位的提升，国内蔓延的爱国情绪，给中国留学生以深刻刺激，梁启超也被日本军人出征时所举的"祈战死"旗帜震撼。对比于日本在1904年日俄战争中的巨大胜利，近代中国遭到的系列惨败让留学生们久久思索。爱国主义开始与反满情绪相结合，而最大的敌人自然是清廷。

随着留日学生渐多，革命党也开始注重在留学生中进行宣传。至1907年，在东京的中国留学生有近2万人，加入同盟会者数目颇众，以至于梁启超惊叹："革命党现在东京占极大之势力，万余学生从之过半。"[①]但留学生中，谈革命的人多，干革命的人少。为克服"口炮党"的弊端，一些行动派提议组织一个军事学校，以培养革命人才。

赴日留学生中，能进入日本海陆军学习的只能是清政府派出的陆海军学生，其余不论公费生或私费生一概不许，因此行动派决定自办军校。在日本办军事学校，需得到日本陆军部和参谋本部的许可。经同情中国革命者的寺尾博士和宫崎寅藏等人出面，向日本陆军部、参谋本部提出申请，得到许可后，设立"东斌步兵学校"，有留学生200余人。

"东斌步兵学校"的成员多数加入同盟会，参加过起义，知道革命的艰辛，主张在同盟会之外成立一个新的组织——共进会。1907年8月，共进会在日本东京清风亭成立，主要成员有张百祥、邓文辉、焦达峰、刘公、居正、彭素民、孙武等。1908年，

[①] 丁文江、赵丰田编：《梁启超年谱长编》，上海人民出版社2009年版，第360页。

慈禧、光绪帝相继去世，共进会看到了发展的机会，于是纷纷回国，渗透军队，并在新军士兵中进行宣传，发展革命同志。

清政府官派的留日士官生回国之后得到清廷的重用，很多人20多岁就当上了高级军官。1910年，清廷将军权收归于权贵之手，此后大力提拔留日士官生统兵，以制衡袁世凯北洋一系。新崛起的年轻实力派将领如蓝天蔚、吴禄贞、张绍曾等，均毕业于日本士官学校。到1911年，清军中已有800名左右官派留日士官生，他们多数是部队统帅、参谋人员或教练人员，影响很大。一方面，他们的专业知识是陆军的本钱；另一方面，他们对于旧秩序是一种威胁。他们大部分人成为共和主义的信徒，并且在暗谋推翻帝制。①

至清廷覆灭前，新式教育培养了大约200万名学堂学生、万余名留学生，他们因接受新式教育而成为清廷的反对者。他们在中国人口中所占比例十分有限，但他们的努力却撼动了这老大帝国。由于新式学生，清季的革命团体与前代完全不同。其一，革命者的目的不是为了做皇帝，他们主张用暴力革命推翻清王朝统治；其二，革命者怀有政治改革的抱负，目标是建立美式或是法式的民主共和国；其三，革命者运用现代的组织与宣传方法从事革命运动。②清季的革命团体之所以与传统反叛者不一样，因他们的主力乃是接受新式教育、新思潮影响的新知识分子，而这一切巨变，与科举的废除不无关系。

---

① ［美］拉尔夫·尔·鲍威尔：《1895—1912年中国军事力量的兴起》，中国社会科学出版社1979年版，第175页。
② 张玉法：《清季的革命团体》，台湾"中研院"近代史研究所1975年版，第7页。

第八章 溃败：离散的一体化统治系统

科举的废除，新知识分子的出现，乃是一体化统治瓦解的重要一环。往昔的一体化系统中，社会结构、统治模式与文化传统都依赖于儒家思想来凝结，儒生们通过科举进入仕途，成为一体化系统运作中的一员。如今，他们被切割出去，社会结构、文化传统、统治模式都缺乏了凝聚剂，而曾经的一体化系统中的重要一环——士人们，成了反叛者。

最终，江湖会党、新式学生、旧日秀才、留日学生、革命党人，这些人物在一个熔炉里被融合，这个熔炉便是湖北新军。

1894年，张之洞从德国聘请了12名军官和24名士官到南京训练部队。两年后张之洞调任湖广总督时，将部分受训过的部队带到了武昌，创办武昌新军。以德国教官为基础，张之洞创办了湖北武备学堂。到1897年底的时候，张之洞控制的新军有近3000人。张之洞特意规定，所募之兵，须是在直隶、山东、河南驻军中已服役10年、识字且家庭出身良好者。

1902年，张之洞聘请日本教习，仿照日本军制编练新军。1903年，清廷倡办"新政"，在中央设练兵处，各省设督练公所。计划在全国编练新军36镇，到辛亥革命前夕，湖北练成一镇一混成协，这便是陆军第八镇（统制张彪）和暂编第二十一混成协（协统黎元洪），统称"湖北新军"。1907年，陆军第八镇驻省城武昌，计官720员、兵10520名；第二十一混成协驻武昌、汉阳及京汉铁路，计官288员、兵4612名。湖北新军成为仅次于袁世凯北洋六镇的新军，也是唯一堪与袁世凯匹敌的新式军队。

张之洞新军以西式装备和训练为主，这就需要具有一定文化的年轻人。新军将领张彪、黎元洪都主张须具备一定的文化才能进入新军："凡新（兵）入伍，须命题作文一篇。有志之士，纷纷乘机投入陆军，革命之势力乃益以树植。"① 湖北新军主要驻屯在武汉三镇，一些报纸在租界内对清廷发出各种批判，具备文化素质的士兵不可避免地受到影响。相比之下，在北方的袁世凯新军，由于《辛丑条约》的规定，只能驻屯在偏僻的农村，受外界的影响较少。湖北新军之中，参军者多数希望通过从军改变自己的命运。但来到新军之后，他们却发现自己很难得到提拔，军官贪污腐化，粗暴蛮横。军中普遍存在着体罚现象，一些士兵被虐待致死，这激起了新军士兵的不满情绪。

湖北新军中的士兵们组织起来，以学会的形式开展活动。渗透进湖北新军的共进会，以孙武为领袖，他得到了家境富裕的刘公的财力支持。同属共进会的焦达峰则回到湖南老家，散尽家产，交结会党，随时准备策应。湖北新军中另一个具有影响力的秘密团体是文学社（前身为日知会），以蒋翊武为领袖。双方一度竞争，后来经调解达成谅解，彼此合作，共同反清。

到1911年，整个经济形势一片萧条，各类天灾频发，无数饥民涌入武汉求生，各地频繁爆发抢米运动，大批学生上街游行抗议，报馆则开始进行更为猛烈的反清宣传，新军士兵忧虑地旁观着这一切。与此同时，新军士兵自身的利益也受到侵害。由于物价上涨，政府财政窘迫，不得已之下，军队开始克扣士兵薪资，据说克扣幅度在20%至30%之间。②

隐藏在暗处的革命党人，目睹此情此景，不由仰天大笑："天下慌慌之际，正是我辈得意之秋！"当时的情势，已是一个

---

① 章裕昆：《文学社武昌首义纪实》，文海出版社1981年版，第3页。
② [美]周锡瑞：《改良与革命：辛亥革命在两湖》，中华书局1982年版，第175–200页。

第八章 溃败：离散的一体化统治系统

火花就可以点起燎原大火。

〰️ 笑到最后的大佬

两宫逝去后，能辅佐清廷的大员们也陆续去世。1900年之后，汉人督抚在清廷的政治地位日趋上升。但这些督抚面临的问题是他们太老了。1901年，李鸿章去世。1902年，刘坤一去世。1908年，张之洞去世。1910年，鹿传霖去世。当时，只有袁世凯正当壮年，舍他取谁？

李鸿章一生，老于政治，纵横捭阖，深谙权术。他曾主持了中国最早的系列现代化，创办了新式企业、新式军队，带来了最初的现代化的变革。但李鸿章的努力，只是服务于政治目标，而不是国家、社会、民众的利益。他留下的遗产，乃是独立于政治之外的北洋军事集团，他的继承人，乃是袁世凯。

袁世凯曾追随吴长庆到朝鲜12年。在朝鲜期间，袁世凯对军事相当留心，细心钻研操典、战术之类的军事书籍，并时常跟随军队到野外演习。据袁世凯自述，学习军事，"这比起做文章来，到底容易多了"。袁世凯渐渐地也成为军事方面的行家，曾替朝鲜国王编练过一支亲军，名为"镇抚军"。

中日甲午战争失败后，袁世凯在北京闲住，不甘寂寞的他想寻找新的靠山。当时最受慈禧宠信的大臣是荣禄，袁世凯想投奔到荣禄门下。袁世凯的妹夫刘盛云乃是刘铭传的儿子，刘铭传则是荣禄最为赏识的人。袁世凯遂到六安拜谒刘铭传，请他帮忙推荐一下。刘铭传看在亲戚关系上，写了封荐书，于是袁世凯与荣禄搭上关系。

中日甲午战争的空前惨败，给清政府以巨大刺激。清廷决定尚武图强，改练新军。1894年底，淮系骨干、长芦盐运使胡燏棻在天津小站训练了一支小规模的部队，称定武军。后胡燏棻调任，负责督办津芦铁路，1895年，经荣禄奏请，改由袁世凯统帅定武军。袁世凯又奏请将定武军更名为新建陆军。1895年年底，袁世凯来到小站，开始了闻名后世的小站练兵。小站位于距离天津约35公里的新农镇，为天津至大沽铁路中间的一个小站，因此得名。

袁世凯在朝鲜见识过现代军事技术的威力，在军事思想上颇为开放。袁世凯新军有着诸多新事物，如参考西方参谋制度而设立的幕僚机构、在军事训练中注意夜间作战演习、采用实弹射击训练、重视战场电报通信等。针对以往清军中普遍存在的克扣军饷等陋习，袁世凯特意规定士兵的军饷由指挥部直接发放，不经过军官之手，以便士兵拿到足额饷银。在发放饷银的时候，袁世凯有时亲自点名发放，确保军饷发到士兵手中。

袁世凯新军分步兵、马队、炮队和工兵，设有快炮一队、重炮一队、骑兵营一支。工兵又分桥梁、要塞、布雷、电报、测量、军械修理等种类。并聘用德国军官来小站训练，部队不久就扩充到7000人。新军中，冯国璋为步兵学堂总办兼督练营务处总办，段祺瑞为炮兵学堂总办兼炮兵统带，王士珍为工程部学堂总办兼工程部统带，三者并称"北洋三杰"。此外，徐世昌为参谋，唐绍仪为文案。

小站练兵，在区区一个师的军官中，出了未来民国的5位民国总统和代理行政元首及多位总理。后来在北洋时代叱咤风云的诸多军阀，此时不过是新建陆军一小卒而已。小站练兵中的诸多

第八章　溃败：离散的一体化统治系统

重要人物并无显赫出身，他们大多数来自底层，冯国璋原先是个吹鼓手，王占元为马夫，曹锟当过小贩，张怀芝做过苦力，吴佩孚摆摊算过命，因其能拼能打，骁勇善战而获得提升。

据袁世凯自己说，小站练兵时的各级军官和幕僚，甚至基层的军官，他都能叫得出姓名，还能大致了解每个人的脾气以及优缺点。新军中各级军官均将袁世凯视作衣食父母，并在军中树立起对袁世凯的个人崇拜。"当时在袁之部下者，至今犹不忘之，有呼袁为父或为师者。"①

1899年，袁世凯将嫡系部队主力调往山东，与西方各国驻上海领事团达成中立协定，又与东南的实力派人物如张之洞、刘坤一等人结成联盟，搞"东南互保"，坐观八国联军进攻北京。战后袁世凯的部队发展到有马、步、炮队20营，共近2万人。

1901年，直隶总督兼北洋大臣李鸿章病死，由袁世凯继任。此后袁世凯重贿奕劻，结成同盟，彼此引为外援，"奕劻本受北洋之奉养而供驱策"。至1906年，袁世凯个人的权势达到顶端，西方媒体称之为"中国第一人物"。由于袁世凯权势大增，出现了"朝有大政，每由军机处问诸北洋"的局面，天津袁世凯的直隶督署有"第二政府"之说。

以袁世凯为中心，形成了北洋集团。袁世凯集团的膨胀，使得满人亲贵集团心生警惕。立宪派最多只能在他们耳边嗡嗡不停，而袁世凯手中掌握的是实力最强的军队，这是实在的威胁。1906年，清政府借助官制改革之机，逼迫袁世凯交出北洋六镇中的一、三、五、六四镇，归陆军部管辖，其手中只剩下

---

① ［日］内藤顺太郎：《袁世凯正传》，广益书局1914年版，第67页。

二、四两镇。1907年，清廷采取明升暗降的策略，将袁世凯提拔为军机大臣兼外务部尚书，袁世凯遂交出全部兵权。得到袁世凯入京的消息后，西方各国充满期待，英国驻华公使朱尔典认为："袁世凯是唯一能够打破年初以来，困扰京城决策死气沉沉和混乱僵局的人。"①

光绪三十四年（1908），光绪帝、慈禧相继去世，以载沣为摄政王，负责一切军国事务。载沣监国之后，握有重兵的袁世凯成为载沣集权的最大障碍。载沣驱逐袁世凯，绝不是因为戊戌年的恩仇。光绪帝被当时在京的外国人视为"神一样孤独的男人"，对他的弟弟载沣，他也没有什么感情流露。载沣在日记中，以两个圈儿代替光绪帝，也没有一点亲情的流露。载沣将袁世凯驱走，唯一的理由是权力争斗。这场权力争斗，涉及财政权、外交权等问题。

这一年，袁世凯兼任外务部尚书，派亲信唐绍仪访美。唐绍仪访美除了外交谈判外，更重要的议题是借款。而清廷命令唐绍仪出使时，并未授权他谈及借款问题，借款纯粹是袁世凯的私人指示。唐绍仪赴美之后，建议清廷批准中美互派大使，但事前清廷并不知晓。此外，袁世凯与掌握度支部的载泽，为了财政问题发生争执。袁世凯主张给地方督抚财政权，载泽则极力反对，甚至大怒云："宁不为尚书，绝不受袁之侮。"

袁世凯在外交、财政上的擅自主张，让载沣心生警惕，同时载泽等人又在耳边吹风，建议他将袁世凯清除。光绪三十四

---

① ［美］斯蒂芬.R.麦金农：《中华帝国晚期的权力与政治：袁世凯在北京与天津》，牛秋实、于英红译，天津人民出版社2013年版，第174页。

第八章 溃败：离散的一体化统治系统

年十二月初六，就如何处理袁世凯，载沣征求了奕劻的意见。奕劻反对惩处袁世凯，但不能挽回载沣心意。奕劻夹在中间难做人，就在初十，以足疾为由称病请假，但当时他肯定给袁世凯通风报信了。

同年十二月十一日（1909年1月2日），载沣召见军机大臣，当日庆亲王奕劻因病假，未曾入见。待所有军机大臣退出之后，载沣再次召见世续、张之洞二人，将已经拟好的罢免袁世凯的谕旨出示。二人毫无准备，看后大吃一惊。张之洞请载沣征求奕劻意见之后再做决定，但载沣心意已定。

张之洞转而劝告载沣，修改谕旨中的严厉词句，给袁世凯下野留足面子。载沣对此表示许可，随即召军机章京许宗蘅过来缮写谕旨。许宗蘅急匆匆走来时，见袁世凯正在军机处外徘徊。袁世凯知道将有风暴来临，却又不敢私自出走。

不久世续、张之洞二人出来，世续将蓝笔谕旨出示给袁世凯（大丧百日内不能用朱笔）。袁世凯看后脸色大变，问道："是否即出去。"世续道："可以。"世续向来与袁世凯是一个鼻孔出气，知道形势不妙，支持他暂时躲避为上策。[①]

当日发出蓝谕3道，袁世凯开缺，回籍养疴，那桐入军机处。当年翁同龢开缺被指责"揽权狂悖"，瞿鸿禨开缺被指责"窃权结党"。袁世凯此次开缺，朝廷可谓给足了面子，谕旨对袁世凯功劳予以肯定，并对他因为"腿疾"不能胜任感到遗憾。之所以让袁世凯体面下野，张之洞从中劝说出力甚多。

[①] 恽宝惠：《关于清末放逐袁世凯之记载》，《文史资料存稿选编》（晚清北洋上），中国文史出版社2002年版，第379页。

山河变

1月3日凌晨，袁世凯携带了部分家眷乘火车一路狂奔，逃到天津，躲在天津英国租界的利顺德饭店，并做好了逃到日本的准备。当得悉安全无忧后，袁世凯又在下午返回北京，以免留下把柄。1月4日，袁世凯与军机处做了工作交接，次日即乘火车离京，返回河南。

载沣监国之后，虽然为人软弱，但所面对的局势让他不得不强硬起来。奕劻是袁世凯用钱喂饱了的人，直隶京津等地的将领及多省督抚都是袁世凯一手提拔的。对载沣等满人亲贵来说，要在当时彻底铲除北洋集团已不可能，只能抓住北洋集团的核心人物袁世凯加以打击。面对满人贵族的不断打压，袁世凯暂时容忍退让，但心中的不满与对清廷的离心在不断增强。

章太炎说过："满政府之力不足以制权汉人，惟恃汉人督抚为爪牙。"汉人督抚与清廷是一根线上的蚂蚱。汉人督抚的权力依赖于清廷而得到，清廷则依靠汉人督抚进行统治，双方虽有矛盾，但还不至于翻脸。年轻气盛的满人权贵，拿刀砍了自己最重要的爪牙袁世凯，伤了他的心，待需要再用爪牙时，爪牙心里已有了自己的打算。

戴上王冠的猫儿欺负起了老虎，老虎只能默默地磨牙。蛰伏河南彰德洹上村的3年之中，袁世凯夹紧尾巴，不露声色。他表面上超然于物外，实际上却有着巨大的政治影响力，对袁世凯忠心耿耿的北洋集团，正在不断扩充实力。到了一定时候，就是袁世凯重新出山之日，他再来收拾载沣这群毛头小伙子。

第九章
革命：危机的总爆发

清廷走向终结，是一系列因素共同导致的。就清廷自身而言，在1900年庚子之变后，采取了系列加强中央集权的措施，试图巩固统治。但清廷面临着系列难以调和的矛盾。就内部而言，至清末，随着满人亲贵集权政策的推行，满汉矛盾不断激化。就地方而言，军事权、财政权收归中枢，使地方势力日益不满，离心力加强。晚清朝廷施行的中枢集权措施，反而弱化了其统治，最终在辛亥革命之后走向终结。

满汉矛盾与阶层固化

入关之后，清廷面临一个棘手的问题，即如何以满驭汉。清廷统治的核心力量是满洲八旗，入关之后，从政治、经济、法律等各个层面予以旗人特权。在政治上，中央官僚以满人为主，"内阁大学士，满洲二人、汉二人；六部尚书，满洲一人、汉一人"。表面上官僚集团中满汉一体，但实权却在满臣之手。地方上总督、巡抚等高级职位,主要由满人及部分蒙古、汉军旗人掌控。在官缺上,满人可以任汉缺,汉人不能任满缺。在经济上,满人不许从事社会生产,只能成为职业军人,并由政府财政供养。驻防八旗每岁饷马乾银①、节赏、红白赏、岁米月粮、军官养廉银,耗费无数。在法律上,满汉分开审判,如果是满汉纠纷,则法律审判要倾向于满人。

面对占据了绝对多数的汉人,清廷又反复强调满汉一家,笼络部分汉人知识分子,以达到以汉制汉、安抚人心的目的。入关之后,多尔衮即令原明廷官员,仍以原官录用,在京内阁、六部、都察院等衙门官员,同满官一体办事。顺治帝亲政后,对满洲亲贵持有戒心,更情愿去亲近汉人大臣。顺治帝时期,采取系列措施,在一定程度上缩小了满汉差异,笼络了汉人官僚。康熙帝时期,为了应对内忧外患,推行"满汉一体"政策,"不论满洲、汉军、汉人,应简选贤能推用"。雍正帝初登基时,出于对满人亲贵的不信任,大力任用汉人,出现了田文镜、李卫、张廷玉这样的汉人重臣。乾隆时期,江山稳固之后,满汉之别凸显。天下是满洲人打下来的,统治江山自然该由满洲人来唱主角,此观念横亘于乾隆帝脑海中,无法消弭。表面上他对汉人大臣亲信有加,加以任用,但前提是必须保证满人亲贵在朝中占优势地位。乾隆帝时期,杭大宗、洪亮吉陈请用人不分满汉而遭严谴,"后遂结舌,引为大戒"。

嘉庆、道光两朝,也在一定程度上试图消除满汉差异,提拔了部分汉人进入统治集团。咸丰、同治两朝,在太平天国战

---

① 支付购买马匹的白银称马乾银,支付购买饲草的白银称草乾银。

第九章 革命：危机的总爆发

争中，大量满人亲贵死亡，而湘系、淮系汉人势力增长。满汉势力，此消彼长，最盛之时，天下督抚，湘系占十九。汉人势力的扩张，引发了满人的警惕，之后官僚集团内部，满汉势力争斗不休。而清廷一贯的政策是重满轻汉，以汉制汉。

柳诒徵认为："其人（满员）多不学无术，骄奢淫逸，有时与汉官争权，其能延国祚至数百年，亦云幸矣。"[1]清廷之所以能延续将近300年，其中原因在于，清代在明面上、形式上还是注意维持满汉平等的。虽然满人享有各种特权，占据了各类官缺，但还是在汉人所能够容忍的范围之内。且清廷在以汉制汉的政策上，运用得炉火纯青。光绪年间，某部翻造大堂，堂中被纸糊了多年的一段御碑碑文再现。碑文示谕满大臣："本朝君临汉土，汉人虽悉为臣仆，而究非同族，今虽有汉人为大臣，然不过用以羁縻之而已。"

在太平天国运动中，太平军高举反满大旗，发布《奉天讨胡檄布四方谕》《奉天诛妖救世安民谕》等檄文，将满人视为胡虏，加以讨伐。太平天国运动虽告失败，却掀起了民间的排满情绪，孙中山就曾云，自己深受太平天国运动的影响。孙中山高举"驱逐鞑虏"的旗帜，革命排满成为流传一时的口号。如梁启超所云："满汉两族并栖于一族之下，其互相猜忌者二百余年如一日，一旦有人焉刺激其脑蒂，其排满性之伏于其中者，遂不期而自发，此革命党之势力，所以如决江河，沛然而莫之能御。"[2]

对清廷的仇恨与满人牢牢捆绑，只要清廷存在，仇恨就无

---

[1] 柳诒徵：《中国文化史》，上海古籍出版社2001年版，第789页。
[2] 梁启超：《论中国现在之党派及将来之政党》，《新民丛报》第92号。

法消解。1903年春节，留日学生在东京骏河台留学生会馆举行新年团拜会，来日考察的贝子载振、驻日大臣蔡钧、留学生监督汪大燮等清廷官员在场。到会的马君武、刘成禺提出："力数满人今昔之残暴，窃位之可恶，误国之可恨，应如何仇视，如何看待？"其他留学生响应云："非排除满族专制，恢复汉人主权，不足以救中国。"在场的三十余名满人学生大为不满，发牢骚道："宁送朋友，不与家奴，诚吾人待汉奴不易之策也。"

1905年之后，孙中山对"反满"思想加以调整，不再狭隘地反对所有满人，乃至反对"对满同盟会"的名称，而坚持用"中国同盟会"。孙中山认为，革命不是恨所有满人，而是恨害汉人的满人，革命时满人不来阻碍，绝无寻仇之理。1907年7月6日，革命党在安庆起义，刺杀安徽巡抚恩铭。恩铭被刺，牵连秋瑾等多人，激起公愤，汉人仇满益甚。事后张之洞特意提醒清廷，化解满汉矛盾已迫在眉睫："欲御外侮，先靖内乱，探原扼要，唯有请颁旨布告天下，化除满汉畛域。"①

为了缓和满汉矛盾，清廷也做了一些调整。如素来禁止满汉通婚的政策，在1902年被取消。将原先为满人所垄断的官缺，向汉人开放，统一满汉官员的晋升办法。1906年官制改革后，各部满汉分缺制被废除。1907年，清廷发布上谕，大小臣工，即便将军、都统亦不分满汉，量才器使。原先满汉文武大臣，上奏时自称奴才，1910年时取消此称谓，统一称臣。旗档也被取消，旗民编入民籍，计口授田，逐步归农。满人的法律特权被取消，旗

---

① 张之洞：《致外务部》，《张之洞全集》（第7—12册）电牍，河北人民出版社1998年版，第9662页。

第九章 革命：危机的总爆发

人犯法，与民人处罚相同。清廷调和满汉矛盾的系列措施，在明面上让渡出了部分无关要害的权力，安抚天下人心。实际上在关系国家要害的，如财政、军事、外交等权力上，却扩充了满人特别是皇族的权力，时人对此也看得通透："行政大臣，半王子王孙。"

清廷祖训，"朝廷兵柄，不轻假汉人"。太平天国运动导致了军权下移，在新政浪潮中，清廷加强了对军权的控制。1906年，在铁良策划下，改革军制，兵部改为陆军部，"凡天下各镇统制，皆由部奏请简派"。光绪三十三年（1907）七月，张之洞、袁世凯同入军机处——这也是从地方汉人督抚手中收回兵权，加强满人对军事力量控制的努力。

八月初三，张之洞交卸职务后由京汉铁路乘火车入京任职。八月初五，张之洞抵京。张之洞入军机处至去世，前后25个月，这期间张之洞最大的努力则是抑制满人亲贵势力的膨胀。张之洞深知满汉之间的矛盾。早在1900年年底，英国驻汉口领事在一封信函中谈到，张之洞曾私下向他表示："憎恨满人，因为他们把持中国，搜刮民脂民膏。他们不顾自己的能力和是否胜任，总能升官发财。中国要想改革只有一法：废除满人特权，不论是旗人的俸禄还是仕途特权。"①

张之洞入军机处时，清廷已处于风雨飘摇之中，各地民变频频，革命党人在"革命排满"的旗帜下四处举事，立宪派叫嚣着要进一步推行宪政。张之洞力请大赦革命党人，他言辞恳切，两宫听后很是动容，传令各省，对待革命党稍加宽松。此前各省拿

---

① 《清末民初政情内幕》(上)，知识出版社（上海）1986年版，第191页。

到革命党人,均可立即正法,此后清廷以上谕饬令地方,要将人犯口供全部送交法部,待审核后再行定夺。

慈禧、光绪帝去世后,以载沣为首的满人亲贵,控制军政大权,压制地方督抚,进一步激化满汉矛盾。张之洞清晰地认识到,当务之急是缓和满汉矛盾。可年迈老臣的教诲抵不过年轻气盛的亲贵们的权力欲。载沣的弟弟载洵要当海军大臣,张之洞坚称不可,载沣却不理他,一心扶持亲贵集团。载洵权势过人,"不在军机,其权势实出各军机之右"。遇有重要事件,军机大臣所不能主持者,载洵一言而定。载洵所保举者,无不如愿以偿。京师相传,其为军机处外之军机。

清廷的最后10年,"汉人唱排满,满人讲排汉"①。张之洞在其间试图调和,奈何却未能弥补裂缝。宣统元年(1909)六月,张之洞患肝病,服药无效,仍继续入军机处办公。当时载沣大力任用亲贵,导致满汉分裂严重,张之洞忧形于色。

宣统元年,吕海寰担任津浦铁路督办,李德顺担任总办,为了修建铁路,必须向农民征地。李德顺动用官方力量,低价征地,被人弹劾,吕海寰、李德顺均被撤职。在召见军机大臣时,载沣提议由唐绍仪接任督办,张之洞不同意,认为唐绍仪"不洽舆情"。载沣看张之洞反对,只好道:"中堂以为不可,谁还能说可。"张之洞就反驳道:"朝廷用人,如果不顾舆情,恐怕要激起民变。"载沣道:"国家养着兵,还怕什么民变?"张之洞道:"国家养兵,不是打老百姓的。"退朝之后,张之洞跌足叹道:"不意闻此亡国之言。"

---

① 乌泽声:《满汉问题》,《大同报》1907年6月25日。

第九章 革命：危机的总爆发

七月，张之洞病情加重，请假养病。病榻之上，张之洞还亲自拟定了创办京师图书馆的奏稿。自庚子年变乱之后，京师中所藏珍贵书籍遗失甚多，张之洞得悉后很是痛心，便奏请创办京师图书馆，也即后来的国家图书馆。八月二十一日夜，张之洞去世。当天载沣亲临张之洞府中探望，载沣到时，张之洞还比较清醒。待军机大臣世续到时，他又陷入昏迷。到了夜里，张之洞醒来，召集所有子孙，每个人都有遗命，语言清晰，颇有文法。张之洞又将遗折要来，读了几段紧要语句之后方才去世。弥留之际，张之洞在遗折中不忘提醒："满汉视为一体，内外必须兼营。"

张之洞死后，朝廷之中再无如他这般能勉强维持、四处裱糊的大臣了。而随着新政的推行，满汉矛盾日益激化，围绕开国会的争执，导致本为清廷同盟者的立宪势力，纷纷背离清廷而去。

为了应对舆论，安抚立宪派，缓和满汉矛盾，光绪三十四年（1908）八月二十七日，清廷宣布以九年为期，召集国会，并颁布了《钦定宪法大纲》及九年筹备事宜清单。依据筹备事宜清单，1909年将在各省设立谘议局，于是立宪代表们纷纷投入开设谘议局的活动之中，甚至将请速开国会暂时放在了一边。谘议局创设后，地方士绅获得了更大的政治舞台。但士绅立宪派们并不满足于此，速开国会此时成为"第一要义"。

张謇、汤寿潜等人联络各立宪团体，要求统一行动，督促清廷早开国会。经江苏谘议局议长张謇联络，宣统元年十一月初五，十六省代表51人汇集上海，讨论派遣代表团赴京，请愿速开国会。代表团到京后，向都察院递交了请愿书，要求一年内开国会。十二月二十日（1月30日）清廷颁布上谕，对立宪派请开国会"深为嘉悦"，但同时表示："惟我国幅员辽阔，筹备既未完全，国民程度又未划一。如一时遽开议院，恐反致纷扰不安，适足为宪政前途之累。"立宪派对清廷的回复大为不满，针对"国民程度未及"，立宪派回击："及与不及，必试之而后见，不试之而强抑之，毋乃冤吾民乎？且所谓不及者，必有一标准，今日不及之标准安在？"

第一次国会请愿运动失败后，立宪派又继续发起第二次国会请愿运动。此次运动以江苏、直隶、广东三省为主力，分别派人前往各省游说，广东甚至派专人前往海外游说华侨。谘议局也利用自身的权限，逼迫清廷早开国会，"国会不开，即停止一切新租税""国民既未有监督财政之权利，自应不任增重负担之义务"。

立宪派在京创办国会报，宣传创设国会的必要性，并发起请愿签名运动。此次请愿声势浩大，各省入京递交的请愿书均有数万人签名，南美、澳洲等海外华侨也派代表到京，于六月十六日递交请愿书。此次请愿书中，不再似以往那么客气，公开指责清廷对立宪缺乏诚意，敷衍之意多，而阻挠国会开会的王公大臣则是"自全躯命保禄位"。

载沣与军机大臣准备对请愿代表"严旨震吓"，但又怕节外生枝。六月二十七日，载沣召开御前会议。会上王公大臣表示宪政尚在预备，国会不能骤开，"摄政王深以为然"。随后发布谕旨，训斥立宪派，并告诫"毋得再行渎请"。

宣统二年（1910）十月，立宪派发起第三次国会请愿运动。此次运动声势更加浩大，各省都有民众大规模集会，向督抚递交请愿书。东三省有代表到京后，甚至准备剖腹自杀，以明心意。

第九章 革命：危机的总爆发

被劝住后，两名代表从身上割肉以示决心。

此次请愿运动也得到了地方督抚的有力支持。自从实施新政以来，中央开始加强中央集权，清理财政，压制督抚。督抚通过支持开国会，与中央博弈。十月二十五日，十七省督抚及地方大员联合致电军机处，要求立即开设责任内阁，次年开设国会。刚刚开张的资政院也卷入了请愿风波之中。在民选议员力挺下，十月二十六日通过了速开国会的奏稿。

十一月四日，清廷颁布上谕，将在宣统五年（1913）召开国会。同时警告请愿代表，"即日散归，各安职业"，如果再搞请愿运动，将"按法惩办"。对此结果，江浙两省代表认为达成了目标，决定"欢祝"。其他各省代表对此极为失望，认为"三年遥遥，夜长梦多"。

十二月，奉天省派出请愿代表赴京，再次请愿。行至天津时，天津学界积极响应，成立各种请愿会，联合绅商团体，要求直隶总督陈夔龙代奏朝廷，请再缩短期限，提前召开国会。首席军机大臣奕劻对请愿运动深恶痛绝，指示陈夔龙加以弹压，不准再行联名要求渎奏。陈夔龙遂派兵驱散天津请愿学生，又包围了保定师范学堂，禁止出入，严查书信。已到北京的东三省代表，则被步军统领衙门押回原籍。

四次国会请愿运动之中，立宪派发行的普及立宪知识的"公民必读"书籍有10余种，有的发行量在10万册以上，同时各类报纸广泛刊载有关国会、选举、自治等方面的文章。各省开办的法政讲习所，也培养了一批宪政人才。为了限制报纸舆论，《报律》《集会结社律》先后被炮制出来。立宪派对此大为不满，认为言论、出版、集会是立宪国家人民必有的三大自由，"今中国之立宪，乃先收此三自由于民"。

1911年5月8日，皇族内阁成立，13名阁员中，满人占了9个，皇族占了7个，且控制了军事、外交、财政等要害部门。皇族内阁给了立宪派当头一棒，也使满汉矛盾不可调和，"终日言不分满汉，而满人之权利独优于汉人"。《汇报》称，皇族内阁乃是"力主中央集权，伸满抑汉主义"。民间风传，"近支排宗室，宗室排满，满排汉"。

总之，晚清时期的新政，并不是自发的一场改革，而是无奈的、被迫的自救行动。君主立宪的本质在于限制君主权力，保留君主名号，虚位于君，还权于民。立宪派所渴望的是英式君主立宪，即"实行国会制度，建设责任政府"，责任政府是对国会负责，而不是对君主负责。但清廷政治改革所建立的却不是责任内阁，而是置于皇权（满人贵族）控制下的"皇族内阁"，根本目的是强化君权（满人特权），保满制汉，这是立宪派和清廷的根本矛盾所在。这样，清廷渐渐地将立宪派也推到了他们的对立面。当时稍有见识者均知清室已不可救药，而满汉矛盾不可调和。

满汉矛盾引发的恶果，在辛亥革命之后显现。武昌起义后，革命党张贴告示，驱逐满人，悬挂"兴汉灭满"旗帜，于城中搜杀满人。日本人宗方小太郎亲见军政府门柱上有对联曰："手执钢刀九十九，杀尽胡人斯其时。"福州起义之前，城中旗人男子全部动员，女子发给一把刀，准备迎战。福州旗营中，各旗户发给煤油，以待危急时自焚。福州起义后，"旗兵及妇女投河死者数百人"。西安起义时，旗兵在城中拼死抵抗，城破之后，"又以满营闭城坚抗，致土匪得乘机抢掠，扰乱秩序，大忿之，故杀戮

第九章 革命：危机的总爆发

颇多"。武昌起义之后，除广州、成都之外，各地革命军多有与驻防旗人爆发冲突，引发伤亡。

〰 财政紊乱与各地民变

光绪朝初期，清廷财政相对还算盈余，厘金关税在财政收入中所占比重上升，基本上能做到收支平衡。至甲午中日一战，清廷借款4000余万两用于战争，战后赔款2.2亿余两，一时无力筹集，又借外债3亿余两，加上各类利息及杂项前后总计6亿余两，之后清廷财政上出现了巨大窟窿，年年财政赤字，根本无法填补。据赫德统计，光绪二十五年（1899），财政岁入为8820万两，岁出为10112万两，财政赤字接近1300万两。[①] 光绪二十五年，清廷需要偿还的外债达2300万两。

庚子年，清廷再败，战后各类赔款总计高达4.5亿两。加上年息4厘，计9.82亿两。此赔款由中国自筹，不得外借，分39年还清，每年需摊还2200万两。清廷岁入主要是田赋、盐税、厘金、海关税、内地关税、鸦片税六类。庚子赔款中，以关税、盐税、常关税作为担保，此三项占据清廷财政收入的一半。

对于庚子赔款，每年需要偿还将近2200万两，其中中央偿还300万两，江苏等省分担其余部分，江苏承担的份额最多，达250万两。就庚子赔款，清廷上下的对策不外是开源节流。中央

[①] 中国近代史资料丛刊编辑委员会主编：《中国海关与义和团运动》，中华书局1983年版，第64—65页。

将部分朝廷所收款项约 300 万两，改为赔款。至于地方各省，则加征田赋、厘金、土药、盐斤等来筹集赔款。借筹集赔款的名义，各省开征了名目繁多的捐税，加重了民间的负担。

赔款之外，清廷推行新政需要大量的经费，成为压垮骆驼的一根重要稻草。经历了甲午、庚子两次惨败之后，为了自救，清廷推行新政。新政包括了官制改革、教育改革、司法改革、军事改革等系列内容，其中以练新军为第一要务，耗费最巨。

光绪二十九年（1903），清廷设练兵处，决定编练新军三十六镇。新军每镇辖步兵 2 协，马队、炮队各 1 标，工程、辎重各 1 营，军乐 1 队。每协步兵 2 标，每标 3 营，每营分前后左右 4 队，每队 3 排，每排 3 棚，每棚目兵 14 名。练兵经费耗费巨大，每一镇各类武器装备就要 100 余万两，常年经费需要 200 余万两。

练兵经费初始主要依赖提取铜圆余利。早在 1889 年，张之洞在广东开办广东钱局，用英国机器生产铜钱和银币，获利颇丰。1902 年，沿江各省纷纷铸造铜圆。初始铜圆尚能缓解钱荒，获利丰厚，其中部分余利被用于练兵。清廷也曾计划在各省烟酒税、丁漕田房契项下摊派各省练饷，但未成功。随着各省开足马力铸造，又造成铜圆泛滥。铜圆充斥于市，引发物价上涨，不得不停铸，使练饷无着。由于筹集军饷困难，新军编练工作推进缓慢。湖北原计划 3 年编练新军两镇，可至光绪三十二年（1906），只练成一镇一协。由于财力窘迫，此后未再扩展，直到辛亥革命，湖北新军仍保持一镇一协。山西原计划 3 年编练新军一镇，可款项无着，最后只练成军装器具不全的一协。

1901 年之后推行的系列新政，以练饷、巡警、教育所花费较

第九章 革命：危机的总爆发

大。教育与巡警两项属地方事务，款项"就地自筹"。如奉天一省，办巡警每岁就要300万两。湖北一省，每年拨提地丁钱充作教育费用，就达60万两。1905年之后，在宪政旗帜下，又有官制改革、地方自治等系列内容，需要更多经费。中央将新政费用摊派到各省，各省则摊派给民众。如宣统三年（1911），湖南的财政预算中，教育加征捐税40余万两，行政经费21万两，警察经费8万余两。新政推行后，实际效果并不佳，赵炳麟云："从纸片上观之，则百废俱举；从事实上观之，则百事俱废。"赵炳麟估算，大省每年巡警费300万两，小省200万两，司法费每省100万两以上，教育费各省也在100万两以上。

各省官方筹集新政各款项，手段不外是加征田赋、厘金、土药、盐斤等。各省官方持续不断地加征赋税，自以为每次所加数额有限，不致影响民生，可持续不断加价，民间已无法承受。以直隶芦盐产销区为例，1902年庚子赔款加价4文，1905年推行新政加价4文，1908年抵补土药税加价4文，1909年筹建津浦铁路加价4文，持续不断加价之后，食盐每斤价格达44文。

再以浙江为例，光绪三十二年（1906），因为摊派庚子赔款及各项新军饷，浙江每年额外需要多征150余万两，通过加抽漕粮、牙税、酒烟糖茶及钱商典当房、膏盐课等各项捐税，仅得130余万两，尚有部分缺口。浙江官场商议后，决定自当年正月起，将浙产食盐按斤加收制钱2文，按民间每人每日食盐3钱，一个月不到1斤，官府自以为如此加价，不会影响民生。可此前盐已经不断加价，此次再加2文，至每斤盐36文。而不断推高的盐价，又带来了私盐的泛滥，盐税更难以征集，由私盐引发地方冲突，使时局更混乱。

总体而言，晚清时中央财政收入虽不断增长，却抵不过无数开支，导致赤字连连。光绪二十九年（1903），清廷财政支出增至近1.35亿两；光绪三十四年（1908），财政支出达2.37亿两；宣统元年（1909），岁出为2.6亿两；宣统三年（1911），清政府财政预算收入为2.9亿两，支出为3.3亿两，年净亏4000余万两。[①]

为了填补中央财政的各个窟窿，清廷不断摊派款项给地方。地方或是敷衍，不了了之；或是寻求新的收入来源，并在完成摊派任务的同时，为地方截留部分税款。摊派越多，地方上的财政权越重，中央对地方的财政依赖越深，财税越紊乱。地方上财权日重，不时截留收入，拖欠京饷，原先代表中央财政集权的奏销制度也流于形式，财权下移。

清廷曾经做过尝试，试图加强中央的财政权力。1904年8月，铁良奉旨南下，筹集练兵经费，集中中央财权。铁良南巡，收获颇丰，更发现各省土膏捐中的巨大空间，于是建议朝廷将土膏统捐。1906年，清廷推动湖南、湖北、广东、广西、江苏、江西、安徽、福建八省合办土膏统捐改革。土膏统捐，是将土药、烟膏合并征收捐税。此前各省对土药的税率差别较大，税率混乱，各省为了招徕生意，乃至折扣盛行。土膏统捐之后，各省土药税收由中央办理，各省可分配到一定数额的款项。如果土膏统捐顺利推行，中央财政能得到一笔稳定的收入，加强中央财权。以土膏统捐为突破，进而可实现其他各类捐税的中央控制。

光绪三十一年（1905），时任贵州巡抚的柯逢时，赏侍郎衔，奉命督办各省土膏统捐，设总局于湖北，在各省设分局。柯逢时

[①]《清朝续文献通考》卷68，《国用六》，第8249页。

第九章 革命：危机的总爆发

知道此项工作将面临各地阻力，曾一度上疏辞职，奈何清廷不许。至武昌上任之后，柯逢时办理八省统捐工作，遭到各省强大阻力，工作无法推展，清廷集中财权的目标未能实现。柯逢时不得不做出妥协，对地方计步。清廷并未体谅他的难处，进而指责他失职。1907年，柯逢时入京，奏请将统捐总局裁撤归并。当年因各省禁烟，土膏统捐武昌总局裁撤，仍由各省自办，中央收地方财权之谋划成空。

光绪三十二年（1906），中央度支部令各省将"外销"款项奏明，遭到各省抵制。① 直隶总督袁世凯大力反对，认为如果将内外销款项和盘托出，各省将束手无策，影响新政推进。光绪三十四年（1908），清廷出台了《清理财政章程》，要求各省清查各项出入款及一切规费，并编造详细报告册，试图借此清理财政，加强中央财权。

清廷中央与地方围绕财政权的多次博弈，未能形成有效的正式财政制度，也未有法律明确中央与地方各自财政权利与义务，博弈带来的结果是财政更加紊乱。

通过强行摊派手段，中央将大部分庚子赔款分解到地方。这种摊还外债的方式虽然缓解了中央政府自身的压力，但也把自由筹款的权力给了地方。地方财政的膨胀和地区性分割局面的形成，使清廷中央在更大程度上失去了对地方的财政控制能力。地方只要完成缴纳中央的任务，余下部分就可以截留，于是就有了更多的动力进行征敛，乃至为了增加收入，默许各类

---

① 清代户部恪守部例，鲜有变通，外省核销支用时难以做到榫卯必合，常于收入中划出相当部分，自为核销，向不报部，此为外销。

走私、非法贸易。

各级政府的过度征敛，带来的恶果就是民变频发。晚清时的民变遍布全国，以江苏、浙江次数为最多，各地民众冲击各类官府机构，特别是与新政相关的机构。如1910年春，山东莱阳发生大规模抗捐税民变，数万民众围攻莱阳县城。民变中，除冲击新政机构之外，还伴随着大量的抢米运动。由于灾荒频发，民众聚集抢米，冲击粮仓及富户，抢走米粮以获得生存。据统计，辛亥革命前10年的民变遍及除台湾外的全国各省区，计1300余起，平均每两天半一次，而实际发生民变的次数可能更多。[①]

至清末，虽然田赋收入在清廷的财政收入中所占比重不断减少，但田赋仍是财政收入的主要部分。据1911年的调查，中国竟有2/3以上的农民是缺地少地的租户和半租户，而租种地主的土地之后，农民需要将半数以上的收成交给地主。清末吴江、震泽"滨湖之田，美而丰收，尤以震泽乡为最，惟土地所有权大多集于富绅之手，农民则完全出于强迫而耕种"[②]。拥有大量田产的地方士绅，承担了各类田赋的征收工作，而在办理加征时，自然会考虑自身利益，将捐税转嫁至弱势群体，加深其痛苦。清廷的各类捐税又多是人头税，并未考虑到贫富阶层间的差异性，底层的民众受到的伤害往往最大。清廷虽通过捐输、报销等手段，从富裕阶层征收走部分钱款，但所征数额有限，于时局无补。

农民除了须缴纳沉重的地租外，还须负担田赋、徭役、兵差及各类苛捐杂税。从1902年起，中国各省每年需支付的庚子

[①] 张振鹤、丁原英：《清末民变年表》，《近代史资料》1982年第4期，第100页。
[②] 李文治、章有义编：《中国近代农业史资料》（第一辑），生活·读书·新知三联书店1957年版，第287页。

第九章 革命：危机的总爆发

赔款就达 1800 万两，而这些只能从民间以"房间捐输""按粮捐输""地丁收钱提盈余""盐价加价""增抽厘捐"等方式来征收。清廷自己哀叹道："近年以来，民力已极凋敝，加以各省摊派赔款，益复不支，挖肉补疮，生计日蹙，几通竭泽而渔。"各地官方强加的捐税，涉及每个人的日常生活，有肉捐、鱼捐、米捐、果捐、家畜捐、马捐、轿捐、布捐、剃发捐、牛捐、鸡捐、麦捐、门牌捐等，千奇百怪。之所以多称捐而少称税，因"新政待举而又避加税之名，势不得不另立名目，以为一时权宜之计"。后世胡善恒发出高呼："赋税中最忌讳的是对小额所得课税。"[1] 观清末的各类加征，无一不是涉及民生的小额所得，最为弱势的农民，是被伤害最深的群体。

过高的捐税，压制了农业的发展，导致晚清时农产品的产量直线下降。脆弱的民众艰难求生，如果遇到各类天灾，则面临着生死存亡的危机，而处于衰竭状态的晚清政府已无力进行有效的荒政救济，于是民变四起。沉重的捐税导致占据人口绝对多数的农民，手中可支配收入降低，消费欲望减弱，这又冲击到了商业，带来商业萧条。恶性循环，层层累加，经济越差，赋税越多，民间反抗越烈，各阶层离心力越强。

在庚子之变后，清廷推行了系列改革。改革是由国家政权主导的制度变革，是对政策的自我调整。改革既是追求自身的合法性，也是实现权力本身的利益最大化，政府期待通过改革来发展经济，巩固自身。但清末新政中的系列改革，主要集中在官制、新军、教育、司法等领域，在社会经济领域并未有全面深入的改

---

[1] 胡善恒：《赋税论》（上册），上海商务印书馆 1948 年版，第 88 页。

革。清廷所推行的改革，未曾带来新的税源，反而增加了政府的开支。在财政窘迫之下，清廷中央摊派费用到地方政府，地方政府层层加码，搜刮财税，引发各地民变。

晚清时，各级地方政府利用财政的紊乱，获得了非正式的资金收入，分散了中央财政权。清末推行新政的目的是增强中央权力，而中央加强集权的举措，又损害了地方实力派的利益。地方官员与士绅（立宪派）被地方上各类乱局所困，上下不讨好。当清廷对地方的掠夺超过地方上可以忍耐的程度，官绅都对清廷产生了离心力。如辛亥革命前，四川被多次加征摊派田赋，最后一次加征田赋为铁路租股捐——因而当清廷将铁路国有化时，损害了地方各个阶层的利益，进而引发保路运动。

对外战争、各地赔款、新政费用及各地民变，使清廷财政资源日益匮乏，而清廷掠夺内部资源，以此维持统治的方式，引发了社会的全面溃败。值得注意的是，在国家政权与社会之间，缺乏有效沟通的渠道。作为新兴势力的地方绅商阶层，一度以立宪党人的姿态，试图与政权进行沟通，但清廷粗暴地关上了沟通的大门。至于无数的底层民众，更无机会与政权进行沟通。

当无法沟通后，清廷与整个社会处于紧张的冲突之中。清末各地频起的民变，因其散沙状，无法动摇清廷的统治；在清廷内部，分布于各地的立宪派具有强大的社会经济影响力，新军又具备了军事动员力，当立宪派、新军对清廷的离心力不断加强后，只需要一个契机就能改变全局。中央权威的丧失与财政的恶化，导致了中央对地方的威慑力缺乏，以及安抚地方上分离主义倾向的财力缺乏。由财政危机始，转为全面的社会危机，在其他突发危机的叠加之下，最终陷入了革命危机。

第九章 革命：危机的总爆发

〰️ 投资与四川保路运动

近代中国对铁路的态度经过了几番巨变。铁路初入中国时，遭到了极大阻力，在各地都被排斥。随着对外交往的加深，中国士绅逐渐认识到了铁路的便捷与无限的商机，开始转变态度，积极参与到铁路事业中。在清末修建铁路的浪潮之中，颇多地方绅商联合，反对清廷向国外借款，而主张由中国民间筹款修建铁路，由国人掌握路权与路利。

1903年，清廷设立商部，负责铁路、矿务事宜。商部在《铁路简明章程》中，明确向民间开放铁路修筑权。1904年，川汉铁路公司成立。1905年，江浙绅商分别创设商办浙江铁路公司和江苏铁路公司，筹款修建铁路。同年，粤、湘、鄂三省从美商手中收回粤汉铁路。1903至1910年之间，全国各省出现了19家铁路公司，其中商办14家，官督商办2家，官办2家。这些铁路公司中，四川铁路公司创办得最早，资本最多，至1911年6月，拥有资本1600余万两。

中国传统社会中，各类大工程，如修河筑城等，向来由政府掌控。只有政府才能调集人力，筹集资金，开展工程。而各类大工程的开展，本意也是为王朝统治服务。晚清时，铁路是巨大工程，关系到国家命脉，可当时的清廷已积弱难返，根本无力筹集资金，只能放手，将铁路事业交给民间去办理，这在中国历史上是前所未有的改变。清廷本以为，将关系国本、涉及无数利益的铁路交给绅商，能稳定社会中的精英力量，缓和满汉矛盾，巩固大清的统治。没想到绅商办铁路也是弊端百出，为日后盛宣怀推行铁路国有政策提供了契机。晚清铁路以四川铁路为最，四川铁路之糜烂，又由乔树枏、施典章而起。

乔树枏，字茂萱，华阳人，同治癸酉拔贡，历官学部左丞。1905年，锡良奏报《川汉铁路总公司集股章程》，据此路款主要来自"认购之股、抽租之股、官本之股、公利之股"。其中以抽租之股为重，凡业田之家，收租在10石以上者，均按该年实收之数，值100抽3。租股初期每股银50两，年息4厘。租股按各地时价折成现银，满50两者领取股票，不足者则先领取单据，待凑成整股50两后再领股票。1907年，川汉铁路改为商办后，增加了每股银5两的股票，年息提升为6厘。

川汉铁路的租股，所征对象包括了大小地主、自耕农、佃农，涉及四川社会的各个层面，乃是民众的血汗钱。至1911年，川汉铁路共筹集资本1600余万两，其中抽租之股高达950余万两，乃是川汉铁路股本的主要来源。①

川汉铁路驻京总理，初期由乔树枏担任。光绪三十三年（1907）正月，庆亲王奕劻将四川总督锡良调任云贵总督，以岑春煊接任四川总督。锡良卸任时，奏请将川汉铁路改为绅商自办。风声传出，乔树枏畏惧岑春煊，急辞去川汉铁路驻京总理之职。没想到朝局有变，岑春煊奉命仍督两广，乔树枏又攀附上了邮传部尚书陈璧。不按商律选举总理之惯例，乔树枏再次担任川汉铁路驻京总理，凡一切用人理财等，均由其控制。乔树枏为所欲为，视路政为一己所专，视股款为私家所有，遍植私党，多立

---

① 《王人文呈内阁并度支部等报告清查川汉铁路账款困难情形电》载，川路股款总额为1660万两，租股总额为950万两；宓汝成《中国近代铁路史资料》载，川路股款总额为1645万两，租股总额为950万两；彭芬《辛亥逊清政变发源记》认为，川路股款总额为1221.6万两，租股总额为1023.7万余两。

第九章 革命：危机的总爆发

名目。乔树枬先后任用驻成都总理曾培和驻宜昌总理费道纯、洪子祁、李稷勋等人，全川股东更无从过问。

乔树枬大权独揽，暗中取消从前规定的正式招股，又大力推动租捐，由此进款日多，苛敛日重。乔树枬接管路政3年，连前积款约计1600余万两，从无收支总数报告，全川之人不知收款全数，也不知款存何处，账目一片混乱。乔树枬又重用施典章，将大量款项交给其管理，导致川汉铁路大笔款项被私人侵吞。

施典章，字子谦，泸州人，光绪二年（1876）二甲进士，选翰林院庶吉士，后任户部员外郎和琼州、广州知府等职。施典章将川汉铁路款项分存成都、重庆、汉口、上海等处，所派经手放款之人，均私相授受，既无监督，也无担保。施典章放出之款，一不经银行票庄过付，二不凭保款抵押，三不订合同约据，四无存放规章，五混用商簿官册，六从无征信报告并任意添改簿册。

宣统元年（1909），上海3家钱庄倒闭，其中倒欠川路股款12万两。在上海的各商号均能收回三成，川路公司却只收回一二成，亏损颇巨。宣统二年（1910）六月十五日，上海正元、谦余、兆康、庆余、宝康等钱庄同时倒闭，施典章在各钱庄所存川汉铁路大量款项成为一笔烂账。为了追回款项，四川派出调查员莅沪，查出倒闭的各钱庄、银行均系沪商陈逸卿所经理，单在陈逸卿一人处，所存川路股款竟有180余万两之巨。当陈逸卿行骗被逮捕时，施典章出面，找到官方，要求保释，被官方驳回。苏松太道观察蔡和甫对施典章很厌恶，调查之后发现，倒闭的钱庄、银行中，涉及川路款项高达350万两之巨。

川汉铁路亏空款约分三项：其一，为存入正元、兆康、谦余、元源、晋益升、宝康、庆余、德大等钱庄之款，统计钱庄亏空款共约银140万两。①施典章分存以上各钱庄，多者一处至几十万两。施典章还私下以公司名义，向正元借银10万两，又自借兆康银10万两，此外还有17万两私自移存汇丰银行。更滑稽的是，德大号于宣统元年八月倒闭，而施典章于宣统二年三月还继续向该号存款；厚大号于宣统二年三月倒闭，施典章于四月仍交存款项。

其二，为贷给利华银行之款，计银60万两。此款本系施典章与陈逸卿私相授受，暗订合同，私自放贷给银行买办，云年息5厘，如有溢利，年终加付。此笔款项，经过陈逸卿之手，而陈逸卿所开各钱庄均已倒闭，此笔款项与亏空无异。

其三，为各项股票之款。查施典章购买蓝格志火油股票485股，计价银85.2万余两，事前虽已报告总公司，施典章仍然应当承担责任。施典章复将股票在外抵押，借贷银两，现需公司出价29万余两，方能赎回。且此项股票系阴历五月初买入，其时沪市时价至多不过1500两，而施典章报称1750两，其浮报之数，最少中饱12万余两。

施典章在上海存入川汉铁路款，共350余万两，核计亏挪各款竟至200万两，而蓝格志股票一项85万余两，尚不在内。沪款亏空后，四川同乡京官召开会议问责，乔树枏则加以辩护，云施典章之事，与己无干。四川铁路股东推杨重岳等为代表，自四

---

① 计正元倒款五十一万四千余两，兆康倒款三十九万七千余两，谦余倒款二十八万五千余两，元源倒款一万六千两有奇，晋益升倒款四万三千余两，宝康倒款三万两，庆余倒款三万两，德大倒款八万两。此外尚查出厚大倒款一万八千两，裕源长倒款六千余两，统计钱庄倒款共约银一百四十万两。

第九章 革命：危机的总爆发

川出发，先至上海，查得经理川路款人施典章，倒骗川路款200余万两，乔树枏身为总理，必须承担责任。乔树枏依靠手中的巨款，四处运动，虽四川派出代表入京控告，竟然逍遥无事。杨重岳等入京后，在摄政王载沣府前等候，想请载沣为川人做主，收回路款，却未能如愿。杨重岳愤怒之下，跳入什刹海，经人捞救上岸，多番劝慰。

川汉铁路混乱的财政，为盛宣怀所主张的铁路国有政策，再度提供了契机。

1911年，在盛宣怀授意下，给事中石长信向清廷建议，推行铁路干线国有。石长信上奏，请将铁路国有，理由有四：其一，铁路关系国本，宜速定办法，建设铁路，使全国四境，脉络相通；其二，各省铁路经商办者，多有树党营私，侵吞舞弊现象，并举出四川铁路施典章侵吞川路款数百万两，湖南铁路裹挟民众加租入股为例，各地铁路未成，路款已糜费不资；其三，铁路宜归国有，于行政上、军政上均有密切之关系，西洋各国之所以日趋富强，莫不恃铁路以为功；其四，建设铁路，一时难以筹集巨款，主要干路可由国家建筑，支路仍准商民量力修建，以补官方之不足。

清廷令邮传部议奏此事。1911年5月9日，邮传部大臣盛宣怀回复，主张将干线铁路国有化。盛宣怀力主推行铁路国有化，有颇多考虑。自铁路民营后，从筹集款项到动工，颇费周折，六七年来，成就不显。盛宣怀认为："旷时愈久，民累愈深，上下受其害，贻误何堪设想。"铁路收归国有，由国家力量统一推进，必然能提高铁路建设的效率。铁路的运行、管理很复杂，民间力量介入后，牵涉到各方利益，难以统一管理。此外，铁路还涉及军事调度、外交等系列问题，由民间经营，不利沟通。

当然，铁路国有，归入邮传部管理，也方便盛宣怀控制，为盛宣怀控制下的企业提供更多的商业契机。盛宣怀控制着汉阳铁厂，其生产、销售都需要通过铁路，而修建铁路需要大量钢材，修建铁路与发展铁厂是相辅相成的。盛宣怀很有雄心，希望统一规划，将铁路修至边疆："若收回邮政，接管驿站，规划官建各路，展拓川藏电线，厘定全国轨制，靡不烁然毕举，逐件试行。"盛宣怀的出发点并没有问题，但在推行铁路国有化的过程中，却忽视、伤害了地方士绅群体的利益，由此引发保路浪潮。

当时各省民间筹款修建铁路，所费甚巨，如何补偿，令盛宣怀很头痛。在各省铁路国有化上，盛宣怀也区别对待，粤路由官方发还六成现银，四成无利股票；湘鄂商股全数发还现银；四川则发还无利股票。至1911年，四川铁路筹集款为1600余万两，其中款项流失颇多，此时又突然要改为国有。铁路国有消息传到四川后，地方士绅表示反对，5月16日，川汉铁路总公司董事局致电邮传部，请求维持商办，但交涉无果。以无利股票作为补偿办法的消息传出后，更是激怒四川地方。

在损害各地方利益的同时，5月2日，盛宣怀与英法美德四国银行团签订粤汉铁路、川汉铁路借款合同。盛宣怀将四国借款与铁路国有捆绑，认为没有借款就无法修铁路，要借款就必须铁路国有。但盛宣怀也坚持，铁路大权属于中国，四国只能分红，而不能干预路权与人事权。盛宣怀的借款修路，在当时的衰败局面之下，不失为一剂猛药。

但借款消息泄露之后，盛宣怀的借款被扣上出卖国权的大帽。川人奔走相告："名为国有，实为外国所有。"6月17日，

第九章 革命：危机的总爆发

保路会成立时，罗纶声情并茂地痛陈："我们四川的父老伯叔，我们四川人的生命财产卖给外国人去了，川汉铁路完了，四川也就完了。"

川汉铁路自集股以来，路未曾修好，款项却被侵吞，铜圆局亏挪于前，施典章倒款于后，损失银两达500多万。主持川汉铁路的绅商们，根本无法面对四川民众，此时盛宣怀所推行的铁路国有与四国借款，无疑给了他们一个发泄口。他们高举爱国旗帜，痛斥盛宣怀卖国，进而希望能挽回地方的权益，"竭小小民之膏腴血汗，倾而付之东流。民众心不平，如若引导川民聚焦盛之卖国，甚好"[1]。

6月16日，川路公司组织保路同志会，誓死保路。参加者有工人、商人、军人、警察、教师、学生等各个阶层，不到10天，成员发展到10万人。铁路国有，不退还现银，而只给无利股票，伤害了绅商、农民的利益，导致四川的社会精英与平民联合起来，共同争取自己的利益。对于保路运动的绅商来说，通过一场运动，既可以争取利益，也可以掩饰此前经营中的各种问题，将仇恨的矛头指向盛宣怀，何乐而不为呢？

绅商们并不想反对清廷，他们仍然指望官方妥善解决问题，在保路运动中，绅商们抬出了光绪帝为此场运动的号召，在各个场合，他们供奉光绪帝神牌，或是哭，或是祭。对清廷本就具有较大离心力的两股力量——会党、留学生，也看到了保路运动中的机会，纷纷加入保路会。保路运动发生后，留日学生回川者越来越多，成都将军玉崑很警惕："川地近来游学回国甚多，看其

---

[1] 戴执礼:《四川保路运动史料》，科学出版社1959年版，第78页。

行为，居心叵测。"

面对四川地方上的压力，盛宣怀态度强硬，利用自己控制电报局，下令禁止收发涉及保路内容的电报，又请民政部禁止报道保路消息，逼走态度温和的四川总督王人文。新上任的四川总督赵尔丰初期态度温和，主张和平解决；随着四川保路运动发展为罢市罢课，进而开始争取政治权力，局势逐渐恶化，赵尔丰的态度和手段也有了变化。

9月7日，赵尔丰将铁路公司首领、保路运动会领导人、谘议局等要人抓捕。成都民众聚集，前往总督府请愿。赵尔丰下令开枪，造成成都血案。

在保路运动中，四川地方上的会党发挥了重要作用。四川地面上的哥老会，具有较大的组织力量，他们及时动员哥老会会员，加入保路运动。四川保路协会领袖罗纶是袍哥"大汉公"掌旗大爷，其父罗绍周是川北一带的老舵把子，在江湖上地位崇高。华阳秦载赓是当地袍哥组织"安吉团"的龙头大爷，拥众数万。1909年春，秦载赓加入同盟会。保路运动兴起，秦载赓被推为华阳保路同志会会长，将"安吉团"更名为同志军。成都血案发生之后，秦载赓集民军千余人，冒雨直逼成都东门，用袍哥"十万火急鸡毛文书"号召全川各地哥老会，组织同志军开赴成都支援。1904年，侯宝斋被公推为新津"九成团体"总舵把子。四川保路运动中，侯宝斋与同盟会会员陈文清等，成立川南保路同志会，侯宝斋担任会长。成都血案后，侯宝斋迅速率众前往支援。

在成都血案的第二日，就有保路同志军赶到，围攻成都，之后各路保路同志军前来增援。赵尔丰一面加以安抚，另一面则残

第九章 革命：危机的总爆发

酷镇压，至九月底，保路同志军陆续散去，成都开市。由川汉铁路款项引发的冲突，使清廷调动湖北新军入川，由此又引发了武汉的巨大风暴。

流言与湖北新军风暴

1911年，是沉重的一年，各类灾异频发，各地暗潮涌动。湖北之前遭遇连年灾荒，沔阳、监利等十几州县饥民流离载道，多半无家可归。1910年秋，湖北虽有二十余州县晚稻收成较好，但不够湖北地方自食。入春以来，地方民众期盼丰收，以资接济。没想到正月望后，十日九雨，寒暖无常，各处麦苗多半受伤，如果雨持续不停，则田中苗必被淹死。湖北商市也受久雨影响，百货俱贵，尤以米粮为最甚。以前每石粮售5000钱，当年涨至8000钱，且还有不断上涨的趋势。

为安抚人心，自1911年二月十九日（3月19日）起，武汉禁屠3日，不准杀猪，官场上下斋戒沐浴，赴城外天坛（社稷坛）拈香祈晴，以慰民望。又以阴雨连绵，实系空气凝结所致，特饬新军第八镇炮标标统龚光明，率兵拖带大炮，冒雨至城外打磨山，向天空开炮驱散云雾，又令江中各军舰一律向天开炮，隆隆之声昼夜不绝。

一阵炮轰，并未缓解灾情，挽回人心。时局变化，导致各类流言在军中散布，影响军心。当年春，有消息传出，俄国强行进兵伊犁，湖北新军将被调往伊犁作战。个别军官闻讯之后很激动，以为能立下赫赫战功，更有对士兵做慷慨演讲者，以鼓励军心。不料军人得知后大为惶惧，两日之间，湖北新军各标营竟逃去四五百人。此事被湖广总督瑞澂所知，他非常震怒，将最先泄露消息的炮队标统龚光明及步队两管带等，记过罚薪，又严饬抓捕逃兵，以军法从事。

清廷维持统治的核心力量是满汉蒙八旗军，此外再辅以绿营。作为核心的满汉蒙八旗，除了清廷的军饷供养外，也有共同的认知，即"旗人身份"，具有较高的忠诚度。至于绿营及之后的团练、练军等，却是基于吃军饷而维系军心，对于皇权并没有太多的忠诚，谁当皇帝并不重要，谁给钱就效忠谁。

到了清末，时局的变化，使清廷不得不训练新军。新军中普遍存在的问题就是对清廷并无太多的忠诚。北洋六镇甚至有成为袁世凯私军的态势，清廷对此大为警惕，逼迫袁世凯交出兵权。虽然袁世凯交出兵权了，但新军的问题仍然存在，那就是缺乏基于共同认知而产生的忠诚，此问题湖北新军亦然。至晚清，大量的会党、革命党、没落的士人进入新军，更让新军对清廷产生离心力。

辛亥革命之前，文学社、共进会在新军中开展工作，进行革命宣传。接受革命思想的先进分子，在军队中利用各种机会，秘密向士兵们传递革命思想。新式报纸也被创办，如《大江报》《商务报》等，公开宣传进步思潮，揭露军队中的黑暗。革命党人甚至效法《水浒传》中梁山开设酒店打探消息的做法，于武昌黄土坡开了一家同兴酒楼，联络新军士兵。入会的士兵需要两个同志介绍，填写志愿书，入会后要严守秘密，定期缴纳会费。共进会、文学社在湖北新军中取得了极大突破，武昌起义之前，文学社、共进会会员达5000多人，占据了湖北新军总数的1/3，此

第九章 革命：危机的总爆发

外还有相当部分持同情态度者，在新军中占据优势。如第八镇炮标各营士兵中，加入共进会、文学社者甚多；第二营管带姜明经还是同盟会会员。

至阴历八月（阳历9月），各类流言漫天飞传，令湖北官场与新军将领很头痛，决定裁掉部分具有影响力的正副目（正副班长）、老弱士兵及服役已满3年者。陆军第八镇炮标第一营管带杨齐凤年轻不更事，平日里以欺凌士兵为能，属下无不怨恨。在当月发放军饷后，借助裁兵的机会，杨齐凤将平日所厌恶的士兵开除多人，令退伍归籍，其中以什伍长（正副目）占多数。这些什伍长在军中日久，与士兵感情深厚，士兵们约定为之践行。

八月初三（9月24日），第三营左队全体士兵设酒，为退伍老兵践行。杨齐凤以现值四川动乱，随时可能调拨，军中禁酒为由不许。当日有王天保、梅青福、汪锡九、何天成等人，将退伍回籍，其手下士兵相约，于当日上午8时，备好酒菜，群起钱别，在食堂猜拳畅饮。排长刘步云赶到制止，云饮酒猜拳，扰乱军纪，当场斥骂，并将杯盘打翻。全队目兵饮酒畅快时，突然被刘步云打断，又加以欺辱，众人大怒，将刘步云逐走。

刘步云当即禀报管带杨齐凤，请处以闹官之罪，士兵闻讯后更加愤怒。当日中午，杨齐凤召集该队正目（班长）8名，大加训斥，云正目为士兵之表率，今目无纪律，不安秩序，即命护兵各责打200军棍，以儆效尤。各队士兵得了消息，齐往求情，护兵也不肯用刑。杨齐凤遂自执马棒殴打，士兵大怒，群起将杨齐凤掀翻在地，殴打成伤，又有30余人各持马枪，闹成一片。管带杨齐凤经人救起，逃到二营，急令士兵持械捉拿滋事诸人。

炮标三营士兵闹事之后，携带马枪，抢出演习所用的空包弹,连放排枪数次,大声鼓噪,又涌至军需库房想抢夺实弹,但实弹箱被其他弹药箱层层压在下面,搬开费时,未及取到。闹事士兵又将大炮拖出,发炮多次,未曾成功,再取干草,堆置火药库前,试图纵火。正在喧闹之际,恰逢午餐号声发出,变乱的士兵误以为是出兵镇压之号,各自惊散,火药库得以保存。杨齐凤随后督队赶到,护卫住军需仓库,以电话向司令部及各标营告急。马队标统喻化龙驻扎于炮标附近,迅速派出马队前来弹压,当场擒获叛兵8名,其余二十余人携带枪械夺门而逃,已擒获的士兵被移交陆军审判厅审办。

当日发动变乱时,士兵在军火库中未取到实弹,但事后发现,部分乱兵手中有实弹。据被捕的士兵供认,在逃人员王保经是湖北人,曾在粤军多年,最近始投入炮标,暗中私携子弹百余颗,分给每人五颗。湖北官方判断,广东乃革命党出产地,故而怀疑王保经是革命党人,有意混入军中煽动,特意将照片散发,严令军警侦查。

此番哗变,原本规模极小,也未产生太多波澜。但湖北军政各方反应强烈,试图借此清除军中不稳因素,反而引发了更多的流言与不稳定。哗变发生时,巡防营卫兵、守库卫兵等对此都不加干涉,听任哗变士兵占领弹药库,放任其逃出营门,均属失职,发交看守所收管,照军律处议。当日哗变时,附和的士兵甚多,只是未曾参与,统制张彪本不欲追究此事,但湖广总督瑞澂坚持彻查。军中士兵闻讯后大为恐慌,每夜都有人聚集密议,暗中将私人物品等搬运出营。虽然军营防范甚严,仍有士兵不断私自出逃。

代理炮标标统卓占标,见全标军心不稳,赶紧将大炮的重

第九章 革命：危机的总爆发

要配件拆卸，连同炮弹一并运至城内军械总局收藏，以免发生意外。炮标哗变之后，有流言称，如参与此次哗变的士兵被处死，则全标军人必发动叛变。一时间流言四起，官民心惊。炮标全标军官被普通士兵视为仇敌，每日在营内出入巡查时，随身携带手枪，藏于袖内，作为护身之用。其他标营军官也提高戒备，为自湖北新军成立以来，未有之恐慌局面。

自炮队八标三营发生哗变后，流言日多。有流言称，革命党首领黄兴已率大批党羽来鄂，勾结新军起事，将首攻总督衙门，并占领军火库。至于第八镇新军将要发动兵变的流言，更是不断传出。流言的背后往往有某种真实的内容，是某个集体反对某事时，所达成的一致意见。湖北新军谋反流言不断传播，背后所体现的是新军对于清廷的离心力，且经过流言的飞速传播，此种离心力不断变大。作为被反对一方的清廷，面对日益蔓延的流言，只能通过强力手段，试图防患于未然。采取强力手段有两种结果：一种是将流言可能造成的结果扑灭；另一种则是刺激流言背后的集体（新军），并使流言成真。

随着新军要谋反的流言日益风传，武汉三镇严行戒备，湖广总督衙门内调有巡防营、巡警、消防队、特别警队轮番驻守，严阵以待，巡捕、戈什、差弁均配手枪，挂开口刀，预备厮杀，人心大为震动。炮标三营闹事后，营中各兵纷纷暗中将营内衣箱等物运出。这导致流言风传，称所运物件中藏有谋反之物，于是炮标严禁物品外运，并下令搜查。又有流言风传，自炮标搜出革命党照片，导致炮标士兵骚动，有于八月初十、十五两日发动起义之说。武汉严阵以待，管控不断加码，造成的结果是旧的流言带来了新的流言，而新军军心更加浮躁不安。

第八镇统制张彪严加防范，密饬各营管带，将所部士兵之中，平时喜看新书、好做大言及不守营规、爱交游者，逐一查明，或开除军籍，或勒令退伍。当即由属下各官，在军营中大肆搜查，将一些有"反骨"的士兵开除军籍，押送回乡，不准在省逗留。各营连日退伍者颇多，而空额也暂不招补，以防革命党人混入。

八月初十夜，第八镇统制张彪亲自在军械火药库驻守，陈列快炮，以备不虞，直至天色大明，方解除警戒。因为有消息称，八月初十夜炮标将要举事，当夜派出步兵两营，驻扎在炮标营附近，陈列枪炮，守候一整夜，如临大敌。炮营中官兵见到后大为惊恐，又逃脱正副目数人。流言之中的武汉三镇，军心惶惑，民众骇惧，有迁徙暂避者。

第八镇因炮标屡屡有谋反消息传出，已将炮标军械收缴。连日派出街头巡查者，皆系黎元洪所辖第二十一混成协军士。每夜6时以后，黎元洪派出各级军官，带队外出，于街头巷尾要道，武装巡逻，若遇到手不执灯夜行者，即拦阻盘诘。各处栈房旅馆，由巡警严密查探，凡旅客往来信函，均由栈主统一收存，交给巡警查阅后方可寄出。

民间各类流言风传，如革命党手持洋伞，伞柄里藏有利刃，手提皮包，包内储有炸弹，其服装与平民无异；又云革命党人多数剪发，故而戴假辫混入武汉；等等。武汉各城门巡警保持警惕，如有类似可疑之人，即行搜检。连日来各处持洋伞、提皮包者，常被巡警搜查，人心大为不安。新军之中，文学社、共进会等原来确实预备中秋节发动举事，不承想流言四散，导致武汉官方严阵以待，只好暂缓。

流言的产生、传播与群体中的恐惧蔓延、感情困扰有很大

第九章 革命：危机的总爆发

的关联。当时流言的中心是新军将要发动举事，而这背后则是现实社会中的各类问题得不到解决，引发社会群体的普遍困惑、恐惧。流言影响越大，传播越广，引发的效果越重，所导致的困惑、恐惧越发加深。

八月十五日是中秋节，军营例应停操放假。第二十一混成协统领黎元洪以中秋节外出官兵太多，茶前酒后易生事端为由，下令所属各标营将中秋节假期提前一日，于八月十四日置办酒肴过节。凡在营休息又无家室者，不准请假外出，十五日照常开操训练。

中秋节前一日，湖广总督衙门戒严，除调宪兵队、特别警察、消防队、巡警军、巡防队部署于总督衙门内外，又调八镇步兵一队、马兵一队、工兵一队驻扎。湖广总督瑞澂一直不信任第八镇，因第八镇统制张彪再三劝说，如此可以安抚军心，方才同意第八镇军队驻防。至于第八镇各营军官士兵，均禁止请假外出。至中秋日，各营军人，只准有家眷在省者，请假4小时团聚。中秋节当夜6时起，各营管带均亲至营门前坐守，以防军人私自外出，每营又挑选一排所谓的"性情驯良"的士兵，由队官排长带领巡逻，整夜不绝。

八月十五日当夜，协统王得胜率军官多人，亲守军械火药库。协统黎元洪则渡江驻扎兵工厂，又调来巡江舰队之楚同、楚谦、湖鹗各舰艇，及本省之楚材、楚安、江清、江泰各军舰，分泊武汉江面，以备有变。巡警公所侦探及警员均便装在外，巡查茶楼、戏园、客栈有无可疑人员出没。无论何等人家，凡有多人出入者，即留意侦查，若形迹可疑立刻报告巡警前往复查。长江下游各埠及往来各轮船上均派有侦探，京汉铁路一带也派有密探数十人侦查。至十六日晨，天忽降大雨，各军并未发动举事，湖北官军商民人心方才稍安。

八月初十、十五日两夜，有军队在第八镇炮标附近，整夜戒备，以防兵变。炮标之兵大为惊惧，私逃者不可胜数，留在军营中者，见到军官则以叛徒视之，愤恨不已。由八月初三的钱行酒引发的小规模哗变始，之后各类流言不断涌现。每一次流言的出现，湖北军政各方对新军的不断监管、打压，都在加深新军中的离心趋势，最终使新军中的大多数在理想的追求与现实的逼迫下，选择以武力方式加以反抗。流言所及，就连陕西西安也风传，新军将于八月十五日起事。陕西巡抚钱能训、西安将军文瑞紧急部署，给旗兵发放枪支弹药，抽调外地巡防队回省驻守，又将新军调往外地。

漫天流言之中，湖北新军中的文学社、共进会等团体更有急迫感，乃约定在八月十八日（10月9日）发动举事。当日孙武在汉口俄租界内制造炸弹时，因为刘公之弟刘同吸烟，引燃火药，浓烟四起，吸引巡捕前来，搜去大批文件，又捕获刘同。刘同供出小朝街军事总指挥部，刘复基、彭楚藩、杨洪胜三人被抓捕，次日凌晨被处死。

八月十九日（10月10日），当日暴云四起，浪卷沙涛，尘气漫天，雾气遍地，前不见人，后不见路，天象震变。因为大批文件被搜去，清廷开始抓捕，文学社成员群情激愤，约定举事，武昌起义爆发。武昌革命党发动起义之后，总督以下各衙门全被轰毁，电报局各营房也被攻占，总督瑞澂逃入兵舰，张彪被击溃后，带残部渡江退走刘家庙。

八月二十一日（10月12日），革命军围攻汉阳兵工厂，获来复枪2万支，并获野战炮、过山炮甚多，提升了战力。兵工

第九章 革命：危机的总爆发

厂守厂兵士对革命党心有同情，故未做抵抗，汉阳铁厂也平安无扰。革命军到汉口，不仇外人，不扰商务。武昌起义时，督抚手中控制的武装巡防队保持中立，"一刹那间，全城无站岗之兵矣"。当武昌革命军渡江攻取汉阳、汉口时，"汉阳之兵工厂、汉口之巡防队，亦一律服从"。至武昌起义爆发后，《东方杂志》评论："一改历史革命战争之面目，实为我国革命民族中一种之异彩！"[①]

权威失序与收拾残局

光绪三十四年（1908）八月初一，为了应对立宪派的改革呼声，清廷颁布《钦定宪法大纲》，宣布9年之后正式推行宪政。之后不久，慈禧、光绪帝相继去世。慈禧在世，尚能控制局面，保持权威。慈禧死后，年轻气盛的满人亲贵走上前台，大力加强中枢权威。在缺乏权威号召力的情况之下，强行集中中枢权力，造成的结果是权威失序。

1909年初，载沣委任贝勒载涛、毓朗和尚书铁良为专司训练禁卫军大臣，组建1.2万人的禁卫军，由载沣亲任统帅。之后载沣又自任海陆军大元帅，控制全国军政大权。陆军部之下，分设相当于参谋本部的军谘处（1911年改为军谘府）和筹办海军事务处（1910年改为海军部），一时大权统于朝廷。

1911年5月，皇族内阁出台，舆论一片哗然，摄政王载沣面

---

① 伧父：《革命与战争》，《东方杂志》第8年第9期。

临压力，为袁世凯复出提供了契机。内阁协理大臣那桐具奏请辞时，盛赞袁世凯"智勇深沉，谋猷宏远"，荐袁以自代。6月，内阁及亲贵大臣乘机保袁者不下六七人，如庆亲王奕劻、那桐、涛洵等，均曾在载沣前面奏，东三省总督锡良、云贵总督李经羲也全力配合呼吁，袁世凯复出机缘貌似成熟。

一片喧嚣中，当年袁世凯以"洹上渔翁"的形象，出现在公众面前。1911年春夏之交，起用袁世凯的议论此起彼伏。奕劻、那桐、徐世昌等朝中大佬也为之助力，但隆庆太后、载沣、载泽等亲贵对袁世凯持有戒心，载泽曾对隆裕太后云："切不可令人内阁，致有类引虎自卫。"袁世凯也知道出山将遭遇阻力，故以"洹上渔翁"形象示人，表明自己无心于政治。

暗中的政治运作，则在紧锣密鼓中。当年6月7日，张謇进京途中，绕道河南彰德（安阳），拜会袁世凯，进行密谈。此番会面具有深远意义，张謇是立宪党领袖，代表的是东南新崛起的士绅阶层的利益，袁世凯虽然下野，对北洋新军却保持着强大影响力。此次密谈，标志着东南士绅阶层与北洋新军集团结盟，直接影响着日后的中国政局。

至武昌起义后，廕昌率领新军第二镇、第四镇南下，徘徊于孝感、信阳一带。廕昌在前方，无法驾驭北洋新军，作战不力。奕劻、那桐、徐世昌抓住机会，保举袁世凯复出。载沣对袁世凯不放心，载泽大骂："老庆（奕劻）保这个人出来，准把大清断送了的。"①

军情越来越紧，载沣不得不请出袁世凯。10月14日，清廷颁

---

① 高拜石：《古春风楼琐记》（第八集），作家出版社2003年版，第273页。

第九章 革命：危机的总爆发

发上谕，起用袁世凯。"上谕：袁世凯现简授湖广总督，所有该省军队暨各路援军，均归该督节制，调遣廕昌、萨镇冰所带水陆各军，并着袁世凯会同调遣，迅赴事机，以期早日戡定，钦此。"

一说袁世凯复出，提出条件八款：一、全权大臣便宜行事；二、另刻关防；三、长江水陆各军统归节制，廕昌须受其调遣；四、调用旧员二十一人，内有段芝贵、赵秉钧、倪嗣冲、雷震春等；五、关于财政，不准度支部留难掣肘。另有三款，无从得知。

袁世凯被起用后，载洵等人大骂载沣先是放屁，后又引狼，逼着载沣限制袁世凯军权。载沣再发谕旨要限制袁世凯权力，庆亲王奕劻却又不接受，说头一个谕旨已发了，不能再改。于是袁世凯出山，笑傲于政坛之上。

之前廕昌领军南下，现在袁世凯复出，在鄂清军形成"一军两帅"的局面。10月27日，清廷颁布"统一事权"上谕，授予袁世凯钦差大臣，"所有赴援之海陆各军，并长江水师，暨此次派出各项军队，均归该大臣节制调遣"，另以"部务繁重，势难在外久留"为由调回廕昌。袁世凯再掌军权，意气风发，利用武昌起义带来的变局，与各派博弈。

武昌起义后，革命军与北洋军在武汉激战，从全国范围内而言，革命军在军事上不占优势，给清廷致命一击的是各省独立。辛亥革命后，各地立宪派纷纷响应，与各地新军一起推动各省独立。江苏、浙江、四川、云南、贵州、广西、广东、陕西、山西、湖北、湖南、江西、福建、安徽十四省，在地方立宪派与新军联手之下，脱离清廷。

立宪党人不再支持清廷，张謇誓言不再去扶持落日，而要扶起朝阳，拥护共和，与江苏巡抚程德全策划江苏独立。立宪派领袖汤化龙表示赞成革命,"无不尽力帮忙"。湖南立宪派与革命党联系,"握手共生死",支持革命党人起义,并在事后拥戴谭延闿为都督。四川起义之后,以立宪派浦殿俊为都督。山西、云南、江西等省立宪派也纷纷附和革命。

值得注意的是,在辛亥革命之后,只有江苏巡抚程德全、广西巡抚沈秉堃、安徽巡抚朱家宝三人,拥护共和,且朱家宝还是在各方压力下才改为拥护的。安徽巡抚朱家宝初始准备镇压革命军,调集军队进入省城,搜捕革命党人。安徽地方立宪派劝告:"党人皆青年志士,皖人之子弟,皖父老俱稔知之。彼等怀挟猛烈炸弹,相煎太甚,铤而走险,恐全城俱碎矣。"在立宪党人的劝告下,朱家宝放弃对抗,减少了革命的阻力。

表1 各省督抚的族籍、出身和辛亥革命后的选择情况表

各省督抚	族籍	出身	辛亥革命后的选择
湖南巡抚余诚格	汉	进士	逃跑
湖广总督瑞澂	蒙古		反对革命
陕西巡抚钱能训	汉	进士	逃跑
两广总督张鸣岐	汉	举人	初期镇压,后被迫独立
云贵总督李经羲	汉	优贡	调兵镇压
贵州巡抚沈瑜庆	汉	恩赏	初期调兵镇压,迫不得已独立
浙江巡抚增韫	蒙古	附生	反对革命
江苏程德全	汉	廪贡生	赞成革命
广西沈秉堃	汉	监生	赞成革命
安徽朱家宝	汉	进士	初期反对,后赞成革命
江西巡抚冯汝骙	汉	进士	反对革命
闽浙总督松寿	满	荫生	反对革命
山西巡抚陆钟琦	汉	进士	反对革命

第九章 革命：危机的总爆发

（续表）

各省督抚	族籍	出身	辛亥革命后的选择
四川总督赵尔丰	汉军正蓝旗	纳捐	反对革命
陕西巡抚杨文鼎	汉	举人	未及上任
河南巡抚宝棻	蒙古		反对革命
山东巡抚孙宝琦	汉	父荫	反对革命
两江总督张人骏	汉	进士	反对革命
直隶总督陈夔龙	汉	进士	反对革命
黑龙江巡抚周树模	汉	进士	反对革命
陕甘总督长庚	满		反对革命
新疆巡抚袁大化	汉	荐保	反对革命

辛亥革命之后，大多数省份的督抚是反对革命、站在清廷一方的。在地方立宪党、新军的共同努力下，十四省宣告独立，最终撼动了清廷。在辛亥革命的浪潮之中，为何原先执掌地方大权的督抚们，虽多数反对革命，却于事无补？关键在于，权威失序。

早在光绪三十年（1904），铁良南下，目标是收各省兵权与财政权于朝廷。光绪三十二年（1906），清廷将兵部、练兵处与太仆寺合并，成立陆军部。同年10月，北洋六镇中，新军第一镇、第三镇、第五镇、第六镇交给陆军部，第二镇、第四镇仍由袁世凯统辖。1911年8月，陆军第一镇、第二镇、第三镇、第四镇、第五镇、第六镇，均归陆军部直接统辖。

辛亥革命前，全国各省练成近畿四镇、直隶两镇，湖北、云南、四川、江苏、浙江、福建、奉天、吉林各一镇，共计14镇、18混成协、11标新军。新军是当时中国最为强大的军事力量，非老弱的八旗所能匹敌，被清廷所重视。通过陆军部，清廷不断收紧兵权，新军各镇隶属中央，督抚不得过问，乃至绿营兵政分寄督抚的旧例也被废除，各省督抚军事指挥权基本旁落。

但新军在名义上收归陆军部，实际上仍保持了独立性。全国已练成的新军中，最有战斗力的部分均由袁世凯的北洋班底组成。袁世凯的亲信徐世昌被任命为东三省总督，唐绍仪、朱家宝、段芝贵分别出任奉天（今辽宁）、吉林、黑龙江巡抚，东三省均被袁世凯的北洋系控制。此外直隶、北京、察哈尔、热河、山东、河南等省也在北洋势力范围之内。针对新军中的北洋势力，清廷重用留日学生、士官，试图制衡北洋一系。宣统二年（1910），清廷罢免铁良，以廕昌为陆军部尚书，另设军谘府，以载涛为大臣，中央军权尽握于权贵之手。清廷又大力提拔日本留学生在外省统兵，实力派将领如蓝天蔚、吴禄贞、张绍曾等均毕业于日本士官学校，虽不属北洋一系，但对清廷亦具有离心力。

至1911年，各省督抚手中尚存的军事力量，只有巡防军。巡防军由原来的防军、练军、亲兵卫队、续备军、巡警等改编而来。1905年始，清廷在各省编练巡防军，其职责专为弹压内乱，缉捕土匪等地方事务，战斗力一般。即使如此，清廷仍然不放心。1911年，在廕昌主持下，陆军部从改革陆军官制入手，将各省督练公所裁撤，设军事参议官一员，总握一省军政机关，以分督抚之权，同时裁撤各省巡防营，引发各省督抚反对。

此举一出，除滇督独自电奏外，江督张人骏、粤督张鸣岐、甘督长庚、鲁抚孙宝琦、豫抚宝棻、陕抚恩寿、桂抚沈秉堃、皖抚朱家宝、赣抚冯汝骙、黔抚沈瑜庆、新抚袁大化等十一督抚，联名电奏，抗议陆军部派军事参议官往各省。联名通电声称，各督抚有守土之责，自应有兵马之权；如为中央集权之美名，将地方督抚手中仅剩兵权收走，则变乱一起，后果不堪设想。督抚

第九章 革命：危机的总爆发

们举例，前明设置监军，导致速亡。咸丰、同治年间，曾胡左李以行政官握有兵权，始成中兴之业。又云现在各省所能依靠的力量，唯有巡防军。

清廷决心收回军权，不顾督抚反对，将各省巡防军一律裁撤。不过边疆省份如川、陕、云、贵、新等省，新军尚未练成，故而暂时保留巡防军。只是清廷还未将各地巡防军裁撤，变乱就已四起，巡防军成为各省督抚们应对的重要工具。1911年七月十五日，四川民众围攻了督署，是夜即有大面铺、牛市口民团数千人涌至城下，连日又到十余州县民团，每县数千人或上万人。面对汹涌而来的四川各地民团，赵尔丰紧急调派陆军及巡防军卫队迎击。

武昌起义时，除北洋军及禁卫军外，其他各镇新军皆脱离清廷而独立。面对新军武力起义，各省督抚多数忠于清廷，奈何手中军力有限，虽有各种部署、反制，却无力回天。辛亥革命后，御史陈善同认为："各省督抚，膺千余里土地之重寄，为数千万人民之所托命，万不可无调遣兵队之权，以资震慑。苟既命以如此重大之任，而复靳兵权而不予，是不啻缚其手足而使临民上，欲求无事不可得也。"恽毓鼎大骂："兵权一失，倒持刀柄以授人，虽有善者，亦无如之何已。中央集权，其祸如此。"

宣统三年九月初九（1911年10月30日），载沣解散皇族内阁，当日颁布罪己诏，将当前的乱象归咎于自己。3天之后，载沣任命袁世凯组织完全内阁，同时宣布解除党禁，同日解除了七弟载涛的职务。之后他又推行了系列措施，以挽救危局，如颁印《宪法重大信条十九条》，调内帑救济四川难民，严肃前方军纪，允许革命党人组织政党，严惩在汉口杀戮民众的军官，释放试图刺杀载沣的汪精卫等人，重申清廷重视满汉平等。

载沣是个意志薄弱的人，他缺乏强有力的手段。在危机面前，他做了自己能做的，所有人都知道他很软弱。当时他已令出不行，他下令惩戒前方杀戮过度的军官，却无一人被追究；他调官员至各地，不承想命令发布之后，被调官员不是称病不出，就是居家养病；他所期盼的用来解决财政问题的各国银行贷款，迟迟没有下落。他不是政客，也没有特别强烈的权力欲，他最适合在家做个平淡宅男，看看书，研究研究自然科学。可谓造化弄人，将他架上了大清帝国这口油锅。被烧烤日久之后，他心力交瘁，于是下定决心，退出政坛。

最后的清廷，好比一个虚弱无力的人，守着一锅香味撩人的肉汤，却不许别人来吃。而立宪派则站在他旁边，向他耳语："你要改革，你要立宪，不要想一个人吃了这锅汤。"实力派大员则手拿大棒，面无表情地在一旁看护着这锅肉汤。革命派则气势汹汹地拿着刀枪，跃跃欲试，准备干掉他，好分了这锅汤。当革命派终于拿起武器行动时，实力派上前护驾，像模像样地抵挡了两下，立宪派赶紧过来劝架。一阵耳语之后，实力派拿着大棒，面带杀气地转过去看着这个无力的人，而立宪派则乘机过去劝告："这锅汤，你不可能一个人独享了，还是放了吧。"最后清廷悻悻而去，立宪派、革命派、实力派坐下来商讨怎么分肉汤。这时，已是民国了。

清宣统三年十二月二十五日（1912年2月12日），清廷颁布退位诏书，从此退出历史舞台。在清室得到优礼条件之后，载沣回到家中，一脸轻松地对夫人说："从今之后，可以安心在家抱孩子了。"清朝的第一个摄政王多尔衮奠定了清朝的江山基础，而清

第九章 革命：危机的总爆发

朝的最后一个摄政王载沣无奈地坐视滚滚洪流冲袭而来，将大清国这艘300年老船击打得千疮百孔。掌舵的载沣木然而立，束手无策，转而让出舵盘，退出政坛，闭门读书。退出纷争之后，载沣自号"书癖"，闭门读书，不问世事。载沣的后半生不再涉足政治，逍遥地过着自己喜欢的生活，如他所言"有书真富贵，无事小神仙"，每天在自己的书房"宝翰堂"读书。他不但喜欢读历史书籍，而且喜欢数学、天文学，他还亲自教孩子们数学，夏天则带孩子们指认星座。看到民国时期的各种清代野史，他只是轻蔑地说声"瞎编"，却从不写文章驳斥。